U0124644

LA TRILOGIA MEDICEA

LA TRILOGIA MEDICEA

美第奇家族三部曲

第一部

L'ENIGMA MONTEFELTRO
INTRIGHI DI CORTE DALLA CONGIURA DEI
PAZZI ALLA CAPPELLA SISTINA

蒙泰费尔特罗之谜

从帕齐阴谋到西斯廷礼拜堂

Marcello Simonetta

[意] 马尔切洛·西莫内塔 著 甘露 译

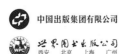

中国出版集团有限公司

世界图书出版公司
西安 北京 上海 广州

此书献给给予我生命的母亲，
它关于狐狸，而不是狮子。

人们总将历史置于一个很长的时间范畴内思考，但是事实上，它是一瞬间。

——菲利普·罗斯《美国牧歌》

对所有人来说，生命短暂且不能挽回，要用美德来延长名声。

——维吉尔《埃涅阿斯纪》卷十，第467—469行

序 言

　　1478 年 4 月 26 日，是一个周日，在佛罗伦萨圣母百花大教堂中举行弥撒时，年轻的领导者洛伦佐·德·美第奇（Lorenzo de' Medici）和他的弟弟朱利亚诺·德·美第奇（Giuliano de' Medici）遭遇袭击。朱利亚诺被刺了十九刀，当场殒命；而洛伦佐只受了轻伤，成功逃脱了刺杀。对美第奇家族忠心耿耿的佛罗伦萨人激烈反抗并杀死了所有被抓住的行凶者。

　　这场大胆的袭击是意大利文艺复兴时期最有名、最血腥的阴谋之一，被称为帕齐阴谋。尽管历史学家们一直都知道这场阴谋的主要脉络，但是其背后复杂的真相仍旧不可捉摸。正如它的名字所示，直到现在，它还被认为是一场由单纯的家族仇恨引发的阴谋，其中涉及的两方分别是强大的美第奇家族和他们的银行家对手帕齐家族，后者想要接替前者统治佛罗伦萨。

　　本书叙述了帕齐阴谋发生前的混乱年代、这场阴谋的内幕以及该事件发生后产生的影响。这是一个既出名、又新奇、却从来没有被完整阐述过的事件，是一个关于友情与背叛、宗教权力与道德沦丧、政治斗争与艺术复仇的故事。

这个故事的核心，自然是美第奇家族。他们从事银行业，是艺术的庇护者，在这个家族里也诞生了诗人、政治家、君主和教皇。如果洛伦佐没有在这场帕齐阴谋中幸存下来，那么米开朗琪罗的天赋可能不会被人察觉，西方文明中最为珍贵的一些绘画、雕塑和建筑或许不会被委托给艺术家们，两位美第奇家族的成员也不会登上教皇之位。

乌尔比诺公爵——这本书的标题正是因其在帕齐阴谋中所扮演的核心角色而得名——的侧面像因皮耶罗·德拉·弗朗切斯卡（Piero della Francesca）所绘的肖像画而被人们所熟知。和读者会在本书中遇到的其他"文艺复兴时期的人"一样，他是一个性格多样的人，尽管肖像画中只展现了他的侧脸。费代里科（乌尔比诺公爵）是一名雇佣兵队长，是一个对经典作品充满热情的学者，也是一个慷慨的文学艺术事业的资助者，但是他也有"阴暗的一面"，这一面会随着他所写的密码信的破译而渐渐浮出水面。

人们可能会认为，这一历史时期的大多数秘密早已被公之于众，但是就在 2001 年的夏天，我发现并破译了一封信，信中包含了至今被人们忽视却非常重要的关于帕齐阴谋的信息。几个世纪以来，乌尔比诺公爵费代里科·达·蒙泰费尔特罗（Federico da Montefeltro）被视为"意大利的光辉"和洛伦佐·德·美第奇的人文主义者朋友，但这封信揭示了他其实是帕齐阴谋背后的军事主使之一，密谋除掉佛罗伦萨领主和他的弟弟。这个新的发现可能会改变我们通常看待意大利历史中这一转折点的方式。蒙泰费尔特罗的这封信，写于事发前两个月，从中我们会发现这场阴谋的规模远比设想中的要大。

这个故事核心的"第三个人"让我破译了这封信。这段历史已过去五百多年，直到今天，我的祖先奇科·西莫内塔（Cicco Simonetta）的生平经历一直吸引着我。他曾为强大的斯福尔扎家族服务将近五十年，先是担任总理大臣，后来成为米兰公国的摄政者。他是一个很厉害的密码大师，根据马基雅维利权威的观点，他是"一个谨慎的人，经验很丰富"[1]。

文艺复兴时期的意大利还不是一个国家，而是城邦混合体，[2] 其中的每一个城邦都被不同的王朝以不同程度的专制统治：米兰的斯福尔扎家族占据了伦巴第的大部分领土，佛罗伦萨的美第奇家族统治着托斯卡纳的大部分地区，那不勒斯的阿拉贡家族征服了整个南部地区，威尼斯共和国是由富商和贵族统治的寡头政治，罗马则处于教皇永恒与光辉的掌控之下。还有一些较小的城邦国，由另外一些王朝统治，比如乌尔比诺的蒙泰费尔特罗家族，里米尼的马拉泰斯塔家族，费拉拉的埃斯特家族和曼托瓦的贡扎加家族，后面这四个国家的领主对于扩张自己的领土相对来说没有那么强势，通常会作为雇佣兵队长被更强大和更富有的家族雇佣。"雇佣"机制，或者说是契约机制，维护了政治上的平衡，使这些雇佣兵队长的野心不会变成真正的威胁，也维持着意大利半岛脆弱的平静，因为在这样的机制下没有任何一个独立的城邦国可以征服其他城邦国。

但是 1476 年 12 月发生的一场意外打破了这个平衡。美第奇家族强大的盟友——米兰公爵加莱亚佐·马里亚·斯福尔扎（Galeazzo Maria Sforza）被谋杀事件，成为接下来几年政治阴谋和反政治阴谋的导火索：黑暗的阴谋和反复无常的同盟向美第奇家族发起了进攻。

《蒙泰费尔特罗之谜》这本书还展现了文艺复兴时期伟大的艺术作品和卑鄙的政治阴谋之间的紧密联系。本书的最后一章围绕西斯廷礼拜堂展开，它可能是意大利文艺复兴时期最具代表性的标志物，由教皇西克斯图斯四世（Sisto IV）委托建造，这位教皇同时也是这个阴谋故事中的反英雄之一。如今，当人们在人头攒动的礼拜堂中参观时，一定会不由自主地驻足欣赏天花板上震撼人心的《创世记》和祭坛的墙面上所绘的庞大的《最后的审判》。米开朗琪罗的这两幅杰作几乎吸引了所有参观者的注意力，直到最后他们的目光才会转向其他由 15 世纪的大师们所绘的壁画，比如杰出的佛罗伦萨画家桑德罗·波提切利（Sandro Botticelli）。但是如果说波提切利对与朱利亚诺·德·美第奇之死有关的教皇进行了秘密的复仇呢？

如今，读者沉浸在各式各样的信息之中，不断的变化使得这些信息碎片化且微不足道，他们会对这个小小的历史碎片感兴趣吗？"信息时代"难道不是已经足够让我们感到忙碌了吗？

在文艺复兴时期的阴谋和战争中，消灭敌人的唯一办法就是用毒药或刀这样老套的方式，与如今的战争一比，就相形见绌了。

几个世纪以来，人类的大脑还是依照着相同的方式运作。现在和当时一样，是可以远距离杀人的：指派另一个人，自己却装作毫不知情；或者可以和受害者成为朋友，与他们并肩而行，以确认他们是否在华服下穿了胸甲。但丁对此十分清楚，而且他认为暴力的背叛者是最凶恶的一类罪人，因此将他们放在"地狱"的底层。[3]费代里科·达·蒙泰费尔特罗的祖先圭多·达·蒙泰费尔特罗（Guido da Montefeltro）就深谙这些"暴君的心理"并且深有体会。但丁笔下的圭多所讲述的一段独白就展示了他赤裸裸的、顽固的、关于欺骗和死亡的哲学：

> 当我以母亲给予我的骨肉成形时，
> 我的行为不像狮子，而像狐狸。
> 我知道各种阴谋诡计，
> 且知晓如何巧妙使用，
> 让我的名声传到了天涯海角。

在帕齐阴谋发生的时候，尼科洛·马基雅维利（Niccolò Machiavelli）才九岁。他见证了佛罗伦萨这场当街发生的暴力阴谋，并且可能还记得此事，他在《君主论》（Il Principe）一书中说到"必须十分了解如何利用野兽和人"[4]：成为狮子和狐狸，使用武力和欺骗的手段，是冷酷的政客不可或缺的特质。

在写这本书的时候，我始终将但丁的诗句和马基雅维利的话语印刻在脑海中。叙述一个发生在五个世纪前的阴谋是自相矛盾的，因为这些阴谋者的主要目的就是隐藏在黑暗之中并且销毁证据，以避免当时可能会遇到的危险和死后可能会受到的斥责。尽管如此，这个历史事件及其根源产生的那个历史阶段，都是完全真实的，并且异乎寻常地被完全记载了下来。这段历史中的英雄的声名仍旧"传到了天涯海角"。

目　录

❀

第一部分
1476 年冬—1478 年春

第一章　阴谋笼罩下的米兰 …………………… 03

第二章　极度谨慎 …………………………… 20

第三章　言无不尽 …………………………… 40

第四章　为了上帝而背叛 ………………… 57

第五章　把他们除掉！ …………………… 86

第二部分

1478 年春—1482 年夏

第六章　佛罗伦萨暴行 ················· 107

第七章　极端手段 ····················· 123

第八章　为自由而赌 ··················· 147

第九章　南方的阴谋 ··················· 166

第十章　短暂的和平 ··················· 183

第三部分

西斯廷礼拜堂和波提切利的《春》

第十一章　不祥之兆 ··················· 201

2017 版附录
　蒙泰塞科之谜：关于帕齐阴谋的新发现 …… 220

注　释 ……………………………………… 236

主要人物简介 ……………………………… 260

参考文献和文献来源 ……………………… 266

后　记 ……………………………………… 274

致　谢 ……………………………………… 279

第一部分

1476 年冬—1478 年春

第一章

阴谋笼罩下的米兰

> 当我以母亲给予我的骨肉成形时，
> 我的行为不像狮子，而像狐狸。

    1450 年，在斯福尔扎家族的统治之前，米兰还在维斯孔蒂家族的统治之下，这个家族曾经是佛罗伦萨最强大的敌人。15 世纪初在佛罗伦萨流传的一些热门抨击性文章中，对这个城市的抨击仅仅被谴责为对自由的抨击，而维斯孔蒂家族则被准确地描绘为残忍的暴君。[1] 但是当雇佣兵队长弗朗切斯科·斯福尔扎（Francesco Sforza）突然间成为米兰公爵的时候，也就是在 1454 年,《洛迪和约》*签订完成时，[2] 文艺复兴的黄金时代就此拉开序幕。弗朗切斯科向自己的老朋友科西莫·德·美第奇（Cosimo de' Medici）提供军事保护，以换取美第奇家族的财政支持。在动荡的意大利半岛上，米兰和佛罗

---

* 《洛迪和约》(la Pace di Lodi)，1454 年 4 月 9 日由威尼斯共和国和米兰公国在洛迪签订。威尼斯承认弗朗切斯科·斯福尔扎为米兰公爵，两国之间长期的战争因此结束。——译者注

伦萨之间稳固的同盟关系形成了一个相对稳定的轴心，同时也促进了对文学和艺术的赞助，促进了艺术创作和人文主义的蓬勃发展。

在斯福尔扎王朝的统治下，米兰保持着原有的权力并博得了其他人的尊敬。但是弗朗切斯科的儿子加莱亚佐·马里亚并未继承他父亲的聪明才智，只从他母亲身上继承了维斯孔蒂家族的阴晴不定。正如宫廷诗人安东尼奥·科尔纳扎诺（Antonio Cornazzano）在其作品《统治之法》（*Del modo di regere e di regnare*）中意味深长地写下：[3]

很多次有教养的弗朗切斯科公爵责备他的儿子，

因为他暴力且残忍。

"乔瓦尼公爵[4]的灵魂落在了你的身上，

在你的体内生根发芽"，

他大叫着，预言就此印证。

要从乔瓦尼公爵愚蠢的行为中吸取教训：

他将活人喂狗，

其他的猎杀游戏都使他厌烦。

最终，在圣戈塔尔多的教堂，

他被自己最忠实的仆人所杀，

所有残暴的人都会走向这样的命运。

在寒冷中醒来。米兰，1476 年 12 月 26 日

在加莱亚佐·马里亚·斯福尔扎被刺杀那天，[5] 他本应该去参加圣斯德望的弥撒。这一天是首位基督教殉道者圣斯德望的命名日，米兰公爵想以合适的排场庆祝这个日子。他穿上了一件金属胸甲，但是觉得这样显得自己太胖，于是他就选了一件大红色的由绸缎制成的衣服，十分雅致，里面还衬有貂皮。他的左腿穿着一只深红色的袜子，右腿穿着一只白色的，这是斯福尔扎家族的颜色。当他在自己位于强大的斯福尔扎家族城堡的核心区域的卧室里，为自己强壮且无毛（他喜欢用古罗马人的方式刮毛）的身体穿衣服的时候，壁炉里燃烧着圣诞节的木柴，火焰仍噼啪作响。

贝尔纳迪诺·科里奥（Bernardino Corio）在当时是一名"贴身男仆"，是这些事件的证人和记录者。据他所述，从 12 月初一场奇怪的火烧了公爵房间的一处开始，公爵就变得迷信起来。他有一种直觉[6]，觉得自己不应该去米兰，因此大部分时间他都远离这个城市，在众多的乡村别墅里，或者在狩猎中度过。火灾后发生的一场意外使他更加恐惧。有一天，当他在阿比亚泰格拉索*附近的田野上骑马时，他望见了三只乌鸦在自己的头顶上慢慢地飞过。他将其视为一个不祥的预兆，并用弩打了它们两下，但是没打中。他的手牢牢抓住马鞍，并表示自己再也不回米兰了。

但是反复无常的公爵很快就改变了自己的想法。他非常喜欢自

---

* 阿比亚泰格拉索（Abbiategrasso），意大利伦巴第大区米兰省的一个镇。——译者注

己的唱诗班，并且对他们十分慷慨。随着节日的临近，他迫不及待地想要听自己那三十名来自勃艮第和德国的歌手的演唱。回到米兰后，他发现自己被封建主和朝臣们愤怒的目光包围着，他们违心地表达着敬意，因为公爵没有像往常一样分发圣诞节的礼金和礼物。

尽管如此，公爵还是径直向城堡走去。在科隆比内房间（Camera delle Colombine）红色的天花板下，公爵就斯福尔扎家族的命运发表了一场即兴演讲。他说，尽管自己不是一个"领主"，但是也知道如何过着奢华的生活。这位 32 岁的公爵说希望自己的父亲弗朗切斯科还活着，看看他和他的兄弟们现在过得很好。他继续吹嘘道，斯福尔扎家族的统治将会延续几个世纪，因为男性继承人很多。除此之外，他还称赞自己的私生女，其中两个已经和其他强大的领主结下了姻亲。

其实，在文艺复兴时期，拥有众多子女是稳固自己家族权力的方式之一。据说加莱亚佐的父亲弗朗切斯科·斯福尔扎有不少于三十五名子女，其中只有十名是合法的。正如尼科洛·马基雅维利在《君主论》中称弗朗切斯科为"有美德的君主"，他从艰苦的雇佣兵队长走上了巅峰，成为意大利最富有的公国的君主。1466 年他去世的时候，他的长子加莱亚佐继承了他辛苦获得的权力，但却并没有能力保留这份权力并践行美德。这位新公爵缺点很多，大部分臣民都憎恶他。他控制不了自己强烈的性欲，诱奸公国里漂亮的女人，夜晚还会肆无忌惮地闯进修道院恐吓甚至强奸修女。

在庆祝家族成就的时候，加莱亚佐并没有特别提到两个被流放到法国的弟弟——斯福尔扎·马里亚（Sforza Maria）和卢多维科（Ludovico）。事实上，在 1476 年 6 月，这两个头脑发热的弟弟还涉嫌一场失败的刺杀公爵的行动。加莱亚佐以自我为中心，自甘堕落，不仅仅是家族成员，很多人都对此非常不满。

在科隆比内房间发表演讲后，加莱亚佐变得异常安静，圣诞节当天也没举行常规的娱乐活动：他没有在专门为他建造的室内球场上打老式网球，也没有带着猎鹰一起去狩猎。他有意回避自己的妻子——公爵夫人萨伏依的博纳（Bona di Savoia），他们是分房睡的。事实上，很久以来，加莱亚佐都不想和妻子睡在一起，因为自他们结婚以来，八年间他看着博纳的身材越发圆润起来，这使得他需要找别的办法来满足自己强烈的欲望。他成年后的生活大部分还像青少年时期一样，在意大利北部游走，不仅搜寻女子，也搜寻动物和漂亮的男孩，有时还扮演士兵，拜访盟友，尤其是富有的佛罗伦萨人。

加莱亚佐第一次去佛罗伦萨是在 1459 年，当时他只有 15 岁，是帕维亚伯爵。他的父亲米兰公爵弗朗切斯科是科西莫·德·美第奇的盟友，因为科西莫曾在他登上米兰公爵之位时提供了经济方面的帮助，所以他想要向这位佛罗伦萨的银行家表达自己的感谢。正如加莱亚佐写给在米兰关注着他的父亲的信中所说，"托斯卡纳的所有纸和墨水"，都无法描述在街上为客人欢呼的人们的富裕生活，也无法描述建筑的和谐之美——雄伟华丽的大教堂或是政府所在的令人肃然起敬的领主宫及其塔楼。"佛罗伦萨是人间天堂"，加莱亚佐赞叹不已。[7]

从那时起，年轻的加莱亚佐便专注于与盟友美第奇家族在品味和时尚方面竞争，后者也一致被认为是这两个方面的领头人和主宰者。加莱亚佐以宗教誓愿为借口，于 1471 年再次去了佛罗伦萨，随行人员有 2000 人，花费了 20 万杜卡特金币，几乎掏空了自己的金库。马基雅维利后来注意到，加莱亚佐访问佛罗伦萨时正值四旬斋，斯福尔扎家族的随从们却只吃肉，丝毫不顾忌教会的要求。[8] 佛罗伦萨画家皮耶罗·波拉伊奥罗（Piero Pollaiuolo）[9] 在其所绘的关于纨绔的加莱亚佐的肖像画中，绝妙地描绘了这位米兰公爵在到达佛罗伦萨后带来的腐败之风：画中是他的四分之三侧面，他表情淫荡，心不在焉地玩着自己的一只手套，形象地刻画出他的性格特点。洛伦佐·德·美第奇将这幅画挂在他的卧室中，可能是为了提醒自己不要成为这样的人。

在生命的最后一天，加莱亚佐迫不及待地想听自己唱诗班的歌声。他一想到这些美丽的有着醉人歌声的少年和为他们伴奏的出色的乐师就十分高兴。[10] 他们已经被派去了圣斯德望圣殿，现在把他们叫回城堡已经太迟了。加莱亚佐还在犹豫是否参加弥撒，为此他还和奇科·西莫内塔商量，奇科为弗朗切斯科服务了将近五十年，是加莱亚佐的一等秘书，因此也是过去十多年里加莱亚佐最信任的助手。奇科大约 67 岁了，肤色黝黑，身材魁梧，和身形细长的加莱亚佐完全相反。奇科试图劝阻公爵离开城堡，他和公爵其他的顾问一起劝说加莱亚佐，在一个如此"寒冷"的早上"不要走路，更不要骑马"。[11] 加莱亚佐反驳说，人们会好奇为什么公爵进了城，但却没有出现在教堂里。于是他最终决定：参加这场弥撒。

公爵叫来自己的孩子们——7 岁的吉安·加莱亚佐（Gian Galeazzo）和 6 岁的埃尔梅斯（Ermes），让他们坐在窗台边，从这扇窗户望去能看到冬天白雪皑皑的风景。他和孩子们拥抱亲吻了好久，才依依不舍地和他们分开。[12] 在高大的瞭望塔下，一大批随从，或骑着马或站着，在城堡宽阔的中庭里等待着加莱亚佐。公爵和他最喜欢的曼托瓦大使扎卡里亚·萨吉（Zaccaria Saggi）[13] 挽着胳膊走了出来，在凛冽的寒风中，公爵骑上马，他的随从也骑马跟着他在雪中前行。街道已经结上了冰，人影稀疏，街上只有路人诚惶诚恐地向公爵问好，他的身边都是全副武装的卫兵。公爵一行队伍就这样一直穿过了大教堂前面的广场。

再往右走几步就到目的地了。圣斯德望圣殿这座"被神保佑的教堂"[14] 从正面看过去不是很大，但是有着哥特式的精致典雅。它的大门半开着，里面应该会暖和一些。公爵有些不安地下了马。权贵们和大使们首先走进了教堂，加莱亚佐就在他们中间；紧随其后的是他的两个弟弟——温顺的菲利波（Filippo）和年纪最小的奥塔维亚诺（Ottaviano），以及公爵的秘书乔瓦尼·西莫内塔（Giovanni Simonetta），后者正在和他哥哥奇科的军事顾问奥尔费奥·达·里卡沃（Orfeo da Ricavo）交谈。唱诗班的歌声从教堂的后殿传来，愈发响亮。卫兵们身着锃亮的铠甲，在人群中用剑为公爵和随行的贵族开道。加莱亚佐走进中殿，在教堂中央停了下来，抬头看着"虚荣的篝火"，说道："世间荣华易逝。"

当公爵快要走到祭坛的时候，突然有三个人向他走来。他们都穿着鲜艳的大红色和白色的衣服，颜色和布鲁图斯刺杀恺撒时所穿的衣服一样。他们大声喊着："让开！"[15]像是在为公爵清除前面的障碍。其中有一个人进一步靠近加莱亚佐，看上去是想问他点什么，但他却不耐烦地挥了挥手。这名男子用左手从袖口中掏出一把刀，向加莱亚佐的腹部刺去。当曼托瓦大使扎卡里亚试图将公爵推开的时候，刺客再次将刀深深刺进了他的胸膛。

"我要死了！"[16]加莱亚佐低声说道，这时又一刀刺向了他的肚子。紧接着，另外两个人突然冲到了他前面，又残忍地向他的喉咙、头、手腕和背部连续刺了几刀。加莱亚佐止不住地向后退去，差点摔倒在奥尔费奥·达·里卡沃的怀里。鲜血不断从他的身体里涌出，奥尔费奥试图撑住他，但是没能扶住。公爵无力地跪下，然后倒在了地上，断了气。他身上那件红白相间的衣服，已经被深红色的血完全浸染。

几名刺客试图逃跑。一个高高的摩尔人——加莱亚佐忠诚的仆人追着其中一名刺客冲到了楼上妇女聚集的地方。这名刺客被妇女们宽大的衣服绊倒，摔在地上。这个摩尔人抓住了他，在妇女们惊恐的叫喊声中将他割喉。另一名刺客被卫兵们当场抓住并杀死，但是第三名刺客消失在了仓皇而逃的人群中。

就这样，米兰公爵加莱亚佐·马里亚·斯福尔扎被杀了。他短暂的一生和突然的死亡引发了许多有趣的问题。他真的像许多目击者和历史学家描述的那样，是一个堕落腐败的暴君和性欲极强的恶人吗？如果是的话，奇科是如何在1466年弗朗切斯科去世后为他工作了十年之久呢？难道奇科也腐败吗？或者说奇科能够引导这位自己看着长大的年轻君主学会更加得体的举止和更加得力的统治？可以肯定的是，有很多人都非常怨恨斯福尔扎父子俩，特别是米兰的旧贵族，他们一直将其视为外来的篡位者。

奇科出身低微，于1410年出生于卡库里。这是一个靠近克罗托内的小封地，在弗朗切斯科·斯福尔扎和第一任夫人——来自卡拉布里亚大区的波利塞纳·鲁福（Polissena Ruffo）结婚的时候为弗朗切斯科所有。年轻时，奇科在附近的罗萨诺修道院学习民法和教会法，这里是基督教中天主教和东正教文化活跃的中心，他很快便学会了拉丁语和希腊语。大约在1430年的时候，由当时为斯福尔扎工作的叔叔安杰洛·西莫内塔（Angelo Simonetta）引荐，20岁的奇科作为四处辗转的"大臣官署"的学徒，开始为还是雇佣兵队长的弗朗切斯科·斯福尔扎服务。

在文艺复兴时期，军队生活很艰苦，但是对于野心勃勃且有才能的雇佣兵队长来说，报酬还是相当可观的。一旦雇佣兵队长展现出自己在战争领域的谋略能力，他们就能够给出价最高的人提供服务。当时意大利各大势力中的绝大多数都没有征兵，因此这些雇佣军可以通过战斗得到报酬，也可以通过保持安定和避免煽动自己的军队攻击没有防御的城市和村庄得到报酬。最出名的雇佣兵队长还能够显著地提升自己的地位，比如弗朗切斯科·斯福尔扎。1450 年3 月，在包围了米兰并使当地人民挨饿几个月后，他终于成为米兰公爵，并选定为自己服务了二十年的忠诚助手奇科·西莫内塔担任总理大臣一职。

在为弗朗切斯科·斯福尔扎服务期间，奇科不仅在语言和写作方面有所精进，还提升了自己的剑术。当老公爵的长子加莱亚佐变成孤儿的时候，奇科和他的弟弟乔瓦尼（后来成为弗朗切斯科传记的作者）就让这位年轻的继承人接受了一种政治家的教育。奇科的日记详细地记录了所有的宫廷事物（外交机密除外），从中可以看到他和加莱亚佐之间彼此尊重、亲如父子的关系。但是其他的一些档案资料向我们展示了一个比这本不全面的、充斥了自我指责的日记所讲述的内容还要复杂的故事，更加全面地介绍了加莱亚佐被刺杀当天的情况。当加莱亚佐走进圣斯德望圣殿时，曼托瓦大使扎卡里亚·萨吉就在他身边，扎卡里亚试图推开凶手。他曾形容奇科就像是一个"极好的盾牌"[17]，能够阻挡公爵冲动的天性。这位总理大臣总能顶住公爵的怒火，拖延时间，而不是立即执行公爵在仓促中做出的决定，因此，"米兰局势的稳定都要归功于他"。例如，公爵在博洛尼亚的代理人想诬告犹太人以没收他们的财产，奇科反驳道："都是些陈年烂账，让人听了倒胃口。"[18]如果这个回答是公爵口述的，那么这种语言风格肯定来源于这位总理大臣。然而，在加莱亚佐的统治下，一些富有的公民和健谈的诗人的确因可疑的罪名入狱，这样做的目的要么是掏空他们的口袋，要么是让他们干脆闭嘴。

加莱亚佐死后，奇科获得了公国治安的绝对控制权。没过多久，他们就抓到了第三个，也是唯一幸存的刺客吉罗拉莫·奥尔贾蒂（Girolamo Olgiati），他年仅 23 岁，是一个安分守法的米兰家族的后代。吉罗拉莫的父亲被儿子的行为吓坏了，拒绝为他提供援助，但是他的母亲帮助他藏在了一位神甫朋友的家里。两个奥尔贾蒂家族的仆人试图保护这位年轻人，但是他被抓住了，被施以酷刑并分尸。

同时期的所有资料都表明吉罗拉莫·奥尔贾蒂是"非常有文学修养且博学的"。[19]他声称自己和朋友们想要竭力仿效古罗马人，通过杀死暴君来解放国家，希望能煽动人民起义。对刺杀加莱亚佐事件的还原很大程度上都基于吉罗拉莫的供词。这份文件是在非常激动的情况下用并不粗俗的拉丁语写下的，它让我们能够瞥见一个"恐怖分子"的脑袋里究竟想的是什么。吉罗拉莫对古罗马反暴政的作家非常钦佩，为了跟随他的老师科拉·蒙塔诺（Cola Montano），13

岁就逃出家门。蒙塔诺是一位人文主义者，因强奸罪被指控，在加莱亚佐的命令下当众受鞭刑。在加莱亚佐被谋杀前，他已被流放至博洛尼亚一年多。目前尚不清楚是不是蒙塔诺策划了这起针对加莱亚佐的阴谋，但是可以肯定的是，是将一个尚不成熟且感情用事的年轻人变成了一个诛戮暴君的人，使其竭力仿效那些文学中的神话式人物。在供词里，吉罗拉莫自豪地引用了自己写的两首讽刺诗：一首关于加莱亚佐（"一个赤手空拳的人可抵一千个武装方阵……"）[20]，另一首则关于乔瓦尼·安德烈亚·兰普尼亚尼（Giovanni Andrea Lampugnani），他是这次谋杀事件中三刺客的头目，在教堂里被杀了，尸体还被米兰市民拖到了街上，几天后被拿去喂了猪。

有趣的是，比起与兰普尼亚尼经历相同的命运，吉罗拉莫更害怕被忘记。像许多狂热分子一样，他是一个"只读一本书"的人 *。他研究萨卢斯蒂奥（Sallustio）的《卡蒂利纳的阴谋》（*La congiura di Catilina*）一直到吐，这是一本阴谋者的经典教科书，同时表达了对诛戮暴君的着迷和厌恶。事实上，吉罗拉莫非常痴迷于卡蒂利纳留下的遗产，在刽子手开始将他的身体切碎前，他还对自己说道："振作起来，吉罗拉莫！你做的事情将会流传千古。死亡是痛苦的，但名望将会永存。"[21]

这些狂傲的话语将会在接下来的几个世纪中滋养造反者带有浪

---

* 只读一本书的人（Homo unius libri），这句话可追溯到中世纪时期的哲学家和神学家托马斯·阿奎那（Thomas Aquinas），旨在批评那些局限于单一知识来源或学问有限的人。——译者注

漫主义色彩的幻想。那么这三个人为什么要刺杀公爵呢？吉罗拉莫是唯一一个因为单纯的意识形态的原因而牵扯其中的人。其余两个人都对公爵怀恨在心，不论是私人恩怨还是政治原因。乔瓦尼·安德烈亚·兰普尼亚尼和卡洛·维斯孔蒂（Carlo Visconti）的确都是对公爵不满的朝臣。据说加莱亚佐曾侵犯过维斯孔蒂的姐姐（或妹妹），后来还把她交给了身边一个年轻的随从。很显然，兰普尼亚尼的妻子也曾遭遇加莱亚佐的毒手。

兰普尼亚尼可能对加莱亚佐有更深的仇恨：就在展开刺杀行动的前几天，他就放话说为了让公爵帮助解决一些财产的小纠纷，他愿意为公爵做任何事情。但是，兰普尼亚尼对加莱亚佐的憎恨似乎超过了他声称在公爵那里所受到的冒犯。奥尔费奥·达·里卡沃对此评论道："一切都是那个乔瓦尼·安德烈亚叛徒的教唆，他无礼、恶毒、高傲、暴躁、报复心强、卑鄙，是有史以来本性最恶劣的人。"[22]

尽管这是事后的指控，吉罗拉莫生动地描述了兰普尼亚尼预演谋杀当天的情景，我们从中可以感受到他的愤怒：他用刀刺向一个穿着金色锦缎的公爵木偶，像公牛般狂怒。如果这则轶事听起来挺真实的，那么供词中记录的关于血契的细节也是如此：三名刺客走到一个神圣的祭坛前，在那里将自己的鲜血洒在圣餐面饼上，然后把它切成三块，并逼迫神甫分给他们。

因此，他们不仅仅是纯粹的激情杀人。像大多数狂热的复仇者一样，他们每个人都相信自己在某种程度上是被挑选来执行一项非常重要、甚至神圣的任务。他们发誓会在米兰的主保圣人圣安布罗斯（Sant'Ambrogio）的雕像前杀死加莱亚佐，恳求他"支持我们的计划，通过支持正义来表明不公正令你不快"。[23] 选择圣斯德望圣殿作为谋杀的地点也是必然的，因为公爵无论走到哪里都被卫兵包围着，几乎不可能在街上或任何公开场合接近他，但是在这样的圣地里，以人群作为掩护，他们能更容易接近他。

加莱亚佐被流放的两个弟弟，即斯福尔扎·马里亚和卢多维科，一听到公爵去世的消息，就于1477年1月初从法国出发，但是直到1月底才到达米兰。在这两个叛徒弟弟回来之前，已经没有多少时间来解决这些事情了。如果说有人比其他人更了解米兰谋杀案中的秘密的话，那一定是奇科·西莫内塔。他谨慎地保守着这些秘密，并不理会消息已经传到了法国国王那里。奇科是一个务实的人，在这个时候他最大的担忧还是如何维持公国的秩序。在这方面，他无疑取得了成果，并且沉着冷静地带领惊慌失措的公爵夫人博纳度过了她丈夫死后的混乱时刻。

如果说兰普尼亚尼死后，他的尸身被残暴地对待（他的右手被钉在一根圆柱上，然后被烧了），那么另外两个刺客的命运比这还要糟糕，他们的头被悬挂在市政厅的塔楼上，一部分肢体则被吊在城门处。这些针对造反行动而发出的警告非常有震慑力。公开处决和展示阴谋者被肢解的尸体有助于让焦躁不安的民众平静下来，奇科安排的一些适时的减税措施也是如此。[24]

当晚，加莱亚佐的尸体就被放在圣斯德望圣殿冰冷的地板上，因为没有人敢在日落后回到街上，他的葬礼和弥撒也因此仓促地在大教堂举行。公爵突然的去世引起了一个棘手的神学问题——他没办法对自己犯下的罪孽进行忏悔。虽然已经晚了，但公爵夫人博纳为了拯救加莱亚佐的灵魂，表现得非常虔诚，不顾一切地请求西克斯图斯四世赦免她已经死去的丈夫的罪孽。她迫切地想替加莱亚佐请求宽恕，还列出了他的一项项罪行：像暴君一样的行为举止、以正义和不正义的名义发动战争、无情地洗劫城市、抢劫、勒索、无视正义、行不义之事、从神职人员那里获取非法税收、通奸、强奸少女和他人的妻子、嫖娼、买卖圣物或圣职，以及很多其他的罪行，不胜枚举。博纳允诺会为加莱亚佐·马里亚祷告，直到他不幸的灵魂从炼狱中解脱，经过洗涤后进入天堂。她还将资助修道院和医院，并捐助出身贫寒的少女。显然，教皇赦免了他的罪孽。[25]

这个寡妇并不是唯一一个担忧加莱亚佐在另一个世界处境的女人。贝尔纳迪诺·科里奥告诉我们，从许多其他有趣的细节中可以看出，加莱亚佐的一些情人（她们的名字并未被透露）也被召集去参加在大教堂举行的公爵的葬礼和弥撒。露西娅·马利亚尼（Lucia Marliani）[26] 很可能就是其中一个——尽管科里奥对此缄默不言——她是加莱亚佐人生中最后两年的情人，被封为梅尔佐和戈尔贡佐拉女伯爵，在加莱亚佐被刺杀的时候已经怀上了他的孩子。没有人知道她在葬礼中做了什么。2001 年，一队法庭科学家在修复梅尔佐的圣安德烈教堂的内殿时，发现了一个头骨，并对其进行了研究。由这个头骨的年龄和它上面武器造成的洞眼，他们推测这可能是加莱亚佐的头骨。很可能是露西娅从大教堂里的临时墓冢将自己情人的头骨偷偷拿出来，并将这个"浪漫的"回忆放在了自己封地的教堂里。这一点更像是小说的情节，而不属于历史研究。

根据科里奥的记录，12 月 26 日那天，公爵夫人幸好因为做噩梦而起晚了，那些噩梦现在依然困扰着她。博纳深知自己无法胜任处理国家事务的工作，在她不忠的丈夫不在的情况下，她的大部分时间都和一名来自费拉拉的仆人——安东尼奥·塔西诺（Antonio Tassino）在床上度过，正如马基雅维利后来观察到的那样，安东尼奥·塔西诺一定具备"保守秘密的能力"。[27] 在公爵死后，公爵夫人非常信赖机密委员会，它的成员一般都是米兰的贵族。之前在加莱亚佐的统治下，政务实际上是由奇科及其亲密的伙伴组成的大臣团进行管理的。但是在这场悲剧发生之后，奇科立即对机密委员会进行了改革，将自己、弟弟乔瓦尼和军事顾问奥尔费奥·达·里卡沃任命为权力最高的成员，而他的长子吉安·贾科莫（Gian Giacomo）则担任该委员会的秘书。吉安·贾科莫于 1476 年 12 月 30 日起草了一份极其重要的文件，该文件赋予了机密委员会全部的管理权力。[28] 这份文件是以公爵夫人的名义写给机密委员会的成员们的，如今该委员会已经升为机密参议院，这是对委员会特权的庄严宣告。代理政府的目标是"保留我们最尊敬的已故公爵的作风，因为每次都召集所有人（米兰贵族的所有成员）有些夸张"，这实际上建立了一个严格的寡头政权。参议院宣布对未决的审判给予大赦，并对轻罪之人（政治叛乱分子除外）给予宽大处理。除此之外，他们还针对潜在的阴谋者颁布了严格的预防措施：以公共秩序的名义和对公爵夫人服丧期的尊重为由，禁止在私人家中集会。自此奇科成为米兰公国实际的摄政者。

现在，米兰人民非常安定，对他们新的仁爱的政府很满意。但是这好不容易恢复的现状又将面临来自统治家族内部的威胁。罗伯托·达·圣塞韦里诺（Roberto da Sanseverino）是加莱亚佐的表兄，多年来他一直是斯福尔扎宫廷中最有威望的人物之一。除了有点自负，他是一名勇敢且能干的雇佣兵队长，作为雇佣兵参加过很多战争。他曾经还去过耶路撒冷朝拜，以净化自己的灵魂。因为与公爵不和，他搬去了博洛尼亚，也就是科拉·蒙塔诺这个"邪恶的老师"启发吉罗拉莫·奥尔贾蒂和他的同伙的地方。罗伯托在那里过着宁静的生活。他刚一听说圣斯德望圣殿的事情，就急急忙忙地骑马奔赴米兰。尤其让他感到愤怒的是，奇科这样出身卑微的大臣竟然能住在城堡内，并出于"安全原因"而搬进了加莱亚佐的私人住所。[29]可以料到在米兰还会发生其他的谋杀行动。

第二章
极度谨慎

　　斯福尔扎家族城堡修建于维斯孔蒂家族城堡的废墟之上，维斯孔蒂家族城堡是在 1447 年专横的公爵菲利波·马里亚·维斯孔蒂（Filippo Maria Visconti）去世之后被米兰人民摧毁的。在弗朗切斯科·斯福尔扎于 1450 年成为公爵之后，他起初允诺人民不会再让古老的压迫象征（城堡）再现，但是，很快他便意识到需要建造一座城堡来保护他的家人——而不是整座城市——免受外部危险的伤害。于是弗朗切斯科·斯福尔扎将佛罗伦萨建筑师安东尼奥·阿韦利诺（Antonio Averlino）招来米兰，这位建筑师以菲拉雷特（Filarete）这一名字而闻名于世。[1] 当菲拉雷特在建造这座城堡时，于 1464 年前后写下了一部重要的作品——《建筑论》（*Trattato sull'architettura*），书中描绘了一座现实中并不存在的乌托邦式城市——斯福尔津达城*，里面有很多为取悦加莱亚佐而设计的建筑。这座城堡应该位于

---

*　斯福尔津达城（La Città di Sforzinda），是建筑师安东尼奥·阿韦利诺在其著作《建筑论》中提到的一个想象中的城市，这座城市的名称是建筑师献给斯福尔扎家族的礼物。——译者注

斯福尔津达城的中心，四周有防御塔、护城河和迷宫般的城墙环绕。菲拉雷特有着复杂且富有远见的想法，其中的大多数都体现在城堡的地道和地下室结构的设计中。此外，城堡的建筑工程是在奇科·西莫内塔的监督下完成的。

菲拉雷特还与奇科合作，改善了米兰的民用建筑，如马焦雷医院*，它是一个庞大且风格雅致的建筑，在米兰这个人口稠密且常被鼠疫侵袭的地区，对它的修建显然是十分必要的。此外，这两个充满智慧的人都非常热爱复杂的智力游戏，尤其是视觉上难以破译的密码。[2]

奇科的机会

三十多年来，奇科·西莫内塔都习惯于黎明之际起床去大臣官署，同时确认前一天的信札是否放置于相应的卷宗中。不同的信件具有不同的价值：有些信件被锁在他自己的办公室中，有些则在寄送前被转换成代码抄写下来。在那个时代的欧洲，信件都需要通过马匹传送，路途上充满了危险，所有参与政治的人都知道信件应通过精确复杂的编码系统被加密。奇科就研究出这样一种复杂的编码方法，用来给他的合作者与同盟传递信息。米兰的每一位大使都有一种不同的密码簿。共计存在约二百五十种随机代码，它们替代了单独

---

* 马焦雷医院（Ospedale Maggiore），现名为米兰综合医院（Policlinico di Milano），是米兰最古老的一座医院，建于1456年，是一家综合性医院。——译者注

的字母，以及由两个或三个字母构成的组合；还有另外五十余种代码用来指各种人或各方势力。每过几个月，这些代码就会全部被更换一次。

作为意大利最强大的城邦的总理大臣，奇科一直知道自己需要承担的重任。弗朗切斯科·斯福尔扎是一位经验丰富的战士，也是一位有才能的政治家，但是从未统治过一个有组织的城邦。而奇科，这位来自卡拉布里亚的出身低微之人，在其职业生涯之初就学习了外事沟通交流的方法，从另一方面弥补了这位公爵的不足。他刚在米兰安定下来，就为弗朗切斯科挑选了最优秀的代理人，并在意大利境内及欧洲其他地方设立了第一批驻外使节 [3]。为了与他们保持联系，奇科创建了 15 世纪最大的信息网络。当加莱亚佐在他父亲去世后成为新的公爵时，维持对这个信息网络的控制成为维持新领主政权的关键。

最初，加莱亚佐在任用奇科这件事情上有些犹豫，但是，不久后便和他的父亲一样，委托奇科阅读所有外交来信并撰写大部分回信。在加莱亚佐的统治期间，奇科常常一早去他的房间向他讲述当下的时局。但不幸的是，加莱亚佐并不是一个同样习惯早起的人。有时，他会粗暴地把夜间捕获的"猎物"推下床，半裸着身体接见奇科。而奇科对此也已经习惯，会等到一切安静后，才前去和加莱亚佐汇报一些当天最重要的消息，并且常常略过许多细节部分，只为让这位领主阴晴不定的思绪能够暂时集中在这些紧急事件上。奇科精心设计过的签名"Cichus"，印在了成百上千封斯福尔扎家族寄出的信件中，在一定意义上代表了整个米兰公国。

加莱亚佐去世之后的第十一天，奇科在公爵的房间中醒来，这一天是 1477 年的主显节。许多年来，这是第一次，除了一无所知的公爵夫人，奇科没有人可以汇报工作。不过，夫人已将自己的所有权力都转让给了奇科，这对奇科来说既是一份荣誉又是一份重担，新的挑战在等待着他。他很快便知晓罗伯托·达·圣塞韦里诺已从博洛尼亚出发，且在前一天夜里到达米兰，现在正准备进城。

那天，正好是奇科召开机密参议院第一次会议的日子，罗伯托闯入会议大厅，厚脸皮地索取一笔和乌尔比诺公爵费代里科·达·蒙泰费尔特罗——全意大利报酬最高的雇佣兵队长——相同的薪水。他说，如果不答应他的要求，他便不会再浪费时间，因为"他不想和这些文人墨客争吵，而要通过武力手段来获得自己想要的东西"。[4]

在这次会议之前，奇科就意识到应该尽快开始维护米兰公国与其他周边政权先前就已经存在的联盟关系。就在同一天，他给他的盟友费代里科·达·蒙泰费尔特罗写了封加密信，他省去了外交行话中的委婉用语，直击重点：现在他需要他的老朋友来米兰，以平复市民的情绪，并重新考量罗伯托·达·圣塞韦里诺的荒谬要求。在 1466 年弗朗切斯科·斯福尔扎因病去世之际，费代里科为了帮助奇科，防止在加莱亚佐掌权前公国内发生暴乱，已经紧急去过一次米兰了。

奇科在罗伯托很小的时候就认识他了。作为弗朗切斯科·斯福尔扎的外甥，罗伯托从小就在斯福尔扎宫廷受到特殊的待遇。与喜爱精致优雅的加莱亚佐不同，罗伯托对比武和骑马更感兴趣，他在很小的时候就表现出运动和战斗方面的天赋。罗伯托天生就是一个战士，既喜欢指挥又喜欢冒险。很可惜的是，加莱亚佐最终变成了一个腐化堕落的人，由此可见，他的父亲弗朗切斯科对他的教育并没有收到很好的成效。

现在的斯福尔扎宫廷没有公爵，奇科预料到对于加莱亚佐的专制感到厌烦的罗伯托会表现出对这份权力的渴望。但是奇科也明白，尽管自己在罗伯托困难的时候给予过很大帮助，但是他脾气暴躁，他会威胁任何一个阻碍他的人，尤其是他从未有过好感的已经 67 岁的自己。此外，快 50 岁的罗伯托，依旧很冲动，从未对需要耐心的政治方面的工作表示过尊重，也不懂得说服和妥协的方式。然而，为了满足自己的野心，罗伯托需要立场坚定的同盟者的帮助，于是他决定再等待几周。

国家必须继续下去

加莱亚佐被流放的两个兄弟斯福尔扎·马里亚和卢多维科，在穿越法国后，最终在 1477 年 1 月底相继回到了米兰。他们到达城堡的大门前时，发现进入城堡的方式和之前完全不一样了。现在，在博纳和奇科统治下的米兰，所有人都必须拥有大臣团签字盖章的通行证才能以"普通朝臣"的身份进入。也就是说,这两兄弟将不会被视为斯福尔扎家族的继承人。他们在过桥之前被迫下马,将随行人员留在外面,卸下武器走进城堡。他们是"隐蔽而非正大光明地"出现在机密参议院的会议上,兄弟俩中年长的斯福尔扎·马里亚随后如是写道:他们本就是机密参议院的合法成员。[5]兄弟俩很快与愤恨不满的罗伯托达成一致,毫不费力就成功将奇科赶出了加莱亚佐的房间,并且也把他赶出了大臣官署。

但这只是表面的成功,因为奇科早已为保护自己采取了一些预防措施。奇科知道城墙夹壁中所有的密道和暗阶,因此他能够在人多眼杂的城堡中自由穿行且不被人看见。这位宫廷中的老者,是城堡建造时的监督者,也是唯一一个可以进入其中每个房间的人。

这两个兄弟和罗伯托公开表示,他们不愿意将米兰这个富饶且强大的公国交给一位寡妇和一名尚且年幼的继承人统治。而且对于他们来说,除了消灭公爵血缘关系上的继承人博纳和长子吉安·加莱亚佐之外,还有一个巨大的政治障碍——精明的奇科。在 2 月初,他们雇用了一个叫作埃托雷·维梅尔卡蒂(Ettore Vimercati)的男子,命令他悄悄潜入奇科的房间。这并不是一次礼貌拜访,因为命令是"把奇科切成碎片"。如果不是奇科从自己的一位间谍那里"知悉"的话,这个计划就成功了。[6]据维梅尔卡蒂的供词,在这次计划中,西莫内塔家族辽阔的封地——具有战略意义的萨尔蒂拉纳-洛梅利纳城堡将会到斯福尔扎·马里亚的手上,该地区向米兰提供肥美的阉鸡，供奇科的私人厨师烹饪。维梅尔卡蒂还承认，在行动中，他将奇科称为"牛头"，因为奇科特别喜欢吃肉并且越来越胖——可能正是因为这个不太健康的饮食习惯，随着年龄的增长，奇科的痛风越发加重了。[7]

在安全方面，奇科特别注重手下的人是否严格遵守他所立下的家规。下属从不谈论他们听见的事情，"因为如果在家中谈论关于我们最尊敬的领主的机密之事，就说明他对领主并不忠心"。此外，家规中明确指出属下不能对他人说"无用的话，或谎言"，不能亵渎上帝、圣母和圣徒，也不能赌博。四个"侍奉奇科的秘书"中只有一个负责"管理饮食方面的事物"。当奇科在自己的"密室里阅读或写信"的时候，他的一个秘书负责在房门外看守，奇科不在时，任何人都不可以碰房间里的信件以及奇科的手稿。到了晚上，奇科在离斯福尔扎城堡不远的米兰寓所的所有入口都会关闭，访客只有在确认身份后才能进入。

奇科进一步加强了这一系列的安全保护措施，把家族寓所交给妻子看守，自己则再一次进入了斯福尔扎城堡。现在，通过严格布控的大臣官署，他能够控制当前的外交事件。他对保守机密近乎偏执的着魔程度也证明了谋杀他的计划是相当正确的。当奇科通过阻止对自己、亲密的合作伙伴及整个家族〔他的妻子伊丽莎白·维斯孔蒂（Elisabetta Visconti）是一位米兰贵族，他们共育有七名子女，且都与意大利及外国贵族进行了战略性的联姻〕的攻击来巩固自己的地位时，同时用密码信向他的盟友——美第奇家族传递了信息。奇科以公爵夫人博纳的名义口述了信的内容，由他的儿子誊写，并由博纳亲笔签名，以感谢洛伦佐·德·美第奇和朱利亚诺·德·美第奇对公爵加莱亚佐的真诚吊唁。信中写道，"我们是一根绳子上的蚂蚱"，以提醒他们从弗朗切斯科·斯福尔扎和科西莫·德·美第奇时代就建立起的"深厚友谊"。信末是带有预言色彩的忠告："我们希望，你们能够在保护我们的公国时足够谨慎和警惕，你们要记住，必要时一定要灵活应变。你们将要为我们做的事情，也是在为你们自己而做。"[8]

自 1477 年 1 月中旬以来，奇科代表公爵夫人博纳，向洛伦佐·德·美第奇送出了四只猎鹰。[9]聪明的收件人即刻便明白了这份礼物的含义：米兰需要佛罗伦萨的政治庇护。奇科这样做有着非常充分的理由：他清楚地知道，在这样一个紧要关头，四大军事势力——罗马教皇西克斯图斯四世、那不勒斯国王阿拉贡的费兰特（Ferrante d'Aragona）、威尼斯共和国以及乌尔比诺的费代里科·达·蒙泰费尔特罗——更想掌控米兰公国，而不是为其提供帮助。

佛罗伦萨的猎鹰（和跳蚤）

每天早上，洛伦佐·德·美第奇一起床，就能看到对面加莱亚佐的肖像画，该画出自皮耶罗·波拉伊奥罗之手。尽管两人的性情与统治手段大相径庭，但是加莱亚佐仍然是洛伦佐的重要盟友，自

1469 年洛伦佐统治佛罗伦萨以来，他们就一直保持着同盟关系。洛伦佐只比加莱亚佐小 5 岁，他一直非常思念加莱亚佐。这幅肖像画，尤其是公爵用戴着手套的右手拿着左手手套这样一个细节，隐藏了一种含义：可能这就是猎人骄傲的姿态，因为他的猎鹰能够在自由飞翔后回到自己的手上。有趣的是，加莱亚佐为自己的朋友洛伦佐所做的最后几件好事之一，就是将自己最优秀的养猎鹰者——那个叫作皮拉托（Pilato）的人——送给了洛伦佐。[10] 现在，轮到美第奇家族的后代成为意大利最大的掠夺者了。

美第奇家族是银行家出身，经过三四代人的积累，美第奇家族拥有了一笔数目可观的财富。[11]洛伦佐的祖父老科西莫·德·美第奇（Cosimo il Vecchio），更是被尊称为"国父"，他在流放后于 1434 年回到佛罗伦萨，开启了美第奇家族的僭主政治时代。起初，美第奇家族的发展与共和制相持衡，后来，美第奇家族开始操控选举，使共和体制渐渐流于形式。实际上，科西莫向政府选举指派一些主要的候选人的同时，他也在为自己的家族累积财富。他拥护弗朗切斯科·斯福尔扎登上米兰公爵之位，填补这位新公爵的资金空缺；另一方面，弗朗切斯科公爵又为洛伦佐提供军事力量，确保美第奇家族在佛罗伦萨的政治霸权，以换取丰厚且无须归还的"贷款"。1464 年科西莫逝世时，他就已经被公认为佛罗伦萨的非官方君主了。

科西莫的儿子、洛伦佐的父亲"痛风者"皮耶罗（Piero il Gottoso）将家族财富完整无缺地保存了下来。在 1466 年由一群佛罗伦萨的有钱人组织的一场政变（未遂）中，他在斯福尔扎家族军队的帮助下，保护了家族。皮耶罗于 1469 年 12 月 2 日逝世，他将一个需要管理的金融帝国、一个需要投资的政治资本留给了他的长子——年仅 20 岁的洛伦佐。一直主张自己的真正理想是做一名诗人的洛伦佐尽管不情愿，但还是接受了。

1477 年 2 月 17 日，是一个周一，也是"肥胖周二"*的前夜。因为临近四旬斋，洛伦佐很可能将加莱亚佐的肖像画用一块大黑布盖上了，以表示对他的哀悼。但是洛伦佐也是一个热爱生活的人，就像他在好几年后为狂欢节写下的著名诗句一样，传递出自己"及时行乐"的人生哲学：

> 青春是多么美好，
>
> 尽管它终会消逝。
>
> 尽情享受当下吧！
>
> 明天总是未知的。

洛伦佐在努力成为一个享乐主义者和雅典美鉴赏权威的同时，也在培养自己灵活的头脑和强壮的身体。比如 1469 年，他在马上比武中获胜（他的弟弟朱利亚诺也在 1475 年的比武中获胜）。此

---

* 肥胖周二（Martedì grasso），指天主教封斋前的星期二。——译者注

外，他还以喜爱奢华和高品位而闻名。据说，他从不缺乏魅力，尽管因为童年的一次小意外，他的鼻子变得又长又扁，从此他的声音便带有一种特殊的鼻音。更不幸的是，他还继承了曾祖父乔瓦尼（Giovanni di Bicci de' Medici）凸出的下巴和大大的嘴巴。尽管如此，他那不太吸引人的外貌并没有妨碍到他，他娶了一位罗马贵族——克拉丽斯·奥尔西尼（Clarice Orsini）作夫人，到 1477 年，克拉丽斯已经给他生了两个男孩——皮耶罗（Piero di Lorenzo de' Medici）和乔瓦尼（Giovanni di Lorenzo de' Medici）。在当时，洛伦佐还是一个既勇敢又充满野心的 28 岁的年轻人，在美第奇宫里，他既掌控着家族财富，又手握着统治整座城市的权力。

在那个周一的上午，洛伦佐应当回复和四只猎鹰一起从米兰紧急传来的支援请求了。他让佛罗伦萨的使节畅所欲言，可以"和奇科商议共和国的信件，就像其他所有事情一样，因为有了奇科的意见就不容易犯错"。[12] 洛伦佐建立了一个秘密渠道，以此和奇科联络，这种方式不仅将佛罗伦萨共和国政府排除在外，也将包括斯福尔扎三兄弟在内的其他参与者排除在外。在这位年轻的美第奇家族继承者的统治下，只剩下空壳的佛罗伦萨共和国实际上变成了寡头政治，和米兰的摄政统治越来越相似。

奇科在 1465 年春天就见过洛伦佐了，[13] 当时这位年仅 16 岁的美第奇家族的继承人为了向弗朗切斯科·斯福尔扎公爵的女儿伊波利塔·马里亚·斯福尔扎（Ippolita Maria Sforza）表示敬意而正式访问米兰。她正启程前往那不勒斯，去和费兰特国王的儿子阿拉贡的阿方索（Alfonso d'Aragona）结婚。洛伦佐在米兰逗留了一些时日，参观了帕维亚著名的维斯孔蒂-斯福尔扎图书馆，它由奇科亲自监管。学问渊博的奇科肯定自豪地向这位有前途的人文主义者、佛罗伦萨未来的领导人展示了馆中最珍贵的收藏——属于彼特拉克的维吉尔作品的抄本，并带有注释和细密画。在离开伦巴第之后，洛伦佐索要了一件华丽的盔甲，上面绘有斯福尔扎家族的纹章和题铭，并发誓会永远效忠于米兰公爵："为了表达对您的尊敬之意，只要我活着，不论身居何位，我不仅会将您的纹章和题铭佩在肩膀上，更会把它深深地烙印在我的心中。"[14]

从说出这段誓词开始，不论是最幸福还是最不顺的时刻，15世纪下半叶的米兰和佛罗伦萨——斯福尔扎家族和美第奇家族——都始终保持着非常密切的联系。现在，加莱亚佐已经去世了，洛伦佐知道最好与奇科交往，而不是和加莱亚佐那些不安分的兄弟。对奇科"暗中"[15]逃脱那次刺杀表示惊讶之后，洛伦佐谈及最棘手的外交问题中的一个，即与费代里科·达·蒙泰费尔特罗的关系。在最近几年，美第奇家族和蒙泰费尔特罗家族之间曾经友好的关系变得比以往任何时候都更加紧张。事实上，洛伦佐拒绝向费代里科支付其作为佛罗伦萨雇佣兵队长的一部分酬金，这就迫使这位骄傲的雇佣兵队长低下头来恳求洛伦佐，以得到本就属于自己的钱："这是一件非常小的事情，对于慷慨的您来说非常简单，我的请求是如此正当、公平、合理。"[16] 费代里科已经不是第一次与洛伦佐产生冲突了，几年前，费代里科就曾经礼貌拒绝了佛罗伦萨的出兵请求，理由是他已经受雇于教皇和那不勒斯国王这两个强大且十分亲密的盟友。[17]

加莱亚佐去世的消息刚一传到罗马，教皇西克斯图斯四世就断言："意大利的和平在今天结束了。"[18] 与其说这是一个预言，不如说听起来更像一个诺言。在世俗的战争中，罗马教廷扮演着至关重要的角色。佛罗伦萨共和国政府给教皇写信，称可以提供意大利和平所需的真正且唯一的根基；与此同时，应洛伦佐的要求，也给四只"猎鹰"都传递了充满忧虑的信息，他们分别是教皇、那不勒斯国王、威尼斯总督和乌尔比诺公爵，信中写道："为了意大利的和平，请您能够做些力所能及的事情，您能做的事情一定很多。"[19]

但是这样谄媚的语言并不能安抚雄心勃勃的统治者们，也不能说服战斗经验丰富的雇佣兵队长。费代里科回信说道，在加莱亚佐"悲惨地去世"之后，他会尽全力帮助维护加莱亚佐在世时意大利的和平局面。他没有明确承诺会做什么，但他相信，缔造和平的收益是十分丰厚的。乔瓦尼·桑蒂（Giovanni Santi）是纪念性传记《乌尔比诺公爵费代里科·达·蒙泰费尔特罗的一生和功绩》（*La vita e le gesta di Federico da Montefeltro, duca d'Urbino*）的作者，这本书于 15 世纪 80 年代末以诗句的形式创作而成。据他所说，费代里科对于加莱亚佐公爵的"惨死"非常痛心，因为这次暗杀消灭了他关于全面休战的"美好愿景"。[20] 事实上，费代里科主张为和平而战，并减少米兰和那不勒斯之间的仇恨。但结果却是，包括威尼斯、罗马，以及佛罗伦萨在内的其他主要军事势力对于进入战争状态都非常消沉，因为他们期待的是长久的和平。

加莱亚佐被暗杀这件事情造成了局势的短暂失衡，需要尽快修正，这就是为什么作为尚且年幼的吉安·加莱亚佐·斯福尔扎的保护者，其在公国之外的身份十分重要。奇科希望费代里科能够来米兰，帮助巩固公国的权力，但是洛伦佐有不同的看法。2月11日，他在给美第奇家族在罗马的代理人真蒂莱·德·贝基（Gentile de' Becchi）的信中写道，"我将会写信给Nomio"（费代里科因为想要统治及管理意大利一切事务的野心，而被秘密地起了个"Nomio"的绰号，其实nomos在希腊语中的意思是"规则"），"我会以这样的称呼亲手写信给他：我认为他不应当去米兰，并且我非常惊讶为何那不勒斯国王会这样坚持，这对他并没有好处。我相信教皇同意只是因为Nomio的坚持，显然Nomio比他的保护人更了解当下的形势"。[21]换句话说，洛伦佐与奇科的观点不同，他并不希望费代里科成为稳定米兰的军事及政治保障，因为作为乌尔比诺公爵的费代里科，会阻碍美第奇家族在米兰的势力。

就这样，洛伦佐阻碍了费代里科去米兰的脚步。如果他不这样做的话，事情也许会向完全不同的方向发展。但是，他的做法直接帮助了费代里科的竞争者——不太有野心的曼托瓦的老侯爵卢多维科·贡扎加（Ludovico Gonzaga）。在贡扎加的密切监督下，最终在 2 月 24 日，公爵夫人博纳和加莱亚佐的兄弟在斯福尔扎城堡签订了一份详细的协议。[22] 为换取他们的顺从，博纳给予他们每人每年12000 杜卡特金币的薪水，这是一笔巨款，可以用来过与公国后代相称的生活了；此外，他们还拥有一百名精锐士兵的指挥权，以及一座附属城堡。尽管表面上做出了一系列让步，公国的控制权还是属于公爵夫人博纳，即实际受控于奇科。罗伯托·达·圣塞韦里诺见证了协议的签署，他当时很可能一直在控制自己想要跳起来掐住奇科脖子的欲望。

洛伦佐准确地猜到他的好朋友罗伯托在其堂弟——加莱亚佐公爵去世之后就一直在谋划着什么，不仅如此，他还猜到加莱亚佐的兄弟也非常渴望填补最高职位的空缺。洛伦佐非常钦佩罗伯托的勇气，但是也常常批判他那冲动鲁莽的性格。他觉得应该密切监视罗伯托，以保证他不会对摄政的奇科做任何鲁莽的事情。他有一个合适的人选——诗人路易吉·浦尔契（Luigi Pulci），著名的英雄喜剧史诗《摩尔干提》（*Morgante*）*的作者。

浦尔契是一个才华横溢却游手好闲的人，他从洛伦佐还是一个"神童"时就开始和他交往了。他们俩互相模仿写讽刺诗，赞扬佛罗伦萨的乡村美人，同时浦尔契也会给比他年幼却更聪明的洛伦佐寄

---

* 《摩尔干提》是诗人路易吉·浦尔契的重要作品，他被称为但丁之后的第一位浪漫主义诗人。该作是在洛伦佐母亲的教促下，于 1460 年着手写的。——译者注

些非常滑稽可笑的信件。当洛伦佐开始执政时，他就开始和自己青年时期的这位朋友保持距离了。洛伦佐其实并不想把这样的一个需要全神贯注去做的任务交给一个如此不靠谱的人，但还是把他带去见了傲慢的罗伯托，他们很快就成了朋友：在很多方面，罗伯托很像浦尔契在《摩尔干提》中以蔑视的口吻所描述的基督教勇士。

诗人的感情似乎再次得到了充分得体现，浦尔契写道："我感觉罗伯托对自己的辖地非常熟悉，他对每个人，特别是对那些爱他的人都心怀感激和仁慈。"[23] 他隐晦地抱怨洛伦佐或许不是一个同样慷慨的文学艺术事业的资助者。浦尔契于 1473 年 9 月陪罗伯托回到米兰，他写了两首滑稽模仿伦巴第方言的十四行诗来纪念这次旅行。但是他在外交方面的能力远不及他创作诗句的能力。在 1476 年，一位佛罗伦萨大使向加莱亚佐·斯福尔扎介绍浦尔契，称他为最古怪的特使："他的文章杂乱无章，毫无内容，很快您就能了解他的品位，尽管他似乎天生就懂得和了解很多东西。当阁下认识他之后，从他身上可获益良多：您可以将他置于您的支持者中，因为他来自一个吸血鬼般的家族，一旦看见你就会迅速黏上你。"[24] 浦尔契很早就有"吸血鬼"的外号，这一点从他的名字里就能看出。*

1477 年初，浦尔契给洛伦佐写了这样一封信："我听说了米兰公爵的死讯，我感到很遗憾，你应该也很心痛……不论出于什么原因，如果您需要我去罗伯托阁下身边，或者其他什么地方，我已备好马

---

* pulci 在意大利语中指"跳蚤"。——译者注

鞍。我认为罗伯托阁下在那里是有用的，对此我有很多理由，他的处境应该会不错。我很高兴，在这样一个不幸的时刻，他能成为你的人，为你服务，只有你可以用自己的方式命令他，无论在哪里，都如你所愿。"[25] 没有人能够像浦尔契一样，能够准确地猜到罗伯托的打算。

浦尔契在 1477 年 2 月中旬前往米兰，在那里他也被米兰政府的官员监视着。实际上，在同年 3 月，他尝试向洛伦佐传递秘密信息，但由于奇科的眼线遍布全城，他的信件被驻佛罗伦萨的大使截获。奇科并不认可浦尔契用诙谐的语言描绘出的"地狱般的画面"[26]，不过其中显示出罗伯托有可能叛逃至威尼斯。洛伦佐和奇科达成一致，佛罗伦萨要尽其所能重新雇佣罗伯托，尽管他们可能无法满足罗伯托提出的要求，因为他希望自己的薪水和费代里科同样多。这两位雇佣兵之间对于金钱和名望的竞争，总有一天会致命。

"潜伏的幸运"

当外交争论还在进行的时候，米兰公国爆发了一次更深层的危机。米兰悬而未决的继承权一事，让热那亚一场突然爆发的叛乱有机可乘。热那亚曾经是一个强大的海上共和国，但是近几十年来，这座城市被米兰的军事力量征服。因此米兰的控制稍有松动，热那亚的几个派别就发动叛乱，宣布脱离斯福尔扎的控制并独立。加莱亚佐的兄弟和罗伯托·达·圣塞韦里诺都认为这是一个极好的机会，可以展示自己的年轻气盛与雄心壮志。在接近 3 月底的时候，他们向热那亚发动了一场讨伐战，在这一次行动中，他们得到了奇科的全力支持。米兰的军队向热那亚行进并镇压了起义。到 4 月中旬的时候，费代里科·达·蒙泰费尔特罗就已经给公爵夫人博纳寄去一封贺信，恭喜他们惩罚了公国的敌人并恢复了和平。[27]

斯福尔扎兄弟和罗伯托被这次轻而易举的胜利冲昏了头脑，他们开始谋划一场反对奇科摄政的军事政变。但是经验丰富的奇科对此次政变早有警觉，并关注着他们的每一步计划。奇科将矛头对准了一名队长——多纳托·德尔·孔特（Donato del Conte），多年来一直忠诚地为斯福尔扎家族服务，同时他也是罗伯托的老友。在一场如猎鹰般迅速的行动下，奇科将多纳托关入了监狱，此人通晓这场正在进行中的阴谋的每一处细节。"吊刑"*的折磨迫使他很快就供出了整个计划。据他供述，斯福尔扎·马里亚、卢多维科以及他们的弟弟阿斯卡尼奥（Ascanio）和奥塔维亚诺答应公爵夫人 5 月中旬会续签协议，只是为了争取一些时间。事实上，他们的计划是杀死奇科并占领斯福尔扎城堡，与此同时，罗伯托会在街上煽动人群。

1477 年 5 月 25 日晚，多纳托被监禁的消息传到了他同伙那里，当时他们正在吃晚饭。听到这个消息的时候，所有人都停下刀叉，陷入一片沉默中。在他们准备动手之前，机智的奇科先给了他们当

---

* 吊刑，是文艺复兴时期常用的一种酷刑，将犯人的手腕用绳子捆住，吊到一定高度再使其下落。——译者注

头一棒。[28] 第二天早晨，他们来到了公爵夫人面前，要求立即释放多纳托，并请求宽恕，因为他们违反了自己之前签订的协议，手持武器出现在她面前。奇科本人因忙于组织全面反击而不见踪影。为了防止这场武装政变，奇科只要确保公国卫队在斯福尔扎城堡附近及米兰城中集体巡逻即可。

罗伯托被迫立刻逃离米兰。5 月 28 日，在逃往皮埃蒙特的路上，他傲慢地写下一封信："我再也不想去斯福尔扎城堡，也不想参与那些会议了，因为我的任务是为阁下提供军队力量。"[29] 罗伯托对政治表示蔑视，就像是吃不到葡萄说葡萄酸，他说自己对政治毫不关心，但是在很多重要时刻他又会出现，这听上去相当不真诚。尽管此次失败了，他依然发誓一定会找奇科复仇。第二天，洛伦佐就警告罗伯托，让他不要尝试参与一些"并非善类的派别"。[30] 6 月 5 日，洛伦佐向奇科派来佛罗伦萨的使节解释道，将"造反者"关入监狱并不明智，因为这可能会激起他性格中的暴力倾向，促使他犯"错"。[31] 这封信完美地展现了美第奇家族的才智：一方面，责备了罗伯托不负责任的行为；另一方面，警告行事谨慎的奇科"事情每天都在变化，它们都由命运主宰"。浦尔契已于同年 4 月回到佛罗伦萨，他一定会满意洛伦佐效仿自己在《摩尔干提》写下的诗句：

但是幸运总是潜伏

等待着将我们的努力糟蹋。[32]

公爵夫人宽恕了兄弟几人，但还是将他们流放到了三个相距很远的城市：斯福尔扎·马里亚诺被流放至巴里，卢多维科被流放至比萨，阿斯卡尼奥被流放至佩鲁贾。而最小的奥塔维亚诺，因为害怕惩罚而逃往威尼斯，在夜晚横渡阿达河时溺亡。当接到关于米兰发生的这些事的消息时，费代里科·达·蒙泰费尔特罗写道："对每个人的不幸，尤其是奥塔维亚诺之死，我感到非常遗憾，他还如此年轻，如果他能得到宽大处理的话，一定能够改过自新，成为一个很优秀的人。我相信，经过之前的混乱，不久后公国一定可以拥有长久的稳定。"[33] 接着他称赞了奇科在这次事件中所表现出的稳重与智慧。

此时，幸运好像站在了奇科那边，他攘外安内，在摄政时期公国暂时重归稳定。6 月 30 日，据在米兰的佛罗伦萨大使所说，"少数的统治者受到许多人嫉妒，但是这并没有产生什么干扰，局势反而越来越稳定，他们的统治也在一天天变得更好"。[34] 对于洛伦佐来说，他对现在的新局势感到很满意，并且力求维持米兰和佛罗伦萨之间的联盟，这是"政治平衡"的核心。他并不知道，有人正在秘密策划着阴谋，意在破坏这个并不稳定的平衡。

第三章
言无不尽

古比奥地处一座陡峭的小山坡，拥有独特的战略位置，位于乌尔比诺以南约五十英里[*]处。在那时，它是蒙泰费尔特罗地区的中心城市。费代里科·达·蒙泰费尔特罗于 1422 年出生于古比奥，[1]他是当地领主圭丹托尼奥（Guidantonio）的私生子。1472 年 1 月，费代里科刚满 50 岁的时候，他的儿子圭多巴尔多（Guidobaldo）也在这里出生了，这是他妻子巴蒂斯塔·斯福尔扎·迪·佩萨罗（Battista Sforza di Pesaro，她是米兰斯福尔扎家族的亲戚）在生完四个女儿之后生的第一个儿子。在她生下这个备受期待的家族继承人六个月后，就在她的丈夫费代里科刚刚结束和沃尔泰拉的战争回来的那天，她突然去世了（可能是由于多次生产造成的身体衰弱），只留下失去妻子的费代里科和没有母亲的圭多巴尔多相依为命。

费代里科在古比奥建造了一座雅致的公爵宫，并在其中建了一间书房，[2]这体现了他对艺术和文化的讲究。从青少年时期开始，费

---

* 相当于八十千米。——编者注

代里科就去卡佐伊奥萨[*]上课，这是曼托瓦城外一所面向精英阶层的学校，其学生有曼托瓦侯爵卢多维科·贡扎加和曼托瓦大使扎卡里亚·萨吉等。

在这所学校，著名的人文主义者维托里奥·达·费尔特雷（Vittorio da Feltre）负责教授希腊语和拉丁语的经典著作，同时也进行严格的体育及军事训练。因此，费代里科非常重视儿子的教育也就不足为奇了，他希望家族能世世代代长久地存在下去：他为圭多巴尔多聘请了最好的教师，买了最贵的书籍。在他古比奥的书房里，圭多巴尔多的名字还被刻在了维吉尔的《埃涅阿斯纪》（*Eneide*）的一页旁边：

> 对所有人来说，生命短暂且不能挽回，要用美德来延长名声。

"岌岌可危"

1477 年 7 月 2 日，古比奥的书房里应该很热，只有当一阵夏日的微风从窗外吹来，才会让书房里的温度变得可以忍受一些。费代里科·达·蒙泰费尔特罗坐在他的写字台前，欣赏着周围布满了"错视画"的墙壁，上面有精致的木质镶嵌物，如此真实以至于有想伸出手去触摸的欲望：书架、书架上的书、科学仪器和乐器、武器和盔

---

[*] 卡佐伊奥萨（Cà Zoiosa），又称喜悦之屋。——译者注

甲都以一种精心布置的杂乱，凌乱地摆放着。这些都是人文主义战士费代里科埋头陷入孤独或沉思时所需要的东西。

镀金铭文（可能是费代里科自己用拉丁文口述的）至今还在书房的镶板上，上面写着：

> 你会看到可敬的母亲永远的学生，那些在学问和天赋
> 上都很了不起的人，是如何脱帽跪拜的。

七种自由艺术[*]的画占据了墙面的上部，表达了公爵对博学十分尊敬。每一种艺术，都被人格化为一个女性形象，她们将自己珍贵的礼物交给一位没有戴帽子的有权势的先生。向左边的角落望去，费代里科能看到自己的肖像画，画中他跪在地上，红毡帽放在了旁边铺有雅致地毯的台阶上。画中，在他的上方，有一个镶有蒙泰费尔特罗家族徽章的盾牌，由家族徽章上威严的鹰支撑着。他的右边，是一个有窗户的开着门的房间，这是通往知识大门的传统象征。

有一位女子正在给费代里科赠送一册非常厚的书，她寓意着辩证法，是七艺之一。辩证法（或逻辑）是三艺中的女王，它和文法、修辞一起构成了语言和思想的基础。费代里科收到的那本书上有一

---

* 指七种人文学科：文法、修辞、逻辑（合称三艺）、算术、几何、天文和音乐（合称四艺）。——编者注

个以裸体的赫拉克勒斯[*]画像作为装饰的金锁。画中这样的描绘强调了费代里科拥有的逻辑能力以及他在军事行动方面同样敏锐的洞察力。

这天上午，正在准备口述的费代里科召见了他的秘书，[3]后者像平常一样，站在费代里科身边，恭敬地弯着腰。公爵的这封信是寄给一个在米兰的秘密代理人，由这个代理人将信的内容汇报给他的老朋友奇科·西莫内塔[4]——米兰公国拥有无上权威的摄政者：

> 我得知尊敬的奇科阁下和他的儿子吉安·贾科莫阁下非常信任和友好地同你传达了米兰的需求，也详细向你说明了出于很多理由，他们不想与那不勒斯国王有任何合作。看到他们想继续向我保持忠诚和诚意，我感到非常高兴和满意，这值得我为最尊敬的公爵夫人博纳和小公爵吉安·加莱亚佐服务并忠于他们。我希望你可以替我向他们传达：我承认会爱戴和尊敬国王，这是我的义务，正因为这一点，我期望所有的利益和荣誉都属于陛下。当然，当我知道自己违背良心说话、说与事实相反或是与米兰的需求相违背的话时，我将保持缄默，不会像在信中这样长篇

---

* 赫拉克勒斯，宙斯与阿尔克墨涅之子，天生力大无穷，古希腊神话中的大力神。——译者注

大论，也不会考虑自己的利益。我只重视那些对双方都有好处、为双方带来荣耀的事情，尤其是最需要的事情。

自 1477 年 1 月起，奇科和费代里科就一直用编码通信。奇科希望费代里科来米兰，帮助维护米兰公国的稳定，费代里科也热心答应了，但是由于洛伦佐的介入，费代里科没能去米兰。现在奇科（被称为"尊敬的"是文艺复兴时期外交行话的用法）担任了孤儿吉安·加莱亚佐的监护人，对于外部支持米兰公国也确实有着"极大的需求"，正如费代里科在信中提到的那样。

1477 年年中，也就是米兰公爵加莱亚佐遇刺六个月后，意大利的政局正处于一个微妙的转折点。面对由教皇西克斯图斯四世和那不勒斯国王组成的统一战线，由威尼斯、米兰和佛罗伦萨三者构成的"总联盟"变得十分脆弱，而乌尔比诺公爵，作为双方雇佣兵队长，妄想成为意大利一切决策的核心。如果他能够仅凭这封信说服米兰的摄政者奇科改变立场，那么随之而来的对佛罗伦萨的孤立就能够让他和他的两位雇主向美第奇兄弟——洛伦佐和朱利亚诺施加压力。这样就能用暴力或其他手段将这两个富有且势力庞大的为非作歹之徒赶出佛罗伦萨了，并且以更加听话顺从的统治者取而代之。由此可以看出，早在帕齐阴谋实施之前，乌尔比诺公爵就已经在为这一阴谋的开展铺平道路了。

在继续口述前，费代里科也许休息了一会儿，也许看了看他左前方镶板上的画，画中描绘了一位老妇人将手中的浑天仪递给跪在她面前的中年男子，他戴着的镶满宝石的王冠闪闪发光，映在台阶上。这里描绘的身穿托勒密衣服的男子是费代里科的盟友及保护者——那不勒斯国王阿拉贡的费兰特，众所周知，他对天文学极有兴趣，在那个时代，天文学几乎是占星术的同义词。托勒密王体现了至高的权力，在意大利之上的天国。在镶板中，他被放置于统治尘世的强大的雇佣兵队长费代里科旁边。

在文艺复兴时期，占星术与政治息息相关，就连这些靠自我奋斗而成功的骄傲之人，他们的命运与这些星宿的影响也息息相关：新兴的对个人中心地位的意识实际上并没有阻碍 15 世纪活跃于社会各领域的饱学之士信任并依赖占星术。[5]

除此之外，在数年不间断的军事活动中，费代里科获得了很大的权力。他是同时代雇佣兵队长中的佼佼者。他和另一位同样从雇佣兵队长逆袭上位成为公国首领的弗朗切斯科·斯福尔扎（绰号是"讯息之王"[6]），对于宣传在战争中的重要性有着相同的理解：传达一场战争的胜利往往比赢得一场战争或者杀死大量敌方士兵并减少己方伤亡要更为重要。使敌方军队的将军丧失荣誉或声望，与在战场英勇杀敌同等重要。另外，正是费代里科的一位祖先——圭多·达·蒙泰费尔特罗，曾受到但丁的指责并被其判处下到地狱中第八层的火坑——说出了那句话："我的行为，不是狮子会做的，而是狐狸会做的。"

在意大利，有很多像狐狸一样狡猾的人，却很少有狮子一般勇猛的人，这里就像是一个剧场，上演着无声之战和时刻都在发生的背叛。因此友谊就变得重要起来，不论是真心实意还是虚情假意。比如费代里科有一次访问米兰，在大殿上加莱亚佐冲动地威胁说要砍了他的头，还好奇科及时劝费代里科出去转转，才避免了事态恶化。[7]

1477 年 7 月的信中提到，奇科和费代里科之间的"感情"在很久之前就开始了：他们俩相识于 15 世纪 40 年代马尔凯大区发生的激烈混战中。当时奇科还是一个来自卡拉布里亚的年轻人，为未来的米兰公爵弗朗切斯科·斯福尔扎服务，而弗朗切斯科也只是一个受雇的雇佣兵队长。1444 年，22 岁的费代里科接替他同父异母的兄弟奥丹托尼奥（Oddantonio），一夜之间变成了乌尔比诺的伯爵，原因是奥丹托尼奥在一次由公民自发组织的起义中被杀死。令人出乎意外的是，当时费代里科和他的士兵就在城墙外，看似只是不经意的巧合。他坚持声称对这次阴谋一无所知，但却毫不推脱便接了乌尔比诺伯爵这个头衔。[8]

在那时，费代里科是弗朗切斯科·斯福尔扎唯一一个忠心的盟友。为了庆祝 1450 年弗朗切斯科取得新的公国，费代里科组织了一场马上比武，以向斯福尔扎家族表露忠心。但是在这次庆祝活动中，发生了一个意外：由于敌人的一次突袭，费代里科失去了自己的右眼，此后便特别偏好侧面像。后来，谣言四起，说费代里科在这次意外之后给鼻子动了外科手术，为的是从他失明的那一侧也能够看到靠近自己的刺客。不论何时，费代里科都会用绷带蒙住自己的右眼。

然而，1477 年 7 月那个炎热的日子，在自己最忠心的秘书面前，费代里科可能不想再费劲遮住这个旧伤了。书房里越来越热，他的秘书并没有因为公爵眼部发黑的皮肤而分心，而公爵也重新打起精神，继续口述这封信：

> 尽管最尊敬的公爵夫人博纳和小公爵赞扬了你，但在深思熟虑后他们与你说了不能信赖威尼斯共和国政府的种种原因，即便我认为这一决定非常符合当前实际，毫无驳斥可言，我也一点都不希望米兰公国只相信自己或只信任洛伦佐·德·美第奇的智慧和双方的友谊，因为对于米兰来说这样做并不安全，反而十分危险，奇科阁下应该比我更了解这一点。与洛伦佐之间的友谊和他的仁爱并不可靠，因为无论从过去还是现在，都可以非常明显地看出，洛伦佐并不关心米兰的和平与公国的利益。

辩证是一门艺术，可以在一场激烈的辩论中增加论证的力量。言语比利剑更具杀伤力，哪怕是职业军人的剑，也没言语有杀伤力。

费代里科巧妙且尖锐地抨击了洛伦佐缺乏可靠性和决心。但是为什么乌尔比诺公爵对年轻的洛伦佐如此不满呢？

费代里科和洛伦佐的友谊似乎在 1472 年到达了顶峰，那时佛罗伦萨正招募雇佣兵来讨伐沃尔泰拉。这个托斯卡纳小镇盛产明矾矿，是美第奇银行资助的联合会主要收入来源之一。当沃尔泰拉人拒绝和佛罗伦萨分享明矾的利润时，洛伦佐便叫费代里科来镇压这次暴动。和如今一样，沃尔泰拉依附于一座陡峭险峻的丘陵，易守难攻，而且叛军还殊死抵抗。在包围并轰炸他们数周后，费代里科才获得了沃尔泰拉无条件的投降。他的军队劫掠城市、强奸妇女、屠杀男人。[9] 在这些人中，有一位名叫梅纳赫姆·本·阿哈龙（Menahem ben Aharon）的犹太商人，费代里科没收了他收集的大量希伯来语手抄本，并为能够在自己的图书馆里创建一个新的分区而感到自豪。[10]

洛伦佐下令在佛罗伦萨举行了盛大的庆祝活动，以祝贺费代里科的这次胜利。费代里科被当作一个古罗马英雄，在人们热烈而隆重的欢迎中[11]回到城里，并被授予用金线编织的军旗，上面还绣有他的家族纹章。他还获得了佛罗伦萨荣誉公民的身份和位于鲁夏诺的一座美丽的别墅，此外，还有一顶象征着荣誉的饰有祖母绿的银制头盔，上面有赫拉克勒斯制服狮身鹰首兽的图案，这个怪兽是沃尔泰拉的象征。

几个月后，费代里科还收到了和头盔[12]一起寄来的一本珍贵的饰有细密画的手抄本。佛罗伦萨人文主义者克里斯托弗罗·兰迪诺（Cristoforo Landino）将他的《卡马尔多利之争》(*Disputationes Camaldulenses*)献给了这位乌尔比诺的君主。在这个作品的序言中，费代里科被誉为行动和沉思这两种生活中至高无上的勇士、渴望和平的战争大师、哲学家，以及在牢牢把握现实的同时，始终与神的思想保持精神联系的指挥官。

当费代里科收到这本卓越的手抄本之后，他给兰迪诺和洛伦佐分别写了一封诚挚的感谢信 [13]。在写给洛伦佐的信中，费代里科用一种略带家长式的随和语气，比如说致最英勇的"年轻人"以及想拥抱他，"就像带着特殊的慈爱拥抱孩子，带着敬意拥抱兄弟一样"。在兰迪诺的作品中，洛伦佐本人也作为对话者之一出现：他倡导行动而不是沉思，并以费代里科作为榜样。以下是这位佛罗伦萨年轻的领主对他的朋友费代里科的赞美之词：

> 在我们这个时代有乌尔比诺的君主费代里科·达·蒙泰费尔特罗，我确信，他值得与古时最杰出的雇佣兵队长相提并论。这位杰出的君主拥有许多令人钦佩的美德：他的聪明才智让他对一切充满热情。他自己闲暇的时光，也让学问最渊博、最有文化的人陪伴左右。他博览群书，听过很多辩论，同时也参加了很多辩论，他自己本身也是一个文人。但是，如果他一味空谈而放松了对国家的严守和对军队的控制，那么他很快将一无所有。

毫无疑问，这种沉思和行动之间的平衡说起来比做起来简单。兰迪诺认为，洛伦佐还没有从他的榜样那里学会如何游刃有余地应对这两种生活。在《卡马尔多利之争》中，兰迪诺也避免提到任何关于沃尔泰拉劫掠的事情。

再之后，兰迪诺写了一篇关于但丁《神曲·地狱篇》（*Inferno*）第二十七章的评论，当提及费代里科知名的祖先圭多时，他将政治家的"才能"描述为狡猾，以及为欺骗"披上外衣"而不被发现的能力。此外，从费代里科的一个纹章中也可以看到对类似的谨慎这一能力的颂扬，它借用了阿拉贡家族中貂的形象，并配有一句座右铭——"从不"。

貂藏在干燥、黑暗的山谷中，为了赶走它，猎人们用泥围住它的藏身之处，因为这种动物从来都不愿意弄脏自己雪白无瑕的皮毛。但是谨慎应该和坚韧结合在一起。另一个蒙泰费尔特罗家族使用了一个世纪之久的纹章，是一只嘴里含着箭头的鸵鸟，旁边有一句德语箴言："我能够一口气吞下一大块铁。"

在 1477 年 7 月 2 日给奇科写的信中，费代里科依然十分信守这句箴言。每句巧妙的措辞都是被天鹅绒手套包裹的铁拳。费代里科在信中阴险而准确地推测：如果洛伦佐真的是米兰的朋友的话，"那么他就不应该'在奇科刚刚摄政之时'，先后两次妨碍我去米兰，他一定知道除了米兰公国的利益和尊荣之外，我别无所求"。除此之外，洛伦佐在知晓斯福尔扎兄弟以及罗伯托·达·圣塞韦里诺对奇科、公爵夫人博纳及年幼的小公爵吉安·加莱亚佐的阴谋诡计后，"不应该继续与他们交好"。

正如我们所见，奇科曾先后两次请求费代里科来米兰：一次是公爵加莱亚佐刚被刺杀之后，另一次是因斯福尔扎兄弟以及罗伯托·达·圣塞韦里诺密谋攻击他和公爵一家而被驱逐之后。罗伯托很明显是个脾气火暴的人，尽管他继承了一点他舅舅作为雇佣兵队长的"优点"。于是，费代里科继续写道："在佛罗伦萨，他们试图通过指控奇科来为罗伯托开脱，用含糊不清的词语表明每件事都因奇科而起。"乌尔比诺公爵着重指出，在佛罗伦萨流传着这样的说法，1477 年 5 月发生的由多纳托·德尔·孔特泄露的被信以为真的斯福尔扎阴谋，很有可能是米兰摄政者奇科的自导自演，其实是为了以正当的方式赶走罗伯托。

费代里科认为，洛伦佐对造反者罗伯托的宽容已经有点过分了，而且他还与已故的加莱亚佐那些不可靠的继承人维持着友好关系，尤其是比萨的卢多维科·斯福尔扎，这些都该被谴责。奇科清楚地知道，年轻的斯福尔扎兄弟软弱胆小，处境会非常危险。因此，全权负责统治的奇科，应当保护年幼的小公爵吉安·加莱亚佐、软弱的公爵夫人博纳和自己免受攻击。费代里科敏锐地意识到这点，继续说道：

> 吉安·贾科莫说他不相信洛伦佐没有违背圣灵，对此我有相同的想法，因为我了解他（洛伦佐），他对上帝的恩赐绝望——他冒犯了（那不勒斯）国王和我，尽管我只是个可怜的绅士。

狡猾的费代里科在这段话里少不了添油加醋。费代里科是奇科的长子吉安·贾科莫的教父，并且一直以来都保护着他。对费代里科来说，提到吉安·贾科莫对于洛伦佐的怀疑——"对上帝的恩赐绝望"，是一种在教子疑惑的掩饰下表达自己颇为敌对观点的方法。他用"违背圣灵"隐喻了美第奇家族和教皇西克斯图斯四世之间紧张的关系，没有那么尖刻。除此之外，费代里科还将自己说成是一个"可怜的绅士"，传递给奇科一个信息：他自己与"卑鄙的商人和市民"洛伦佐关系糟糕已有一段时日了，而奇科对此已心知肚明。于是信中接下来的警告也显得不那么出乎意料了：

> 我无法同意尊敬的奇科阁下的看法：追随洛伦佐一系列冒险和激情是件好事。一直以来，洛伦佐对奇科都十分厌恶，如今更是到了深恶痛绝的地步，对此，我也有可靠的消息为证。如果不是这样的话，我就不会这样说了。尽

管洛伦佐毫无理由地对我抱有恶意，但我不会在如此重要
的事情上将自己的利益放在责任和理智之前，因为我知道
也非常肯定：当公国稳定的时候，如果我需要，米兰一定
会为我提供帮助；而如果米兰不能维持和平与稳定，我可
能无法帮助它。这点非常明确，我认为这很容易明白。

这段话含沙射影，听上去像是一篇关于先驱马基雅维利政治态
度的文章。费代里科在这里提到了一个非常微妙的问题：西莫内塔一
家和斯福尔扎家族一样，是米兰的新贵，他们凭借自己的功绩和能
力而非血统，获得了所有的权力。谈到美第奇家族的"敌意"，也就
是对于出身低微的总理大臣奇科的轻蔑和鄙视，乌尔比诺公爵费代
里科要求奇科重新审视自己与洛伦佐的友谊和对他表露的过分的善
意，这些其实是奇科为了成为并非自己所属阶级的一部分而进行的
一次令人彻底失望的尝试。

费代里科告诫奇科，"与其跟着洛伦佐进入深渊，不如拉拢他，
这才是明智的"，他没有明说这样冒险的结果，但却显而易见。乌尔
比诺公爵强调了威胁着米兰公国的"冒险"，并以此来吓唬奇科。之
后他轻松说明了那不勒斯的战略前景。这是费代里科反对洛伦佐的
计划中最棘手的一点：他必须要说服奇科信任那不勒斯国王，就像自
己信任经验丰富的奇科一样。因此他用了十分谄媚的语言点出这个
主题：

国王一直认为，在米兰公国里没有比奇科阁下更合适、更被需要的人了，他有着丰富的经验、谨慎的行为、卓越的忠诚，超越了其他任何人。如果他不在了，一定要用蜡再做一个这样的人出来！

众所周知，弗朗切斯科·斯福尔扎曾回应一个善妒的米兰朝臣，这个人此前建议他除掉奇科：弗朗切斯科作为公爵，不能够离开他信任的总理大臣，如果失去了他，就要做一个"克隆"的蜡像。[14] 费代里科知道这个关于奇科的说法，这是当时米兰的一句谚语，引用它能够让自己礼貌地提出接下来棘手的话题。

费代里科告知奇科，他将派自己信任的手下皮耶罗·费利奇（Piero Felici）"带着某种性质的指示"去见那不勒斯国王，为的是保护奇科的利益以及预防可能发生的对米兰摄政的任何指控。其言下之意就是如果奇科不和国王结盟，就有可能身处危机之中。这封长信结尾感情充沛的保证并没有降低这封信整体的威胁性：

我对尊敬的奇科阁下和我们共同的孩子，尤其是吉安·贾科莫的爱，并不比对自己的国家和自己的孩子少。

——古比奥，1477 年 7 月 2 日，乌尔比诺公爵费代里科

费代里科应该停顿了一会儿，他的秘书擦了擦额头上的几滴汗珠。可想而知，写了这么久，秘书的手早就酸痛不已。在秘书准备离开时，公爵可能用一种略带嘲弄的眼神看着他，之后表情再次变得严肃且冷酷，并决定给这封信再加上一个简明扼要的附言：

> 附言：关于总联盟（米兰、佛罗伦萨和威尼斯之间的联盟），我希望你能够让奇科阁下明白，我的观点是上述的总联盟是无法成功的，除非洛伦佐不再统治佛罗伦萨，而且没有人能凌驾于国王陛下之上。

最后，秘书将这封信的草稿带走并用编码改写。费代里科指导他使用各种各样不同的没有意义的符号表示相同的字母，这样如果信落入敌人之手，便不容易被破译出来。这封信使用的编码比平常费代里科和奇科之间通信使用的更加复杂。

可以肯定的是，奇科非常喜爱编码。如果说费代里科撰写过一篇关于编码的文章——《秘密信件》（*De furtivis litteris*）[15]，那么奇科就是密码学的大师，也是非常复杂的编码的发明者。敌人可能需要几个月甚至是几年的时间来破译截获的米兰的信件。即便找到了密钥，到那个时候信息可能也已经失效了。

这次通信中最重要的部分仍然是古老的辩论艺术，是说服的微妙力量。费代里科用如此隐晦的文章传递了一个非常简单的信息：如果想要幸免于难，奇科最好切断米兰和佛罗伦萨之间多年的友好关系，并和那不勒斯结盟。但是费代里科极其谨慎，并没有在其狡猾的信中提到教皇，鉴于奇科或许已经意识到了洛伦佐和罗马之间的紧张关系，所以没有必要再公开或用编码的形式谈及这件事了。

第四章

为了上帝而背叛

在 15 世纪末，罗马还没有成为一个像今天一样随处可见天主教宏伟古迹的伟大首都。古老的废墟上布满了碎石和杂草，绵羊和山羊从容不迫地在上面吃草。城市中居住着成群的寄生虫 * 和妓女，他们的生活由腐败的教廷负担。教皇们只有在和科隆纳家族、奥尔西尼家族这样的地方贵族达成协议后才能够统治罗马。在新教皇西克斯图斯四世选举的当天，罗马人民用扔石头的举动来迎接他，甚至有人说教皇的主教冠都掉在了地上，这是一个极其不祥的预兆。然而，仅仅用了几个月的时间，这位不自在的教皇也学会了罗马人的处事方式。

教皇向卡比托利欧广场上的保守宫捐赠了母狼雕像，也将饮用水从奎里纳莱宫引到了特莱维喷泉。西斯托桥 ** 连接了城市中心和特拉斯提弗列区，建于 1475 年；同年，梵蒂冈图书馆也举行了落成仪

---

*　这里指的是依赖教廷生存的人。——译者注

**　西斯托桥（Ponte Sisto），是罗马市中心的一座桥梁，跨越台伯河，由教皇西克斯图斯四世委托修建，因此得名。——译者注

式。西斯廷礼拜堂于 1477 年至 1482 年间修建并完成装饰。在那个时候，米开朗琪罗只是一名刚入门学习雕塑的少年，还未踏足罗马。古老的基督教大教堂还没有被当今宏伟的圣彼得大教堂所取代。在三十年后，教皇西克斯图斯四世的侄子教皇尤利乌斯二世（Giulio II）将会放下新教堂的第一块石头。

家族肖像

巴乔·乌戈利尼（Baccio Ugolini）是一名诗人、演员，也是洛伦佐·德·美第奇在罗马的秘密代理人，在加莱亚佐·斯福尔扎被刺杀后，他写下了"所有懂得政治的人都认为意大利将会和平"。[1] 洛伦佐对这一乐观的判断予以尖锐的反驳，并强调了罗马教廷中弥漫的腐败："如果不会引起公愤的话，最好有三位或四位教皇，而不是只有一位。我和你说的这些不要和别人谈论！"[2] 这种带有些许异端色彩的想法因当时教会与美第奇家族的紧张关系而产生，尽管如此，洛伦佐和教皇西克斯图斯四世之间的关系最初还是很有发展空间的。1471 年 8 月，方济各会会长弗朗切斯科·德拉·罗韦雷（Francesco della Rovere）以西克斯图斯四世之名登上了教皇之位，他是教会的第一位改革者。佛罗伦萨派出了由 22 岁的洛伦佐率领的代表团，以祝贺他当选。洛伦佐回家时带了不少从教皇的宝库里购买的昂贵的古董。银行的继承人洛伦佐和新上任的教皇西克斯图斯四世对彼此非常了解：洛伦佐明白，教皇虽然出身低微且贫穷，但是非常贪婪且野心勃勃。他的亲戚也突然发现了从事教会职业的便利性，实际上，他的后辈们组建了一支由贪图权贵的年轻人组成的队伍，其中每个人都渴望能掐住其他任何人（以及彼此）的脖子，以尽可能多地夺取金钱和权力。因此，"裙带关系"一词在那个时候出现也并非巧合。

梅洛佐·达·福尔利（Melozzo da Forlì）于1475年前后绘制了一幅画作*，让人们更好地记住西克斯图斯四世在位时的生活。[3]画中教皇坐在右侧，身边围着他的四个子侄和跪着的人文主义者——梵蒂冈新任图书馆管理员巴尔托洛梅奥·普拉蒂纳（Bartolomeo Platina）。在装饰精美的天花板下，所有的人物都被置于有着华丽的大理石柱的透视图中，其焦点处竖立着一根黑色的柱子。

图中所绘的是西克斯图斯四世的侧面像，他像罗马皇帝一样坐在宝座上。他享受着至高无上的权力，并展示了自己对于艺术和文化最高的资助，这使得他成为洛伦佐·德·美第奇的直接竞争对手。这位神学"教父"大力保护自己的近亲：他的对面站着高大魁梧的红衣主教朱利亚诺·德拉·罗韦雷（Giuliano della Rovere），身穿雅致的红色长袍；他身后站着甥孙拉法埃莱·里亚里奥（Raffaele Riario），可能是未来的红衣主教；普拉蒂纳旁边是伊莫拉伯爵吉罗拉莫·里亚里奥（Girolamo Riario）和罗马的地方行政长官乔瓦尼·德

---

* 此画名为《教皇西克斯图斯四世任命巴托洛梅奥·普拉蒂纳为梵蒂冈图书馆馆长》（*Sisto IV nomina il Piatina prefetto della biblioteca Vaticana*）。——编者注

拉·罗韦雷（Giovanni della Rovere）。画中右侧的两人在教会就职，而左侧的则拥有世俗职务。

画面中有两个中心人物，即红衣主教朱利亚诺和伊莫拉伯爵吉罗拉莫。两人望着相反的方向：事实上，他们一生都在竞争，看谁能够获得教皇更多的关心。红衣主教朱利亚诺恭敬地看向教皇西克斯图斯四世，而吉罗拉莫伯爵则将目光紧紧聚焦于画面外的一点——他身穿雅致的蓝色长袍，戴着一条沉甸甸的金项链，将双手藏在了巨大的衣袖中，他是画面中唯一一个看不到双手的人。

一开始，西克斯图斯四世并不看好他们两人，而是更偏爱吉罗拉莫的弟弟彼得罗·里亚里奥（Pietro Riario）。彼得罗在上任后不久，就成为那个时期最颓废的红衣主教。朝臣们对他的奢侈荒淫感到厌倦，私下称他为"卡利古拉"*。据说他常常为客人准备金餐具，或给众多准备为他跳裸体舞的情人戴上钻石戒指。彼得罗关心的人仅有与他亲近的舅舅和哥哥。当 1472 年 8 月吉罗拉莫结束自己第一次对佛罗伦萨的正式访问归来时，彼得罗对洛伦佐和朱利亚诺"超乎寻常的善良和真正的仁爱"表达了感谢，他声称自己"永远不会将这些从脑海里和心里抹去"。[4] 但是他的大脑和心智因极为罪恶且无节制放荡的生活而崩溃，乌尔比诺人乔瓦尼·桑蒂记录的编年史叙述了彼得罗在古比奥对费代里科的一次访问，彼得罗像是一只

---

* 卡利古拉（Caligola），罗马帝国时期一个声名狼藉的皇帝。——译者注

蝗虫：

在我看来，他是个男人，

他拥有巨大的勇气，也相当挥霍浪费，

但对他的亲人慷慨大方、仁慈且善良，

在有学问的人看来，他是一个迷茫的爱好者，

就像蝗虫一样，

一开始是一位修士，

现在对于如此崇高和伟大的事情已不再习惯，

他认为自己已经拥有了对世界的统治权，

就不能在文章和诗句中

留下自己辉煌的或光荣的事迹……

因为就像在太阳落下时的一只蝗虫，

虚荣心也落在了青春的尽头，

尽管他的帽子下有阴影，密谋大事

如今聪明的伯爵——他的亲兄弟也在这片阴影之下。

彼得罗死后，同样野心勃勃但比他更好斗争的哥哥吉罗拉莫一跃成为教皇最喜欢的外甥。1473 年，吉罗拉莫从米兰公爵加莱亚佐·斯福尔扎处购买了伊莫拉伯爵的头衔。洛伦佐担心教皇的野心会扩大到对意大利中部的控制，便拒绝借给吉罗拉莫购买伯爵头衔

所需的贷款。但这并没有使教皇停下脚步，他已设法从美第奇家族的对手——同样是银行家出身的帕齐家族那里获取了大部分资金。费代里科·达·蒙泰费尔特罗也积极允诺会提供签订协议所需的5000杜卡特金币。[5]这样一来，吉罗拉莫"看不见的手"就占据了伊莫拉城。不仅如此，他还娶了加莱亚佐的私生女卡泰丽娜·斯福尔扎（Caterina Sforza），以巩固自己和加莱亚佐公爵的关系。奇科·西莫内塔参加了在米兰举办的这场结婚仪式，并对斯福尔扎家族和教皇继承人之间的联姻表示祝福，希望它会给意大利带来和平。

但这只是一个不切实际的幻想。教会一直饱受神权和世俗权力之间冲突的折磨。随着西克斯图斯四世登上教皇之位，教皇国近几十年来本就动荡不安的局面持续恶化，教皇和其家族成员巨大的野心也惹恼了地方势力。教会也失去了民心：意大利中部地区受教会控制的城市和城郊居民担心征收新税。一些肆无忌惮的地方乡绅利用人们的担忧要求获得自由和独立，脱离教会的控制。

卡斯泰洛城是1474年最早反抗教会统治的市镇之一，西克斯图斯四世派朱利亚诺·德拉·罗韦雷去惩罚叛乱分子。尽管红衣主教朱利亚诺（之后他以尤利乌斯二世之名登上了教皇之位，死后被称为"战争教皇"）果敢刚强，但他对于包围城市没有很多经验。由于这座城市似乎有着无穷无尽的军需和粮草，他们在城墙外扎了几个月的营。之后他们发现，这次反抗教皇暴动的统帅尼科洛·维泰利（Nicolò Vitelli）得到了洛伦佐的秘密支援，原因是洛伦佐对西克斯图斯四世想要占领托斯卡纳边界领土的意图越来越不满。洛伦佐感觉教皇在具有侵略性地干涉意大利中部地区的统治，而教皇则将这位佛罗伦萨领主的举动视为一种冒犯性的背叛。两人都觉得受到了委屈，他们之间的联盟也因此骤然终止。

神圣之剑

那么谁会被叫来解决这场军事混乱呢？显然是意大利最优秀的军人——乌尔比诺伯爵费代里科·达·蒙泰费尔特罗。1474 年 7 月底，费代里科在那不勒斯（于此地他收到了国王费兰特赠予的珍贵的貂皮毛领）给洛伦佐写了封信，信中说如果洛伦佐想像"圣母玛利亚的蜡烛"[6]一样纯洁无邪，那么他最好坦诚相待，而且要以他们的友情和兄弟情的名义，为卡斯泰洛城的问题找到一个令人满意的解决方案。这应该是在冲突到来之前，他们两人之间彼此信任的最后一刻了，费代里科仍然在等待佛罗伦萨拖延发放的佣金。他也盘算了许久，准备让洛伦佐成为注定被教会诅咒的敌人：这位佛罗伦萨领导人在接下来的岁月里应该会给圣母玛利亚点燃很多蜡烛了。

在这封信上，费代里科仍然署名乌尔比诺伯爵。据一位机智诙谐的曼托瓦驻罗马大使说，自同年 8 月 13 日起，人们就议论纷纷——"他的到来，正如弥赛亚*所期待的那样"。[7]1474 年 8 月 21 日，费代里科在成为乌尔比诺领主三十年后，终于被教皇提拔并授

---

* 弥赛亚（Messia），意为"救世主"，基督教里指耶稣。——编者注

予公爵头衔。对于费代里科来说，这是一个十分荣耀的日子，是他一生的巅峰时刻：圣彼得大教堂以皇家风格装饰，有凯旋的花彩，还有焚香产生的香气。一大群人欢庆于此，迎接费代里科的到来，与此同时，还有一个由罗马贵族、大使和高官组成的队伍在庭院里欢迎他。进入大教堂之后，费代里科在红衣主教团的簇拥下走进了教皇的房间，西克斯图斯四世将公爵之剑轻放在费代里科的肩膀上，然后将剑交给他，庄重地请他使用这把剑与教会的敌人战斗并战胜他们。教皇的两个身居世俗职位的后辈吉罗拉莫·里亚里奥和乔瓦尼·德拉·罗韦雷将黄金马刺绑在费代里科的脚踝上。费代里科紧握宝剑，向前伸出手臂，熟练地挥舞了三下。之后吉罗拉莫拿回了宝剑，乔瓦尼解开了绑在他脚上的马刺。紧接着他们给了费代里科一件金丝浮花锦缎制成的衣裳和一顶公爵帽，教皇为跪着的费代里科赐福。费代里科发誓永远对教会忠诚，最后，他站起身亲吻了教皇的手。西克斯图斯四世亲切地和费代里科拥抱，并允许成为公爵的费代里科和红衣主教们坐在一起。

这场精心举办的仪式具有深刻的象征意义，使教会将审判的武器交到掌握世俗权力的无情的手中。但是一个意外破坏了这完美的一天。空气中回荡着喇叭和风笛的声音，还有圣天使堡的炮声。当费代里科的队伍穿过城堡前面的桥时，一阵风突然吹过，折断了两根悬挂公爵旗帜的旗杆，旗帜因此掉在了地上。这个意外和之前西克斯图斯四世的主教冠掉在地上一样，都被认为是一种不祥的预兆。

然而第二天，乔瓦尼·德拉·罗韦雷和费代里科一个嫡出的女儿焦万纳·达·蒙泰费尔特罗（Giovanna da Montefeltro）就定下了婚约。血统印证了上帝的决定。8月31日，费代里科向卡斯泰洛城进军，朱利亚诺·德拉·罗韦雷仍然在那里尝试驱逐反叛者。费代里科那令人闻风丧胆的军队和大炮一出现，这座城就立刻投降了，很可能人们对之前他在沃尔泰拉血腥的劫掠情景记忆犹新。

但是这次卡斯泰洛城的情况十分不同。之前在沃尔泰拉，费代里科是受洛伦佐的雇佣而战斗，并且得到了教皇的批准。但是现在教皇和洛伦佐的关系恶化，而刚刚受到教皇"洗礼"的费代里科察觉到洛伦佐会是一个潜在的敌人，可能会破坏自己和教会之间的关系。据说洛伦佐也对费代里科抱有一种"不共戴天的仇恨"[8]：在费代里科晋升为公爵（费代里科的这次晋升在佛罗伦萨普遍被认为是不合法的）和卡斯泰洛城不光彩的投降之后，洛伦佐表现出一种不满的沉默，这种沉默更加印证了这一猜测。更加火上浇油的是，费代里科将他最信任的使节之一皮耶罗·费利奇派往洛伦佐身边，他在佛罗伦萨待了很多年。因为他像猫一样不忠诚，尖酸刻薄的佛罗伦萨人给他起了个绰号，有了这样一种说法："当面一套，背后一套。"

这位因挑衅而出名的使节，"尽管年纪尚轻但老谋深算"，要求洛伦佐为费代里科公爵近期的作战提供捐助。这是一个狡猾、无耻且蛮横无理的行径。甚至是平时为人谨慎的朱利亚诺·德·美第奇，也毫不怯懦地对这个米兰使节说道："乌尔比诺伯爵"将会为这种冒犯付出代价。佛罗伦萨共和国坚决地拒绝提供任何款项，费代里科也在如猫一般狡猾的皮耶罗被流放前立即召回了他。自此，另一种关于费代里科的说法开始在佛罗伦萨的大街小巷流传："太过谦虚是一种高傲。"[9]一种混合着愤怒与畏惧的情绪在佛罗伦萨人民中蔓延开来：如果一个在过去奋力保护自己的人，现在转向了敌对阵营，并且可能会发动进攻，那么接下来将会发生什么事情呢？

1474 年 10 月，费代里科回到罗马，受到了教皇和红衣主教们的热情接待，有人看到他身穿华服、脖系貂皮毛领，骑马在街道上穿行。[10] 月底，费代里科在乌尔比诺收到了来自英格兰国王爱德华四世（Edoardo IV）庄严授予的嘉德勋章。[11]这个专属的骑士勋章上写着一句箴言——"心怀邪念者蒙羞"（honi soit qui mal y pense），这句话可以让我们更好地理解费代里科矛盾的处境：他被欧洲列强之一尊敬的同时，也受到来自卑贱商人所统治之城市的轻视。1474 年 12 月 30 日发生的事情应该为之后的惨剧敲响警钟：那天洛伦佐询问费代里科是否能给他一匹马以参加佛罗伦萨的马上比武，但是这位乌尔比诺公爵却回答道他已经将马借给了帕齐家族的一位成员。[12]

帕齐氏族

帕齐家族在佛罗伦萨拥有一家银行，可能比负债累累的美第奇家族的银行要更富有。在 15 世纪 70 年代，家主雅各布·帕齐（Jacopo Pazzi）不仅因擅长赚钱而出名，在赌博上也有着不输赚钱的才能。他的侄子弗朗切斯科，"身材矮小但精神强大"，[13]领导着家族银行位于罗马的分行。他们两人都极有野心，想要代替美第奇家族成为佛罗伦萨的领导者和教皇的官方银行家。

有一个人可以将美第奇家族所有的敌人完美地联系起来，这个人就是弗朗切斯科·萨尔维亚蒂（Francesco Salviati）[14]。他是帕齐家族的亲戚，与教皇的亲戚里亚里奥家族有着政治方面的往来。萨尔维亚蒂所在的家族是佛罗伦萨的贵族之一（他们比美第奇家族更早开始做生意），但是他在挥霍了一大笔财富进行失败的投资和可疑的活动后，就转而从事教会工作以偿还债务。在 1471 年，他成为最早获得新教皇西克斯图斯四世家族青睐的人之一，很快就成为红衣主教彼得罗·里亚里奥浪荡朋友中的一员；1473 年，正是他将帕齐家族提供的资金带到米兰并交给吉罗拉莫·里亚里奥，以购买伊莫拉伯爵的职位。他的这些功劳，换来了他在 1474 年 10 月当选比萨大主教。但是教皇的这次任命，并没有像往常一样同佛罗伦萨协商。其实西克斯图斯四世是故意让佛罗伦萨共和国的非正式领导人——洛伦佐难堪：如果大权在握的美第奇家族接受萨尔维亚蒂的任命，则会表现出他们的软弱；若他们拒绝这项任命，就显得有些傲慢了。在政治上没有比被视为软弱更糟糕的事情了，于是洛伦佐在与米兰的盟友紧急商量后选择了后者。

在 1475 年初进行了一些狂热的外交活动后，洛伦佐将弟弟朱利亚诺和自己忠诚的代理人兼好友弗兰切斯基诺·诺里（Franceschino

Nori）派往罗马了解罗马的基本政治情况。诺里写信给洛伦佐汇报说，里亚里奥伯爵的职位可以通过金钱和朋友得到，只要雅各布·帕齐（他的名字在诺里的信中以密码的形式出现）"不要惹是生非，但关于这一点我深表怀疑"。[15] 这句晦涩难懂的话旨在说明对手帕齐银行要用钱装满教皇外甥的口袋，这一举动实际上是架空美第奇银行。诺里和里亚里奥设法就比萨大主教的职位达成了休战协议，但是来自佛罗伦萨内部和外部的威胁还是源源不断地向洛伦佐袭来。

2月，奇科向洛伦佐发出了一个警告，提醒他注意自己的人身安全。这是在收到斯福尔扎家族驻那不勒斯的代理人的机密信件后，奇科给洛伦佐的忠告。据信件内容，费代里科曾抱怨美第奇银行在整个那不勒斯王国意外获得了免税的事情。费代里科并没有赞颂那不勒斯国王，而是表示"极其不悦"，他认为国王"不仅不应当偏心像佛罗伦萨的洛伦佐一样卑鄙的商人和市民，他是陛下最大的也是最危险的敌人，还应当把洛伦佐驱逐出佛罗伦萨，或将他碎尸万段，就像他之前多次提醒过的那样。这件事很容易做到，因为在佛罗伦萨洛伦佐相当于一位暴君，大多数较高阶层的市民都厌恶他。他们因为害怕，不敢说出自己的厌恶之情。但是如果国王干涉了这件事的话，他们将会祷告，感谢国王将自己从暴政中解救了出来"。[16]

当奇科看到这些语句时，立刻就意识到费代里科的威胁是认真的。这位乌尔比诺公爵将自己所有的政治力量作为赌注，无论如何都要将这个"卑鄙的商人"置于危难之中。

与此同时，西克斯图斯四世发动了一次一箭双雕的挑衅行动：让帕齐家族即刻替代美第奇家族成为教会的官方银行家，还要求对美第奇银行在罗马的分行进行税务检查。这相当于公开宣布了金融和政治战争。对洛伦佐来说这是一个沉重的打击，他在 1475 年 9 月 7 日向加莱亚佐·斯福尔扎抱怨道："事实上我发现所有麻烦都来自一个源头，就是帕齐家族那些我的亲戚们（洛伦佐的姐姐嫁给了古列尔莫·帕齐），他们企图想尽一切办法伤害我，不论是出于自己的野心还是由于那不勒斯国王和乌尔比诺公爵的支持。我要将他们的伤害减少到最低，也会时刻保持警惕，但不会理会他们那些一时的兴致，因为他们的名声并不好，而且招致了人们的责难。"[17]

最终，洛伦佐还是向教会阵线低头了。1475 年 10 月，也就是教皇单方面任命萨尔维亚蒂的第二年，他成为比萨大主教。此时，萨尔维亚蒂可以从佛罗伦萨之外的托斯卡纳最富有的教会中收到每年 4000 杜卡特金币的薪水，于是他不再沉默，对洛伦佐搞了一个讨厌的"恶作剧"。1476 年 6 月，他给洛伦佐送去了 100 磅腐烂的鱼作为个人的私赠品，并附上了一张带有讽刺意味的字条："如果这些鱼配不上您，也配不上我的欲望和责任，请您一定要原谅我，因为阁下也知道，钓鱼是一项关乎运气的事，我们常常会得不到自己非常渴望的东西。"[18]

阴谋和忏悔

1476 年 12 月 26 日的谋杀使加莱亚佐·斯福尔扎退出了意大利的历史舞台。这场在米兰发生的血淋淋的谋杀为一场新的、更加放肆的阴谋创造了条件。没有了加莱亚佐——洛伦佐最可靠的盟友，里亚里奥、萨尔维亚蒂和他的朋友帕齐家族很快意识到是时候消灭他们的敌人了。他们确信洛伦佐不能像之前一样依赖米兰军队的帮助，而且推测奇科对于米兰公国军队的控制力较弱，而他们拥有乌尔比诺公爵强大的军事力量作为支持。

1477 年春末，比萨大主教和弗朗切斯科·帕齐（Francesco Pazzi）秘密召见了蒙泰塞科伯爵吉安·巴蒂斯塔（Gian Battista），他是一位经验丰富的老兵，因忠诚于教皇而被选中。在帕齐阴谋发生后，他被关入监狱，应该也是唯一一个叙述事件经过的阴谋策划者。1478 年 5 月 4 日，他坦白了这场阴谋的经过，之后在佛罗伦萨被斩首。据说为了诱使他说出整个事件的真相，美第奇家族许诺给他自由，但是也可能是他作为一个虔诚的天主教徒，只想在为时过晚前做到问心无愧。[19]

蒙泰塞科称自己在 1477 年 5 月或 6 月左右在梵蒂冈大主教的公寓里会见了萨尔维亚蒂。萨尔维亚蒂和弗朗切斯科·帕齐委婉地说出了自己的提议，他们说想要向蒙泰塞科透露"一个在心里筹谋已久的秘密计划"。首先，他们要求他郑重起誓保守这个秘密，接着他们暗示"有办法让佛罗伦萨改头换面"。蒙泰塞科回答说自己愿意为他们做任何事，但是他受雇于教皇和里亚里奥伯爵，不能成为他们中的一员。然而他们却反驳道自己不可能在未得到里亚里奥伯爵同意的情况下就贸然行动。实际上，他们做的一切都是为了里亚里奥伯爵：这是一场针对洛伦佐所采取的预防性行动，因为洛伦佐希望里亚里奥伯爵感受到"死亡的痛苦"。蒙泰塞科想要了解为何洛伦佐对里亚里奥伯爵有如此大的仇恨，他们解释了半天，含糊其词，这个问题仍然没有答案。

两周后，他们在吉罗拉莫·里亚里奥的宫殿里进行了第二次会面。蒙泰塞科逐字逐句地叙述了这段令人毛骨悚然的谈话，他的语气模仿得很像，就像是如今的电话窃听：

里亚里奥："大主教告诉我说，他们已经告诉你我们手头正在做的事情了，你怎么看？"

蒙泰塞科："我不知道该怎么说，因为我还没搞懂到底是什么事。等我弄明白之后，我会告诉您我的看法。"

萨尔维亚蒂："什么？难道我没有告诉你，我们想要让佛罗伦萨改头换面？"

蒙泰塞科："你们说了，但是没有告诉我你们要怎么做。我对你们的计划一无所知，所以我不知道怎么说。"

里亚里奥："洛伦佐对我们充满了敌意和恶意。如果教皇不在了，我的国家就会深陷危难之中。佛罗伦萨的改

71

头换面有助于伊莫拉的稳定，使它永远不会再受到任何伤害。"

蒙泰塞科："怎么做？有谁会来帮忙？"

萨尔维亚蒂："城里我们有帕齐家族和萨尔维亚蒂家族，在城外有乌尔比诺公爵的帮助。"

蒙泰塞科："不错。你们有没有想过如何进行？"

里亚里奥："他们说整顿好军队前往佛罗伦萨，除了将洛伦佐和朱利亚诺碎尸万段之外，没有别的选择。而且需要在不被发现的情况下集合，这样后面的事情就水到渠成了。"

蒙泰塞科："阁下，您知道自己在说什么吗？我向您保证，这绝对是一个非常棘手的任务，我也不知道他们要怎么完成，因为据我所知，佛罗伦萨的实力不容小觑，洛伦佐阁下也深受人民喜爱。"

里亚里奥："他们（帕齐和萨尔维亚蒂）和你说的正好相反，据他们所说，洛伦佐不得民心，如果他们两兄弟死了的话，佛罗伦萨的每个人都会感谢上帝的恩典！"

萨尔维亚蒂："吉安·巴蒂斯塔，你从未去过佛罗伦萨，我们比你更加了解那里的情况，也比你更加了解洛伦佐，我们也知道佛罗伦萨人对他既喜欢又讨厌。你不要再质疑了，有我们在这里，这项任务会成功的。我们只需要决定怎么做就好了。"

蒙泰塞科："好吧，那怎么做呢？"

萨尔维亚蒂："我们应当说服雅各布·帕齐阁下，他现在有些犹豫。如果能让他加入我们，这件事就没什么好担忧的了。"

蒙泰塞科："很好，教皇会怎样看待这件事？"

萨尔维亚蒂："教皇陛下总是会做我们希望他做的事情。此外，他也讨厌洛伦佐，比起其他事情，他更希望这件事可以成功。"

蒙泰塞科："你们和他说过这个计划了吗？"

里亚里奥："当然！我们会设法让他本人和你说，这样你就能知道他的打算了。我们只要想一下怎样在不被发现的情况下集合军队，其余的事情都会顺利进行的。"

但蒙泰塞科还是有些犹豫，或者至少他在随后与教皇、里亚里奥伯爵、大主教的对话中是这样描述自己的（这段对话也被记录在他的供词中）：

蒙泰塞科："圣父，如果不杀洛伦佐和朱利亚诺，或者其他人，我们的计划可能无法顺利进行。"

西克斯图斯四世："我一点也不想要任何人死，因为准许某人的死亡不是我的职责。尽管洛伦佐是一个粗暴无礼的人，对我们行径恶劣，但是我也不希望他死，只是希望佛罗伦萨能改头换面。"

里亚里奥："我们会尽自己所能不让任何人死。但是如果出现意外的话，教皇陛下也会饶恕我们的。"

西克斯图斯四世："你这个畜生！我和你说的是，我不想任何人死，而是希望佛罗伦萨能改头换面。吉安·巴蒂斯塔，你听好，我很希望佛罗伦萨改头换面，脱离洛伦佐的控制，因为他粗暴无礼，道德败坏，根本不尊重我们。他离开佛罗伦萨之后，我们就能对这个共和国做任何我们想做的事情了，这对我们来说是一件好事。"

里亚里奥和萨尔维亚蒂："您说得对教皇陛下，当您可以随意支配佛罗伦萨时，意大利的半壁江山都在您的掌控之中了，每个人都希望和您成为朋友。因此，您将会很满意为达到这个目标而做的每一件事。"

西克斯图斯四世："听着，只要不会有人因此而死，去做你们想做的事。我愿意给你们提供一切帮助，包括军事方面或其他方面必要的支持。"

萨尔维亚蒂："教皇陛下，您愿意放手让我们来指挥这项任务吗？我们会尽自己所能圆满完成的。"

西克斯图斯四世："好。"

在知晓教皇口头要求不能杀死任何人后，蒙泰塞科、里亚里奥和萨尔维亚蒂在里亚里奥伯爵的房间里开始讨论这次任务的细节。他们得出的结论是：必须杀死洛伦佐和他的弟弟。当蒙泰塞科觉得这个计划并不好，并提出反对意见时，他们便对他说，如果不按这个计划行事，就无法达成目标。同样也是在这段时间，萨尔维亚蒂的一位朋友询问他是否能帮助自己解决在罗马宫廷内的一个法律问题，他回复道："这些公平与正义的事情是有限制的，因为这样就没有人可以改变它们的常态，在这些小事上不应该强行打破常规。"[20] 换句话说，法律是给那些没有权力的人制定的，但是如果要做"伟大的事情"，就可以超越一般的道德标准。这是萨尔维亚蒂和里亚里奥利用超越善恶的狂妄来实施自己谋杀计划的完美理由。

诚然，善良的上帝正在经受考验：教皇所谓的对教会荣誉的担忧还是变成了空谈。西克斯图斯四世真的天真到认为不杀美第奇兄弟就能使佛罗伦萨改头换面？教皇难道真的变成了他外甥那"看不见的手"中的提线木偶，或者说他真的不想通过这种恶毒且不可原谅的手段实现他的"伟大"目标（即让洛伦佐"离开佛罗伦萨"）？这是非凡的马基雅维利将教皇西克斯图斯四世称为"大胆的教皇"的原因之一。[21] 科西莫·德·美第奇的座右铭——"不能用天主经来治理国家"，[22] 在此种情形下获得了一个新的、邪恶的含义。

不论有没有西克斯图斯四世的批准，里亚里奥都决定将蒙泰塞科派往佛罗伦萨，以便让他熟悉这座城市及目标人物。这年夏天，当费代里科给奇科写信，想把他从洛伦佐的阵营里拉拢过来时，蒙泰塞科到达了佛罗伦萨。他去往美第奇宫，受到了洛伦佐的非正式接待。洛伦佐同他交谈，向里亚里奥伯爵致以亲切的问候，说伯爵对自己来说"如父如兄"（这些话是蒙泰塞科在被佛罗伦萨当局监禁后供认的，那时他已得到洛伦佐的宽大处理，所以这些话听起来相当虚伪，未必是真的）。随后洛伦佐嘱托蒙泰塞科去伊莫拉，希望里亚里奥伯爵放心，他的国家秩序井然。

在与洛伦佐会面后，蒙泰塞科就在坎帕纳旅店住下了。在那里他给帕齐家族中最富有的成员雅各布·帕齐传了信，通知他过来谈一谈。雅各布在太阳下山后来到旅店，两人在一个房间里秘密会面了。蒙泰塞科向他传达了教皇、里亚里奥伯爵及大主教的问候，并给他看了他们之间的书信。雅各布起初很不情愿，但最后还是被说服了。

　　　　雅各布："吉安·巴蒂斯塔，我们要谈什么呢？是关于佛罗伦萨吗？"
　　　　蒙泰塞科："嗯。"
　　　　雅各布："我一点也不想听你说，因为他们都绞尽脑汁想成为佛罗伦萨的领主。我比他们更明白我们的这些事情。你别和我说了，我不想听。"
　　　　蒙泰塞科："我是代表教皇来慰问您的，在我离开罗马之前，曾和教皇谈过一次话，当时里亚里奥伯爵和大主教也在场，他让我劝您赶快处理佛罗伦萨的事情，因为他不知道何时能再出现下一个像围困蒙托内这么合适的机会，可以允许这么多军队出现在佛罗伦萨。再等下去局势就会变得很危险，所以教皇陛下催促您尽快做此事。教皇他说希望佛罗伦萨能够在不死人的情况下改头换面。”

蒙泰塞科的供词在这点上有些自相矛盾。他说自己逐字逐句地传达了和西克斯图斯四世、里亚里奥以及萨尔维亚蒂之间的对话，但如果他真的对这次阴谋的可行性抱有怀疑的话，应该很难说服犹豫不决的银行家雅各布·帕齐。但是无论如何，这一晚，蒙泰塞科与帕齐之间最终没能达成任何协议，因为雅各布的侄子弗朗切斯科不在佛罗伦萨城中，没有他什么事情也做不成。于是，蒙泰塞科为了完成洛伦佐嘱托的任务，继续向伊莫拉行进。他在伊莫拉待了几天，回程的路上，以叙述自己在伊莫拉的经历为借口，他在卡法乔洛美第奇家族最爱的乡村别墅中停留了几天，在那里遇到了洛伦佐和朱利亚诺。之后蒙泰塞科和美第奇兄弟一起回到了佛罗伦萨，这时洛伦佐一直在展示自己对于里亚里奥伯爵所谓的“爱”。

蒙泰塞科似乎被洛伦佐的人格魅力打动了。洛伦佐待他友好亲切，也可能是想要诱惑他相信自己会对他很慷慨。其实里亚里奥伯爵和萨尔维亚蒂大主教对蒙泰塞科回来后的反应早有所预料，蒙泰塞科在 8 月 27 日匆忙回到罗马，向他们详细报告会面的细节时，言语中难掩对洛伦佐的同情。里亚里奥对洛伦佐的谦恭没什么感觉，他转念一想，便给洛伦佐写了封信，信中谈到了"爱"，但是其中的含义却截然相反：

尊敬的洛伦佐：

吉安·巴蒂斯塔（蒙泰塞科）回来了，他让我了解到，您毫无疑问非常慷慨。我很感激，但是我并不想通过这封信来表达对您的感谢，因为在信中我只能用言语来表达。我确定您将看到我所取得的一些成效，由此您可以判断出我是真心爱您的，正如您的舅舅乔瓦尼（托尔纳博尼）每天所听闻的那样。

请求您的慷慨。

罗马，1477 年 9 月 1 日

向您致敬，里亚里奥子爵霍罗尼莫 * 亲笔 [23]

里亚里奥喜欢处在暗处，但他那"看不见的手"并不是梅洛佐在西克斯图斯四世家族肖像画中描绘的那样，他能够玩弄文字游戏、传达致命的加密信息。可以肯定的是，他毫不犹豫地向比萨大主教

---

* 霍罗尼莫（Hieronymo）是托马斯·基德著名复仇剧《西班牙悲剧》的主人公，在戏剧的开头是西班牙国王的忠实仆人。——编者注

萨尔维亚蒂展示了这个简短虚伪的杰作，而萨尔维亚蒂正是之前给洛伦佐写了封极具讽刺意味的信，还送去了腐烂的鱼的那个人。现在到了真正捕鱼的时候，洛伦佐本人将成为"时运之鱼"。

8月底从佛罗伦萨离开的前一晚，蒙泰塞科终于见到了弗朗切斯科·帕齐，他们决定，再次见到雅各布之前，蒙泰塞科不会离开佛罗伦萨。那一晚弗朗切斯科带领蒙泰塞科去了叔叔雅各布那里。他们列了一张清单，上面写着"行动"成功所必需的条件。首先，大主教萨尔维亚蒂要凭借一个"正当的理由"去到佛罗伦萨，避免引起怀疑；萨尔维亚蒂在到达之后，要和帕齐家族的人共议实施行动的最佳方式。其次，应当创造一些新的密码进行通信，不用担心被拦截。他们确信，在费代里科率领的教皇军队的支持下，他们的计划会成功。

蒙托内事件

在1477年9月1日写给洛伦佐的"充满爱意"的信中，吉罗拉莫·里亚里奥伯爵提到了洛伦佐的舅舅、美第奇银行在罗马的代理人乔瓦尼·托尔纳博尼（Giovanni Tornabuoni）每天都会报告他充满爱意的"一些成效"。里亚里奥说到做到。第一个"成效"出现在9月3日，这一天乔瓦尼通知洛伦佐，他在一个对佩鲁贾公民的诉讼案件中成为不在场的被告。教皇身边的一位工作人员指控这些公民帮助蒙托内伯爵卡洛（Carlo di Montone）——一个反教会的叛乱分子，同时也是洛伦佐的亲密盟友。卡洛的存在给这次反美第奇家族的行动提供了一个绝妙的借口：这些叛党决定包围蒙托内的要塞（一个坐落在翁布里亚地区拥有防御工事的小村庄，离佛罗伦萨只有一天的路程），并持续围攻，直到迅速完成"行动"。这样做的目的很简单：将军队从一个营地转移到另一个，这样就能避免被洛伦佐或斯福尔扎的间谍所觉察。

作为此次围攻行动的指挥者，费代里科·达·蒙泰费尔特罗于1477年8月初从乌尔比诺出发。他包围了卡洛的家乡，但是他没想到蒙托内竟然能抵抗这么长时间。费代里科使用了他出了名的精准且具破坏性的大炮攻击要塞厚厚的城墙，但无济于事。他急不可耐地想赶紧结束围攻，因为他还有其他更紧迫的事情要做，但是他不想留下任何未竟的任务，在他漫长且近乎完美无缺的军事生涯中他从未这样做过。

为什么费代里科这么着急呢？像以往一样，奇科·西莫内塔对所有消息都了如指掌。他从自己在罗马的代理人萨克拉莫罗·达·里米尼（Sacramoro da Rimini）[24]那里得到了令人担忧的消息：9月14日，萨克拉莫罗给他写了封长信，信中提到了关于正在进行的阴谋一些特别的新发现。萨克拉莫罗非常谨慎地传达这些信息，因为他知道自己不能在没有确切证据的情况下，就投下这样一枚外交炸弹："阁下似乎并不怀疑我所表达的人民对洛伦佐·德·美第奇等的敌对态度。我再次向您证实，我每天都更加确信这一点，我有确切的理由和证据证明这不仅仅是一种观点。我们暂且不谈一直喋喋不休的乌尔比诺公爵的使节所说的话。"萨克拉莫罗着重指出，乌尔比诺大使阿戈斯蒂诺·斯塔科利（Agostino Staccoli）对自己得知的消息感到异常兴奋但无法保密，这严重违反了协议内容。

就在同一晚，萨克拉莫罗和里米尼领主派去教皇身边的使节菲利波·达·蒙泰格里多尔福（Filippo da Montegridolfo）进行了一场"非常机密"的谈话。萨克拉莫罗也是里米尼人，于是和共事的同乡菲利波便成为好朋友。菲利波和乌尔比诺使节斯塔科利一直保持联系，他们经常一起聊天，度过了很多时光。斯塔科利似乎说过："对于蒙托内的围攻已经进行很久了，我担心乌尔比诺公爵可能会因为我之前写的理由而设法恐吓洛伦佐，他十分确定地提及此事，因此我觉得不应该忽视这件事。"菲利波说自己在斯塔科利的写字台上看到了那不勒斯给乌尔比诺公爵译解后的信，在信中那不勒斯国王要费代里科"告知自己攻下蒙托内的希望有多大及多久能攻下它，如果费代里科能早日攻下的话，他就能够执行下一步计划了，但是也没有具体说出是什么，因为他（菲利波）能够基于已经发生的事情和已知的其他情况推测出来"。因此，萨克拉莫罗说要"立即告诉洛伦佐这件事，让他提高警惕，甚至要当心自己信任的人"。

尽管暗中探出的新发现不容小觑，经验丰富的萨克拉莫罗还是习惯遵从奇科小心做事的原则，他对自己理解局势的能力心怀疑虑。他继续写道："今天我和里亚里奥伯爵及教皇一起谈话，我劝说一个人并恳求另一个人，不要相信狂热者。""狂热者"实际上是一个明确的"代码"，指的应该是帕齐家族。萨克拉莫罗使用15世纪教廷来往信件中非常具有代表性的通俗意大利语和教会拉丁语的混合体补充说道："最后我用这些日子里写下的东西组成了座右铭——最好展现出自己友好的一面，以免引起别人的怀疑和威胁。"关于这一点，"教皇回复'好极了'，里亚里奥伯爵也肯定了我的观点，他们还让我就这个观点给洛伦佐写了封信，言辞亲切。但是，我担心可能会发生一件大事，即使没有教皇的同意他们也会这样做，因为我相信教皇陛下的仁慈和信义，他是善良且爱好和平的人。但是我担心有人会利用陛下的善良，我们一定要当心！"

作为大使，他讲话时所表现的威胁的语气很明显。在由秘书起草的信件的最后一页，萨克拉莫罗附上了一张自己匆匆写下的附言："您要相信我，费兰特国王对洛伦佐没安好心，乌尔比诺公爵更没有。他们在想尽一切方法，打击洛伦佐。"[25]萨克拉莫罗忧心忡忡，又补充了另一个暴露出来的细节：在蒙托内，乌尔比诺公爵"花了很多钱，多达数千杜卡特金币"，因为他需要迅速取得令人信服的胜利。事实上，在几个月之后，也就是1479年，费代里科收到了教皇对这次围攻时的一些"秘密开支"[26]所给的补偿，这个钱可能是用来收买要塞里的某个人的。

9月16日，当萨克拉莫罗[27]汇报向蒙托内输送大量军队已经引起了附近托斯卡纳地区的警觉时，教皇冷嘲热讽地回答道：洛伦佐不应该担心，因为他想做的和1474年镇压卡斯泰洛城的叛乱时他的所作所为别无二致。这场失败的围攻正是他们之间公开对立的开始。正如萨克拉莫罗在信中指出，教皇仍然因之前洛伦佐的背叛而生气。很明显，这个来自教皇的"安慰"让洛伦佐很不安，因为这实际上是一个类似于黑手党风格的警告。意大利的和平问题并不是西克斯图斯四世优先考虑的事情。

萨克拉莫罗继续说道，教皇打算利用自己的所有力量来讨伐蒙托内伯爵卡洛，"用他自己的话来说，就是要将他赶尽杀绝"。在谈到教皇与帕齐家族的关系时，萨克拉莫罗无意冒犯，小心翼翼地点到了教皇善良且爱好和平的本性。尽管如此，萨克拉莫罗还是愿意继续相信教皇的仁慈："我相信没有煽动者向教皇提出别的主意，但是我更相信教皇陛下除了既定目标并无他意。"简单来说，这几句模棱两可的话的潜台词就是，教皇宣称自己在为和平而努力，但是却采取了暴力行动并准备发动战争。

在佛罗伦萨，多亏斯福尔扎家族间谍的及时提醒，洛伦佐才能准备好自卫措施。大主教萨尔维亚蒂于9月11日从罗马出发，途经比萨，于同月17日到达佛罗伦萨，为的是将一封正式的抗议书交给洛伦佐，告诉他不应该"插手"蒙托内的事情。在9月18日的官方回信中，洛伦佐及一些佛罗伦萨权贵以一种略带讽刺的语气写道，他们永远不会反对"任何教皇陛下所做的决定以及每一件教皇或是基督教神甫应该做的事"。[28] 教皇当然不能够参与任何暴力行动。撇开教皇的使者——大主教萨尔维亚蒂，洛伦佐目前成功使西克斯图斯四世陷入困境：面对这个机智却无礼的行为，为保护自己的宗教权威和神学的纯洁，西克斯图斯四世只能赦免洛伦佐与教会的敌人蒙托内伯爵所谓的友谊，并给洛伦佐写了封简短的正式赦免的文书。

经过八周的猛烈轰炸（可能也有不少的贿赂），费代里科对蒙托内的进攻终于取得了一些成果。费代里科5岁的儿子圭多巴尔多·达·蒙泰费尔特罗也及时到达营地，见证了父亲的胜利。对这个年轻的继承人来说，这是一堂非常好的课，也是一个充满希望的预兆。（费代里科的私生子安东尼奥是赫赫有名的将军，但是他不能继承父亲的头衔。）同样是在这些天，费代里科收到了来自占星学家安东纽奇奥·达·古比奥（Antoniuccio da Gubbio）的警告，他预言费代里科不仅会面临一个"棘手的任务，包围一个易守难攻的城市"，[29] 在不久的将来他还会面临更艰难的挑战。一直以来都十分迷信的费代里科感觉到现在不是进攻佛罗伦萨的合适时机。蒙托内伯爵卡洛在费代里科的军队入侵之前就弃城离开了，和他的手下快马加鞭赶到了佛罗伦萨，住在离美第奇宫不远的马尔泰利公寓中。实际上，卡洛和他的手下无意中成为洛伦佐的守卫。荒谬的是，所有费尽心机想要削弱美第奇家族的诡计，都让他们变得更加强大。

正如蒙泰塞科后来在他的供词中所说，阴谋者们"决定让他活到第二年春天"。这种僵局让教皇的外甥，也是这场阴谋的幕后黑手——吉罗拉莫·里亚里奥感到十分不悦。驻罗马的佛罗伦萨人巴乔·乌戈利尼[30]10 月 6 日给洛伦佐写了封密函，向他汇报吉罗拉莫·里亚里奥那里没有新的消息。这也就表示，对于吉罗拉莫伯爵来说，事情进展并不顺利，他必须重新实施自己的计划，也深知这需要依靠乌尔比诺公爵的大力支持。乌戈利尼用狡猾的、半加密的语言补充道，是时候"移动棋子"，使教皇相信在卡斯泰洛城的事情中乌尔比诺公爵也犯了错，从而使教皇站在费代里科的对立面。

乌戈利尼对蒙托内事件有所猜测，但是他在颂扬"美第奇家族温柔宽厚的天性与他们野心勃勃、贪得无厌的敌人相反"的同时，并不知道怎样制订更有效的防御计划。在 10 月 25 日的信中[31] 他甚至表示，从加莱亚佐·斯福尔扎时期以来，里亚里奥伯爵就被要求尽其所能在军事管理方面和费代里科·达·蒙泰费尔特罗展开竞争，他们两人之间私下的关系也破裂了，实际上他们只是"表面朋友"。乌戈利尼建议，在罗马应该采取的策略是让里亚里奥和乌尔比诺公爵针锋相对。

尽管洛伦佐的手下深知过去和现在发生的危险都归咎于费代里科，但是这位乌尔比诺公爵也不是吃素的，也睁大了自己狐狸般狡猾的眼睛。

第五章

把他们除掉！

乌尔比诺一直是一个"理想中的城市"，它因城中一座宫殿而闻名，该宫殿是文艺复兴以来意大利最美丽的宫殿之一。《廷臣论》（*Il libro del Cortegiano*）*的作者巴尔德萨·卡斯蒂廖内（Baldassarre Castiglione）就将书中廷臣间愉快对话的场景设置在这座宫殿的房间中，写道这不是"一座宫殿，而是一座貌似宫殿的城市"。这处神话般精美的寓所，是由费代里科·达·蒙泰费尔特罗构想，由伟大的建筑师卢恰诺·劳拉纳（Luciano Laurana）和弗朗切斯科·迪·乔治（Francesco di Giorgio）花费约二十年的时间建造完成。用卡斯蒂廖内的话来说，公爵"不仅准备了日常用品，比如银花瓶、房间墙上悬挂的由金丝或丝绸制成的价值连城的装饰及其他类似的东西，还使用了无数的大理石和青铜制成的古代雕塑、非凡的绘画以及各种类型的乐器等进行装饰，他不希望那里有任何不那么珍贵和精美

---

* 该书虚构了发生在 1507 年间乌尔比诺公爵与其廷臣之间的谈话，并且还描绘了当时的宫廷生活等历史、文化场景。——译者注

的东西。后来，他还花了大笔费用添置了一大批非常精美且稀有的希腊语、拉丁语和希伯来语书，并以金银装饰，他认为这是他华丽的宫殿里最卓越的部分"。[1]

费代里科的图书馆位于一个面积很大的大厅中，面向景色优美的庭院，收藏了 15 世纪末最重要的细密画手抄本，它甚至比美第奇家族的图书馆更大，拥有更多的收藏。费代里科不仅仅是一名政治家和一个雇佣兵队长，还是一个热爱艺术的人。他热爱绘画、音乐和文学，在用餐时也会有人文主义者伴其左右，为他诵读经典著作。[2]

著名的乌尔比诺的书房比古比奥的更加精致文雅，位于整座宫殿的中心。一扇秘密的木质镶板后面，就是公爵的私人阳台。阳台位于两座细长的高塔之间，在这里可以欣赏蒙泰费尔特罗地区的丘陵全景。

蒙泰费尔特罗密码

1477 年 10 月初，费代里科在马雷玛*集结了 5 个来自那不勒斯的骑兵连。他最初的计划可能是利用他们在几周内攻打佛罗伦萨，[3]但是，由于临近寒冷的季节，费代里科不得不早早解散了军队。回到乌尔比诺后，他给奇科写了好几封阿谀奉承的信，并谈到自己是

---

*　马雷玛（Maremma），意大利中西部的沿海地区，包括托斯卡纳大区西南部的大部分地区和拉齐奥大区北部的部分地区，面积约 5000 平方千米。——译者注

整个意大利半岛所有军队的总司令——这个他渴望已久的职位——最合适的候选人。但是一件意想不到的事情阻碍了他的野心。快到11 月底的时候，费代里科的左腿离奇受伤，十分严重，尚不清楚是意外还是人为。这正是萨克拉莫罗一直担心洛伦佐会遇到的情况。

在事故发生的时候，乌尔比诺廷臣及画家乔瓦尼·桑蒂很可能和公爵在一起，他对此做出了一个戏剧性的解释。日落时分，费代里科登上自己在圣马力诺的一个小宫殿的凉廊，欣赏马尔凯丘陵的美景。之后他便开始夸耀自己年轻时打过的仗、取得的胜利，以及最终战胜了他之前的死敌——里米尼领主西吉斯蒙多·马拉泰斯塔（Sigismondo Malatesta）。他慷慨陈词中"满载着辉煌"，[4] 但黑暗突然降临，他不小心踩在了腐坏的木板上，凉廊的地板裂开，他摔到了下面一层的地上。根据费代里科所说的另一个版本，他是在一位当地的绅士家里吃完晚饭准备回家睡觉时，因为踩到楼梯上坏了的台阶而滑倒了。虽然这听起来有点可疑，但是没有证据表明这是个杀害乌尔比诺公爵的阴谋。

尽管桑蒂夸大了费代里科对于肉体疼痛的忍耐力（为了清除"腐烂的部分"[5]，医生在他身上钻了至少五个洞），但是一个受伤的雇佣兵队长让人难免感到悲伤，他有可能"不只是缺少一只眼睛，而是身体残疾了"。这对于一位伟大的战士来说可谓巨大的创伤，他曾获得过无数场战争的胜利，但却因为一场完全偶然的日常事故而瘸了腿。看来费代里科会恢复得很慢，也不确定他是否能完全恢复，是否还能再骑马，毕竟在当时对于一个军人来说，骑马是必不可缺的要求。

尽管费代里科的健康状况令人担忧，但是关于是否雇用他的谈判仍旧在罗马进行。大量的加密信件开始在乌尔比诺和那不勒斯之间传递。11月，里亚里奥伯爵将自己信任的助手卡斯泰洛城的洛伦佐·朱斯蒂尼（Lorenzo Giustini di Città di Castello）派往那不勒斯，以从费代里科最早期的雇主费兰特国王那里打听更确切的消息。之后朱斯蒂尼"带着很多消息"[6]再次回到了罗马，就像教皇身边的米兰使节不久后给奇科的信中写的那样。

朱斯蒂尼是罗马的阴谋者们和费代里科之间联系的纽带。一直藏于暗处的他至少从1474年起就与费代里科相识了，当时费代里科刚被任命为乌尔比诺公爵，为镇压反教皇叛乱，他行军至卡斯泰洛城，意图让朱斯蒂尼取代当地的乡绅尼科洛·维泰利。朱斯蒂尼自诩为骑士和法学博士，但其实他什么都不是。他出生于一个平民家庭，但却野心勃勃，是典型的不择手段往上爬的人。1464年，在教皇的推荐下，他去往佩鲁贾，想要得到市民官*这个有威望的职位。当地法院对他的说辞表示怀疑，并裁定他既不是贵族出身，博士头衔也是非法获得的。因此，他没有被任命。

几年后，朱斯蒂尼终于从几个红衣主教那里获得了担任佛罗伦

---

* 意大利语为 Capitano del Popolo，是代表平民阶层的市政官员，为平衡贵族权力而设立。——编者注

萨最高行政长官的推荐。但是，洛伦佐·德·美第奇并不相信他，并且有持续一年多的时间都反对他参选。当朱斯蒂尼最终获得这项任命之时，他以忙于其他事务为由拒绝了。从那以后，他变成了里亚里奥家族最信任的代理人之一。1473年，他被派往米兰，见证卡泰丽娜·斯福尔扎和吉罗拉莫·里亚里奥伯爵的婚礼，并领取伊莫拉的钥匙——教皇的外甥刚从加莱亚佐·斯福尔扎的手上买下这座城市。后来，1477年9月，在审判佩鲁贾的造反者时，朱斯蒂尼亲自起诉洛伦佐，之后他又参与了围攻蒙托内的行动。从一开始，他就是阴谋者布下的一枚棋子。

因此，在阴谋进行到最棘手的时刻，里亚里奥伯爵指派朱斯蒂尼前往乌尔比诺便不足为奇了。费代里科因为受伤不能带领军队奋勇杀敌，但罗马方面需要他为军事战略出谋划策。于是1478年2月14日，费代里科和朱斯蒂尼在公爵宫最隐秘的房间——公爵的书房中会面。费代里科那天写的那封加密信被曝光之前，这次会面一直无人知晓。

由于腿部受伤，费代里科行动困难，只能走从自己的卧室到书房这么一小段路。在门上还能看到他让人刻下的箴言——"说真话输了总比满嘴谎言赢了好"（Melius te vinci vera dicentem quam vincere mentientem）。从即将要发生的事情来看，这句箴言听起来颇具讽刺意味，尤其是和书房北面墙上的另一句箴言——"拥有美德就能到达天堂"（Virtutibus itur ad astra）一起看。

乌尔比诺书房里的肖像画比古比奥那间的复杂得多。不同于古比奥书房里七种自由艺术的寓意画，在乌尔比诺的书房里，镶有复杂装饰的木板上方有二十八幅诗人、哲学家、神学家及教皇的肖像画。除了费代里科本人（他的肖像被刻在了其中一块木板上），里面唯一一个当时还健在的人就是教皇西克斯图斯四世：他身穿白色罗马式长袍，手持一根朝向地面的长矛，让人想起古罗马钱币上身穿和平使者服饰的战神马尔斯的样子。

在书房的私密空间里，费代里科可以毫无顾忌地谈论国家大事。朱斯蒂尼的到访成为准备这次阴谋最关键的时刻之一，他们俩需要考虑到所有可能会发生的风险。如果计划失败，可能会激起总联盟（米兰、佛罗伦萨和威尼斯）的势力反扑教皇，如此就没有回头路了。

会面后不久，费代里科叫来了自己的秘书，开始口述一封加密信，寄给自己安排在罗马的大使——多嘴的阿戈斯蒂诺·斯塔科利和狡猾的皮耶罗·费利奇。皮耶罗·费利奇总是会出现在费代里科秘密活动的关键时刻，1月的时候，他和常驻使节斯塔科利一起在教廷受里亚里奥召见。[7]他们需要亲自将费代里科的信呈递给教皇。尽管这封信被加密了，但是费代里科认为信中只需要提到"主要目标"就好，即消灭美第奇兄弟。如果这封信被佛罗伦萨或米兰的间谍截获并破译，费代里科就会矢口否认，说自己从未参加过任何有损自己名誉的行动。

不过并不需要担心，因为除了结尾费代里科的签名清晰可辨外，其余部分都是一堆乱七八糟的符号。[8]

当这封信再次从乌尔比诺的一个私人档案馆寄出的时候，[9] 一开始看上去似乎无法破解密码，但是奇科·西莫内塔提供了一个方法，也就是用他的《无样本提取密码规则》(*Regule ad extrahendum litteras zifratas sine exemplo*)[10]——一本叙述如何破译密码的工具书。该书基于一个简单的数学模型，能够使密码破译者计算出拉丁语和意大利语字母出现的频率。费代里科信中的单词都连在一起，增加了破译这封信的难度。经过多次反复试验，才终于识别出一串符号的重复出现。假定它包含元音 A，可以计算出一个这样的序列：lA suA sAntitA。由此我们就知道了这串符号正是教皇西克斯图斯四世的尊称，信正是写给他的。

其他所有的字符，依照奇科书中的规则统计出现次数，都比较容易破译。但是，其中有一些人名或势力的名称是用特殊的符号单独表示的，只能推测出这些符号所指之人的身份，他们每个人的名字只在信中出现了一次，所以并不能完全确定他们分别是谁。这些符号被记录在一份密码簿里，如今这份密码薄被保存在梵蒂冈图书馆，[11] 这里收集了属于乌尔比诺公爵时期的所有手稿。这一发现证实了之前的猜测，符号"F2"和"R1"分别对应着"佛罗伦萨人"和"西西里国王"（那不勒斯国王费兰特一世）。

信中其余部分对一些特定人物的表述并不明确，如帕齐家族在信中被简单地称为"朋友"，但是信中阴谋的意味已经表达得足够清晰了。从破译后的信中可以看出费代里科的冷漠和工于心计；也正是这封信，才让大家得以一窥这位雇佣军队长大脑的运转模式——他习惯在压力下迅速做出决定，评估行动的利益和风险，然后迅速消灭敌人。费代里科建议教皇在这个紧要关头走国王的"路"，不要走里亚里奥伯爵的"路"：也就是说，要更多地依靠那不勒斯军队的力量，而不是家族的裙带关系。公爵重复了两遍，称阴谋的成功"近在眼前"，还说值得一试，要一鼓作气将其付诸实践。这种方法代表了在马基雅维利之前，马基雅维利主义的成功：说实话，如果没有费代里科·达·蒙泰费尔特罗及与他志同道合的人，可能《君主论》也无法写成了。

破译后，这封信是这样开头的：

我亲爱的盟友。尊敬的洛伦佐·朱斯蒂尼阁下来过了，我也明白了他和我说的话，我们分析了那不勒斯国王（R1）和伯爵之间如何才能合作共赢，之后我们得出的结论是，考虑到种种情况，特别是主要目标（消灭美第奇兄弟）的实现就近在眼前，是否能成功值得一试，伯爵可以先站在国王这一边，作为权宜之计：如果进展顺利，按照我们的意图和目的，应当通过国王和教皇的联盟来实现这一目标，因为这些朋友（帕齐家族）并不能相信他们现在的同盟（即由佛罗伦萨、米兰和威尼斯组成的总联盟），鉴于这一点以及其他种种原因，他们都必须走与现在相反的道路，因为这些与他们结盟的其他势力将不会支持这一行动；如果进展不顺利或被发现，毫无疑问，不仅是佛罗伦萨人（F2），还有所有和他们结盟的势力都会成为教皇陛下的死敌，如此一来，教皇陛下必须得到那不勒斯国王的支持。烦请你们代替我提醒教皇，最好尽早与那不勒斯国王联络并结盟，这样看上去就不会像是教皇陛下和伯爵被迫寻求国王的支持和拥护。无论如何，教皇陛下和伯爵最好获得那不勒斯国王的支持和拥护，这样我们就能尽自己所能帮助我们的朋友（帕齐家族）获得成功，一切都会尘埃落定，如我们所愿。如果目标不是如此迫近，也许我会有不同的想法，但既然事情已经发生，且无论如何都要取得胜利，请代我告知伯爵，我将知会洛伦佐·朱斯蒂尼阁下能在短时间内派给他多少雇佣兵，以及需要多长时间才能给他。在这之后，我将会派一个值得信任的人去锡耶纳，他什么也不用做，只需要一直在那里待到行动开始，然后我就会让他请求锡耶纳的领主派军队帮忙，因为他们离行动的地方很近，所以我确定他不会拒绝我的请求。这样洛伦佐·朱斯蒂尼阁下也将能够与他的部队一起安全离开，前往边界。我指望他（朱斯蒂尼）的信能更充分、更详细地向伯爵（吉罗拉莫·里亚里奥）解释，因为他非常了解我的意图和我的意见。

关于进攻的战术，费代里科提出了一个不择手段的计策以迅速占领佛罗伦萨，由他的私生子安东尼奥指挥来自锡耶纳的辅助部队。尽管公爵已经准备好 600 多名训练有素的战士（战时费代里科的报酬要用来雇佣共 800 名战士），但这一阶段他在军事方面的贡献还无法估量。行动时"没有犹豫和顾忌"是成功的秘诀。信中在正文的加密内容之后，有一段很重要的"清楚易懂"的内容，也就是说有一段内容没有加密：

> 你们要尽可能多地向教皇陛下和里亚里奥伯爵表示感谢，因为陛下非常慷慨地将这颗美丽且珍贵的宝石作为礼物送给了圭多。我感到非常开心，也非常感谢教皇陛下把宝石给了圭多，就好像给了我一样。可以说，圭多当然参与了包围蒙托内的行动，因为他参与了战斗，并且很快我们就获得了胜利。所以你们一定要特别感谢教皇陛下和里亚里奥伯爵，千恩万谢。

教皇确实赠予了费代里科的继承人圭多巴尔多一条沉甸甸的金

项链，也就是信中所说"美丽且珍贵的宝石"。这位年轻的小公爵应该也骄傲地向众人展示了这份来自教皇的赏赐。

在圭多巴尔多收到如此令人欢喜的礼物后不久，费代里科便委托画家巴尔托洛梅奥·德拉·加塔[12]为他的儿子画了一幅肖像：小公爵戴着这条金项链，身穿红色长袍，头上戴着一顶同样是红色的帽子以体现他的身份。这幅肖像画是圭多巴尔多的侧面像，和著名的皮耶罗·德拉·弗朗切斯卡*画的双联画一样。这条金项链暗含着除掉美第奇兄弟的契约，也具有强烈的政治意义：教皇西克斯图斯四世在授予费代里科公爵的头衔之后，还承认了蒙泰费尔特罗家族执政的合法性，此后的家族继承人都能够获得教会的授爵。这就是意大利历史舞台上西克斯图斯四世这一恶魔般的人物所具有的特点：他自己本身就非常腐败，却装作是受到暴徒的胁迫才有如此行径。

在这封信的最后一部分，费代里科抱怨教皇没像那不勒斯国王一样每期准时给他应得的薪水。他略带恐吓意味地写道，这种拖延可能会影响士兵们的战斗士气。鉴于当前所需要的各种费用很多，教皇应当补上"过去的欠款和之后的报酬"。

这封加密信现在保存于乌尔比诺的乌巴尔迪尼家族档案馆，这个地方得名于费代里科同母异父的兄弟奥塔维亚诺·乌巴尔迪尼（Ottaviano Ubaldini）。比起政治，奥塔维亚诺对炼金术和占星术更

---

* 皮耶罗·德拉·弗朗切斯卡，意大利文艺复兴初期著名画家，这里提到的双联画是《乌尔比诺公爵夫妇双肖像》，画的是公爵夫妇的侧面像，现保存于佛罗伦萨乌菲齐画廊。——译者注

感兴趣，尽管有时他会临时充当费代里科的顾问（在费代里科死后他成为圭多巴尔多的监护人，替他管理国家事务）。除此以外，他还是佛罗伦萨新柏拉图学派的哲学家——马尔西利奥·菲奇诺（Marsilio Ficino）的好友，尽管众所周知，菲奇诺是美第奇家族的忠实追随者，但他也深度参与了帕齐阴谋。在乌巴尔迪尼家族的档案馆中，还保存着一封奥塔维亚诺写给皮耶罗·费利奇的信，就是之前提到的费代里科在罗马的大使，那封加密信的收件人之一。1478 年 2 月 15 日，这位虔诚的占星学家给自己的老朋友费利奇这样写道：[13]

> 皮耶罗，我收到了你的信，至于你要做的事情，公爵在信中会告诉你。洛伦佐·朱斯蒂尼和公爵一起讨论过这些，而我没有参加他们的会议，因为那天上午，也就是昨天，我很忙；但其实我是故意没有参加的，因为我希望公爵可以更自由地谈论"主要目标"，虽然我确信我在的话他也不会注意自己的言辞。你将会看到也会理解公爵做出的决定。你知道对这件事我寄予了多大的希望，我唯一觉得有点安慰的是，事情进行到现在还没有任何传言，我认为是上帝在主导着这件事。

奥塔维亚诺的言语暴露了他胆怯的天性，同时也透露出自己其实对这场阴谋非常了解。他对"主要目标"尚未引起传言的明显宽慰，充分显示出他对整个任务的悲观情绪。费代里科非常清楚自己的名誉已岌岌可危，且其程度不亚于他对金钱回报的渴望。信中的另一段内容生动地再现了当时乌尔比诺的情况：

> 前面提到的洛伦佐·朱斯蒂尼代表教皇陛下把礼物带给了圭多巴尔多。你不知道圭多巴尔多有多么高兴，今天早上他在弥撒时戴着它向众人展示，你无法想象它有多适合他。我认为当你读到这些内容时，你会觉得这个世界正在经历一场巨大的变化。

奥塔维亚诺再一次用占星术与炼金术的语言（"巨大的变化"）表达了他对当时形势的疑虑。在 2 月 15 日周日的弥撒上，圭多巴尔多展示了教皇送给他的礼物。毫无疑问，一个 6 岁的孩子非常喜欢这个精美的礼物，乌尔比诺人民也为教皇的宽厚与仁慈感到高兴，他们并没有看到这份慷慨背后隐藏的动机。在之后的内容中，奥塔维亚诺说费代里科的身体正在慢慢恢复，语气虽然乐观，但是有些勉强，这也揭示了他对未来宿命的焦虑。

红衣主教的诱惑

阴谋者们已经开启了军事阴谋，但还需要一个"天衣无缝的借口"才能进军佛罗伦萨。1477 年 12 月，西克斯图斯四世选中了自己的另一个亲戚、也就是吉罗拉莫的侄子拉法埃莱·里亚里奥成为红衣主教，那一年他刚满 17 岁。[14] 他是 15 世纪末由教皇选出的红衣主教里最年轻的一个，其他任何一位红衣主教的年纪都大到可以做拉法埃莱的父亲了。拉法埃莱当时还在比萨的一所大学里学习，住在大主教萨尔维亚蒂那里。他的私人导师是佛罗伦萨的人文主义者雅各布·布拉乔利尼（Jacopo Bracciolini）[15]——佛罗伦萨共和国执行官波焦（Poggio）的儿子。雅各布也是菲奇诺的学生，同时他还和乌尔比诺公爵交好，曾经送给公爵一些精美的细密画的手抄本。雅各布在向费代里科进献父亲的《佛罗伦萨史》（*Storia fiorentina*）时曾题词："事实必须先于话语。""历史是一面镜子。"但是历史这面镜子往往有点阴暗：雅各布假装尊重洛伦佐的权威，并专门为他发表了一篇关于彼特拉克的评论。从字里行间就能感受到他对这位美第奇领袖的怨恨，并希望将他赶出佛罗伦萨以恢复旧共和国的统治。

1478 年 1 月中旬，吉罗拉莫·里亚里奥给洛伦佐·德·美第奇送去了一封关于布拉乔利尼的推荐信，这封信可以说是虚伪的杰作。里亚里奥伯爵派传信人布拉乔利尼"因为我委托他跟阁下说一些事情"，也就是邀请洛伦佐去罗马，处理"（佛罗伦萨共和国的）公共事务和（美第奇家族的）私人事务"，同时也不忘称赞布拉乔利尼作为家庭教师的天赋："雅各布阁下是波焦阁下的儿子，是一位文人，正直、有德行且彬彬有礼，我想派他去我最尊敬的红衣主教身边以培养其品德。"[16] 但雅各布并不可靠，他的唯一目的就是将洛伦佐引出佛罗伦萨并将他杀死。

蒙泰塞科的供词中有一段向我们揭示了雅各布在策划他诱人的阴谋时，其他同谋者在做什么：他们一直在争论何时才是袭击美第奇兄弟的最佳时机。

> 蒙泰塞科："那么，这个计划要怎么执行呢？"
>
> 里亚里奥："今年洛伦佐会来这里过复活节。一旦我们听说他启程，弗朗切斯科·帕齐就会立刻动身解决朱利亚诺，在洛伦佐离开罗马前他会处理好一切。"
>
> 蒙泰塞科："你们会杀了他吗？"
>
> 里亚里奥："不会的，我一点也不希望他在这里出什么事。但是在他出发前，事情都会处理好的。"
>
> 蒙泰塞科："教皇陛下知道这件事吗？"
>
> 里亚里奥："知道。"
>
> 蒙泰塞科："他竟然同意了，这绝对不是件小事！"
>
> 里亚里奥："你难道不知道他会做我们想让他做的事情？只要事情能顺利进展。"

但事情的进展并没有那么顺利。蒙泰塞科还提到了一句教皇私下里针对大主教萨尔维亚蒂和弗朗切斯科·帕齐说的刻薄话"他们不知道怎么把三个鸡蛋放进一个盆里"，西克斯图斯四世断言："他们只擅长吹牛。不管是谁和他们扯上关系，都会后悔的！"不论教皇有没有这么说，事实证明这是对的。他们周密细致地准备了好多天，等待洛伦佐的到来，可是洛伦佐会接受这个邀请吗？1478年的复活节是3月22日，但是洛伦佐没有出现在罗马。事已至此，阴谋者们在里亚里奥伯爵的宫殿里讨论了无数次他们的计划，深知不能再等待了，已经有太多人知道这个"任务"，现在他们必须立刻行动。

红衣主教拉法埃莱·里亚里奥以鼠疫为由缩短了自己的大学学期。3月，拉法埃莱到达了帕齐家族位于蒙图吉的洛贾别墅，就在城郊几公里处。[17]他在那里住了一个多月，由于他在教会的地位很高，没有一份正式的邀请，他不能进城。因此，计划就变成了在菲耶索莱山为款待红衣主教而举办的宴会上杀死美第奇兄弟。

3月27日，在梵蒂冈的宗座宫进行了一次秘密会议。[18]吉罗拉莫·里亚里奥、洛伦佐·朱斯蒂尼、阿拉贡大使阿内洛·阿尔卡莫内（Anello Arcamone）、乌尔比诺大使阿戈斯蒂诺·斯塔科利和皮耶罗·费利奇都出席了这次会议。费代里科的代理人费利奇亲自起草了一份在场各方签署的协议，并将其寄往那不勒斯由国王签署并盖章。当蒙泰塞科和里亚里奥的军事总管吉安·弗朗切斯科·达·托伦蒂诺（Gian Francesco da Tolentino）被派往伊莫拉时，朱斯蒂尼一路赶回乌尔比诺，指挥费代里科提供的600多名士兵去卡斯泰洛城。与此同时，这些军事活动引起了当地佛罗伦萨间谍的注意，但是他们没有主动前去监视这些士兵的动向。费代里科甚至还写信给米兰请他最喜欢的军械师之一来帮忙。[19]此时他仍然通过和往常一样的秘密渠道和奇科保持通信联系，有可能是刻意为了维持一种一切正常的感觉。

值得思考的是，洛伦佐和奇科方的情报缺失是否也间接促成了这场阴谋。自1477年9月初至1478年1月，来自罗马、威尼斯和米兰的警告消息源源不断地涌入佛罗伦萨。这些信件明确指出："乌尔比诺公爵在和别人谋划一个可怕的阴谋，以及佛罗伦萨城中可能有通敌之人。"[20]奇科将这些令人忧虑的消息小心翼翼地传递给了洛伦佐，但是并不知道洛伦佐是否对此有所行动。从收集到的文件来看，很明显美第奇兄弟本可以阻止这场阴谋。一句谨慎的"小心"[21]变成了一种"狼来了"的错觉，不再能提醒洛伦佐警惕真正的危险。此外，这位佛罗伦萨领主认为自己无坚不摧：他确信没有人敢在自己的地盘动自己和弟弟朱利亚诺——佛罗伦萨的两个领军人。

1478年4月2日，米兰驻罗马的大使们再一次通知奇科推迟关于不再雇佣乌尔比诺公爵的谈判，这次谈判中他的使节也会亲自参与。吉罗拉莫·里亚里奥伯爵似乎断言："我不会让这件事结束的！"大使们认为他指的是费代里科雇佣期的结束，其实他是在暗指谋杀洛伦佐的计划。

这场关于外交失误的闹剧一直持续到4月24日。这几个月间，西克斯图斯四世以相当精湛的演技诠释着自己的角色，如同斯福尔扎家族驻扎在罗马、经验丰富的大使萨克拉莫罗·达·里米尼写的那样："在我们所提到的和其他一些未提及的情况中，教皇陛下最近的言行举止和面容表情都可以称得上是基督在世的代理人，这让我们有理由相信他不是假装的，而是发自内心的行为。"[22] 如果奇科和往常一样谨慎，他的直觉肯定会让他保持高度警惕。然而这一天，奇科很可能没有认真阅读来自罗马的信件，因为他正忙于 4 月 24 日圣乔治节的盛大庆典，这是加莱亚佐 8 岁的儿子吉安·加莱亚佐·斯福尔扎获准正式任职公爵的日子。数百名全副武装的士兵踏着正步在米兰街头庄严游行，但是已经没有一个强大的军队首领能够指挥他们了。

也正是在那一次，奇科政府的统治，凭借其最负盛名的成员之一阿戈斯蒂诺·德·罗西（Agostino de' Rossi）在米兰大教堂的官方演说到达了巅峰。[23] 德·罗西在二十八年前弗朗切斯科·斯福尔扎凯旋回到米兰时，就发表过庆祝演说。如今，他又为米兰摄政时期绝妙的发展良机撰写了一份宣言。但仅仅两天后，奇科的普世梦想——意大利的和平就破灭了：阴谋者们最终还是在佛罗伦萨行动了。帕齐阴谋彻底摧毁了奇科试图在米兰恢复的脆弱的稳定局面。这时，距加莱亚佐·斯福尔扎被谋杀已经过去了整整十六个月。

第二部分

———✦———

1478 年春 —1482 年夏

第六章
佛罗伦萨暴行

当头脑中的想法加上邪恶的意愿
并拥有力量时，人们无法躲避。

　　自帕齐阴谋以来，佛罗伦萨的市中心并没有太大的改变。实际上，那时城中许多主要的纪念性建筑均已建好。由布鲁内莱斯基设计的圣母百花大教堂的穹顶于 15 世纪 30 年代完工，美第奇宫也于 40 年代完工。旧宫，顾名思义，也可以追溯到 14 世纪，在 16 世纪中叶，还修建了架空在老桥上方的瓦萨里长廊，使其与乌菲齐宫和阿诺河对岸的皮蒂宫相连。这条走廊作为秘密通道，是用来确保在发生政变时美第奇家族的成员可以全身而退。历史教会了这个统治者家族如何经营与存续，他们的权力世代相传，直到 18 世纪末，也就是最后一位后裔——安娜·马里亚·卢多维卡（Anna Maria Ludovica）去世后才消亡，她将自己的所有财产都留给了托斯卡纳公国。

如今，有数百万游客参观圣母百花大教堂或圣洛伦佐教堂圣器室里的美第奇家族墓地，后者曾经是美第奇家族历代的礼拜堂。在这两个地方人们都会想起那段著名的、令人震惊的刺杀洛伦佐和朱利亚诺·德·美第奇的历史，但是大多数关于这个血腥事件的令人毛骨悚然的细节都未曾被提及。

在当代历史和文学作品中，人们通常认同安杰洛·波利齐亚诺（Angelo Poliziano）在《帕齐阴谋回忆录》（*De coniuratione commentarium*）中以美第奇家族视角进行的大胆重构。但是还有一部多年来一直被人们忽视的经典作品——《论他们的时代》（*Libri de temporibus suis*）[*]，它完成于 1480 至 1482 年间，现仅存的一份手稿被收藏于梵蒂冈图书馆，作者是多明我会的修士乔瓦尼·迪·卡洛（Giovanni di Carlo），事件发生时他是新圣母大殿的院长，因此，他亲眼看见了这一事件。马基雅维利受教皇克莱门特七世（Clemente VII，朱利亚诺的遗腹子）的委托于 1525 年写下《佛罗伦萨史》（*Istorie florentine*），其中引用了很多卡洛作品中的内容。

一个血腥的周日。佛罗伦萨，1478 年 4 月 26 日

在被刺杀的那天，[1]朱利亚诺·德·美第奇早上醒来时觉得胃有些痛。就在几天前，也是胃痛导致身体不适，他幸好没有去参加

---

[*] 《论他们的时代》分为三册，每册都基于一名美第奇家族主要成员来写，介绍了他们如何获取并维持权力的历史，分别是《流亡归来的科西莫》（1434）、《对抗早期皮蒂阴谋的皮耶罗》（1466）和《在帕齐阴谋中幸存的洛伦佐》（1478）。——译者注

在菲耶索莱举办的宴会，这原本是同谋者们邀请他和他的哥哥洛伦佐一起参加的。那一次，弗朗切斯科·帕齐暂时放下了罗马的事务，在距佛罗伦萨几公里、自己家的洛贾别墅里，与红衣主教里亚里奥、大主教萨尔维亚蒂及其他人会合。他们要求洛伦佐在他位于菲耶索莱山上美丽的别墅里举办一场宴会（洛伦佐很喜欢大型的宴会），之后再去参观由科西莫委托修建的修道院。其实，阴谋者们知道这个修道院中有一间密室，可以通过一条旋转楼梯进入，在那里他们就能悄无声息地引诱并杀死美第奇兄弟了。他们还要求美第奇兄弟两人只带少量随行人员来菲耶索莱，因为他们想"有待在家里的感觉"，[2]能够放松自在地相处。但是那天朱利亚诺突然胃痛，[3]没法赴宴。洛伦佐独自前去赴宴的时候，阴谋者们还试图说服他把朱利亚诺叫来，但也只是徒劳。鉴于之前定下的计划是将美第奇兄弟二人一同杀死，于是他们决定推迟执行这一计划。

随后的几天，朱利亚诺忽略了很多不祥的预兆：可能是由于胃痛，他睡觉时常做噩梦；他吃得很少，日渐消瘦。当时他才23岁，举止谦虚，为人和善，并且相貌英俊，待人亲切、礼貌，因此受到了大家的喜爱。换言之，他和洛伦佐完全不同，洛伦佐沉溺于获得属于自己的成功，根本不理会自己的命运可能会发生转折，并且毫不犹豫地帮助自己的追随者，甚至帮助那些并非来自佛罗伦萨的人，为此他甚至不惜牺牲佛罗伦萨人民的利益。朱利亚诺很厌恶洛伦佐的野心，[4]有次他对洛伦佐说："哥哥，你要当心点，如果想要的太多，我们可能会失去一切。"⁵可能这次他的胃痛就是一个预兆。

在朱利亚诺被刺杀的当天，美第奇两兄弟还在准备着另一场为红衣主教里亚里奥举办的奢华宴会，这次宴会将在美第奇宫举行，因为主教说自己从未去过佛罗伦萨，想看一看美第奇家族收藏的著名的艺术作品、勋章和钱币。阴谋者们已安排红衣主教周日在圣母百花大教堂一起庆祝耶稣升天节，而这场宴会则被安排在节日庆典之后，需要由身份高贵的家族来举办。

一群佣人准备将一道又一道精美的菜品端上精心布置的餐桌，桌上铺着珍贵的台布，摆放着奢华的餐具。在整个宫殿里，墙上装饰着挂毯，地板上铺着地毯，到处都挂着节日的花环。各式各样的临时装饰品、具有异国情调的东方服饰以及野生和驯养的动物标本随处可见，这些都是之前的客人们送给老科西莫的礼物。在宫殿的另一处，古代和现代的金质、银质花瓶闪闪发光，旁边放着雕塑、宝石、珍品和珠宝首饰，其中有些是给红衣主教的礼物。在这种极尽奢华的炫耀与展示中，兄弟二人狂热而躁动地在宫殿里走来走去。乔瓦尼·迪·卡洛在描述此场景时，引用了《埃涅阿斯纪》中著名的一段话："这是最后一天，而我们这些可怜的人要用花彩装饰我们的城市。"⁶红衣主教里亚里奥这次的到访像是一匹真正的特洛伊木马。新的计划是在美第奇宫里将他们杀死，并将他们的财产洗劫一空。

周日早晨，在安排好城外的军事部署后，阴谋者们离开了洛贾别墅，骑马进入了佛罗伦萨。一行人中有红衣主教里亚里奥、比萨大主教萨尔维亚蒂、蒙泰塞科伯爵吉安·巴蒂斯塔和红衣主教的秘书雅各布·布拉乔利尼。与此同时，一群佛罗伦萨人正向着圣母百花大教堂走去。指挥他们的是几个帕齐家族的成员，其中有对这个计划一无所知的古列尔莫，他是弗朗切斯科的哥哥、洛伦佐的姐夫。在这群庞大的队伍中，每个人都将武器藏在自己的华服下。

骑马的一行人在美第奇宫门口下了马，但是没人迎接他们，因为他们本应该直接去圣母百花大教堂，待弥撒结束后再去赴宴。这个误解造成了一点小麻烦。美第奇兄弟一听到红衣主教到了，就离开了大教堂，前往美第奇宫迎他。红衣主教里亚里奥卸下了骑马装，穿上主教的长袍。他们在宫殿的内院里见面了，就在多纳泰罗雕刻的大卫那细长的影子下。洛伦佐亲吻了这位年轻的红衣主教戴在手指上的戒指，朱利亚诺也是。之后他们一起沿马尔泰利路朝大教堂走去。朱利亚诺走在弗朗切斯科·帕齐和贝尔纳多·班迪尼（Bernardo Bandini，哲学家马尔西利奥·菲奇诺的另一个学生）之间，他们热情地拥抱了他，想确认他的红袍下有没有穿胸甲。马基雅维利后来曾说，能在心里隐藏"如此多的思绪，有如此多的心眼，如此固执"，也是"一件值得记住的事情"。[7]

未满 17 周岁的红衣主教里亚里奥十分欣赏圣洗堂和其镀金大门，还有正面未完工的外墙，洛伦佐本人已经为这面外墙制定了一个规划。一进入大教堂，主教就惊叹于它精妙绝伦的圆顶。洛伦佐和朱利亚诺让红衣主教留在了教堂的祭坛处，他将在那里参与庆祝弥撒。然后，他们兄弟两人分别站在唱诗台的两侧，彼此保持一段合适的距离，这是他们在公共场合习惯采取的一种预防措施。

大教堂里回荡着穿着整齐的人们的低声细语。在混乱中，十分疼爱兄弟两人的舅舅乔瓦尼·托尔纳博尼大声说道朱利亚诺身体不太舒服，可能不会参加稍后的晚宴了。还有人散布消息说在城门外发现了一些身份不明的弓弩手[8]（其实他们是费代里科的手下）。弗朗切斯科·帕齐和贝尔纳多·班迪尼也听说了，他们意识到要抓紧时间了。那天早上，他们向太多同伙透露了自己的意图，拖延的时间越久，他们在行动前被抓的风险就会越大。他们已经花了太多时间等待一个袭击的最佳时机，于是他们放弃了弥撒后在美第奇宫刺杀朱利亚诺的计划，而直接开始向目标朱利亚诺移动。

朱利亚诺还沉浸在听《羔羊颂》（*Agnus Dei*）*的幸福里，而红衣主教里亚里奥旁边的佛罗伦萨神甫则举起了供奉的圣餐面饼。弗朗切斯科·帕齐和贝尔纳多·班迪尼戴着斗篷上的风帽，和几个仆人一起，悄无声息地接近了他们的目标。贝尔纳多用一把匕首刺中了朱利亚诺的身侧，并跟他说："受死吧，叛徒！"[9]接着弗朗切斯科朝他的胸膛又刺了一刀。朱利亚诺后退了几步，捂着腹部，摔倒在地。但是两名刺客仍然不断地用刀刺向他，甚至砸碎了他的头骨。他们的攻击太过暴力，以至于弗朗切斯科自己的大腿也受了伤。

---

* 天主教弥撒中的歌曲，内容是崇拜者向神的羔羊耶稣祈求和平。——译者注

在祭坛的另一侧，两名愤怒的神甫在最后一刻才临危受命，刺杀洛伦佐，但是动作略显笨拙。与最后一刻因良心发现而退缩的蒙泰塞科不同，雅各布·帕齐的神甫兼秘书斯特凡诺·达·巴尼奥内（Stefano da Bagnone）和教皇的秘书安东尼奥·马费伊·达·沃尔泰拉（Antonio Maffei da Volterra）很明显对在教堂杀人毫无顾忌。但是他们接近洛伦佐的时候有些犹豫，并没能击中要害。洛伦佐本能地转过身去，避开了第一刀，只是脖子上受了点轻伤，他的好友弗兰切斯基诺·诺里扑到了洛伦佐和刺客中间，腹部受了伤，喘着粗气跌倒在地。

洛伦佐迅速将自己的披风裹在左手臂上，右手紧握一把短剑。他又挡开了几刀，当刺杀他弟弟的刺客朝他冲过来的时候，在一位来自卡瓦尔坎蒂贵族家庭的年轻人[10]（洛伦佐在几天前赦免并释放了他）的帮助下，他跑进了主祭坛左边的旧圣器收藏室里。洛伦佐和几个忠心的朋友一起关上了身后收藏室沉重的青铜门，面面相觑。长期为美第奇家族服务的安东尼奥·里多尔菲（Antonio Ridolfi）认为刀片上可能有毒，于是他鼓起勇气吮吸了洛伦佐的伤口。[11]

恐慌和骚乱在教堂中蔓延开来：一大群穿着整齐、举止优雅的佛罗伦萨人惊恐地从教堂中跑出来，还有女人歇斯底里的叫喊声，场面非常混乱。[12]

在美第奇兄弟遇袭前不久，坐在红衣主教旁边的大主教萨尔维亚蒂突然离开，说是要去探望好久没见的生病的母亲[13]（对于他这样大胆且自命不凡的人来说，这不是一个有说服力的借口）。实际上，他和自己的仆人及雅各布·布拉乔利尼径直往旧宫走去，意图占领政府所在地，这里也是佛罗伦萨自由的象征。临近中午，这场弥撒因为红衣主教的到来耽搁了一些时间，市政官员们此时已经准备吃午饭。当大主教萨尔维亚蒂毫无征兆地出现时，他们就起了疑心，其中最敏锐的要数切萨雷·彼得鲁奇（Cesare Petrucci）了，他是一名老战士，很快就看穿了萨尔维亚蒂含糊不清的说辞，揭开了他的假面具，他拔出剑，在仆人的帮助下将大主教及其手下赶出了房间。与此同时，雅各布·布拉乔利尼和其他几个人偷偷潜入了旧宫中的国务厅，"他们把自己锁在了里面，因为那扇门只要一关上，无论从里面还是外面都不能打开，只有用钥匙才能开"。[14]

此时"警报"响起，这是用来在紧急时刻召集士兵的钟声。雅各布·帕齐骑马率领一小队雇佣兵到达旧宫前的广场，拼命挑起骚乱，煽动人民为了自由而斗争。但是人们却大喊"球，球！"（指美第奇家族的徽章）以及"战斗，战斗！"。广场的阶梯很快就变成了战场：战斗结束时，台阶上应该满是鲜血和断腿残臂。

据乔瓦尼·迪·卡洛所述，这次行动中计划的突然改变让人想起乔瓦尼·安德烈亚·兰普尼亚尼十六个月之前在圣斯德望圣殿暗杀米兰公爵的事情。[15]但是这次反对美第奇家族的阴谋者们要么过于暴力，要么缺乏武力和准确度，所以无论如何，都不可能取得与米兰杀手相同的成果。

整场阴谋中的军事行动都没能有效地执行。避免响起"警报"是至关重要的，这样才能让佛罗伦萨城门外等待的军队从容不迫地进入城中。一旦警钟敲响，所有城门都会关闭。费代里科·达·蒙泰费尔特罗一定对其同谋者的过失感到十分失望。这群人中唯一有经验的士兵就是蒙泰塞科了，正如之前所说，他因道德或宗教原因犹豫不决而拒绝完成自己的任务；其余的人对于暴力只会夸夸其谈——都是多嘴多舌的泄密之人，正如西克斯图斯四世与蒙泰塞科谈话时所说的那样。

蒙泰塞科表明自己愿意将阴谋向洛伦佐全盘托出，但是没能做到。乔瓦尼·迪·卡洛认为蒙泰塞科是一个"灵魂单纯的人"[16]，因为他觉得杀死一个有天赋的年轻人会遭人唾弃。他不敢在一座神圣的教堂里面杀人：他拒绝犯下渎圣、背叛和杀人的罪行。

教堂里的刺杀行动发生约一小时后，洛伦佐成功从旧圣器收藏室中逃了出来。他的武装部队和他信任的朋友来敲这扇青铜门，并告诉他叛乱已经被愤怒的佛罗伦萨人民镇压了。帕齐家族信任的并想用来推翻美第奇家族政权的那些人，已经转而站在另一边并粉碎了他们自己的计划。洛伦佐从大教堂里出来，被紧急护送回自己的宫殿，那里为宴会精心准备的食物已经凉了。可能洛伦佐的护卫队并没有让他看到血泊中的尸体：朱利亚诺被刺了十九刀。弗兰切斯基诺·诺里也因保护朋友（洛伦佐）导致腹部受伤而死。

复仇时刻

洛伦佐幸存的消息刚一被传开，人们就开心地庆祝起来。洛伦佐奇迹般的逃脱巩固了他的政权，于是他开始策划无情的复仇行动。在 4 月 27 日的一封信中，斯福尔扎家族驻佛罗伦萨大使菲利波·萨克拉莫罗（Filippo Sacramoro）[17] 向奇科·西莫内塔生动地叙述了这次阴谋所产生的直接且混乱的影响。在弟弟遇刺后的几个小时里，颈部伤口已处理完毕的洛伦佐穿着丧服，在美第奇宫里紧张地踱步。他不时地从窗口向街上聚集的人群挥手示意，他们正拖着"叛徒"零碎的尸体。萨克拉莫罗坚持认为，并不是洛伦佐教唆人民愤怒的。

佛罗伦萨的民兵将赤身裸体的弗朗切斯科·帕齐从他家族宫殿的房间里逮捕，当时他正打算自杀。但正如乔瓦尼·迪·卡洛所说，他宁愿面对死亡，是因为"他的灵魂凶残"[18]。弗朗切斯科被拖到街上，腿还在流血，当场受审并被吊在旧宫最高处的窗户下。大主教萨尔维亚蒂身着教会长袍，在和几个亲信一起被吊死之前，得到机会坦白自己的所作所为，他说着"我是神圣的大主教"，控告是雅各布·帕齐在过去三年强迫他做出如此卑鄙的举动，并声称他内心其实并不想让任何流血事件发生，因为他已经是一个受人尊敬的、每年有 4000 杜卡特薪水的大主教了，而且在等待着"以圣灵的名义被任命为红衣主教"。[19] 萨尔维亚蒂在被绞死后，流传着一首关于他的诙谐短诗：在佛罗伦萨暴力幽默的传说中，大主教的裙子像钟一样左右摇摆着。当时还流传着一个可怕的传说：当大主教被吊在弗朗切斯科·帕齐旁边的时候，由于死亡时的剧烈痉挛，他狠狠咬了弗朗切斯科的胸部，以至于他的牙齿一直卡在他同伙的肉里。

在这场混乱中，红衣主教里亚里奥藏在大教堂的神甫之中。然而，在夜幕降临之前，他就被两名政府官员从大教堂押送到了旧宫的监狱里。作为一名价值无法估量的人质被关进监狱，红衣主教不得不亲自写信给教皇，向他描述发生的一切。萨克拉莫罗说道："他们说他没有太大的过错，只是被带到这里来的一个无辜的人。"雅各布·帕齐先前贿赂了十字架门的守卫，于是从那里逃走了。他在乡下被抓，在人们的咒骂声中，他被抬上担架带回了佛罗伦萨，和他所有的仆人一起在领主广场上被吊死。

在接下来的几天里，蒙泰塞科一直生死未卜。他手下有 50 名步兵和骑射手，其中一些人在骚乱中丧生，而另一些则和雅各布·帕齐一起逃走了。没有人知道这个蒙泰塞科是否已经死在那场失败的袭击旧宫的行动中。有人从"衣服上的线索"[20]推断出其中一具尸体是他的。乔瓦尼·迪·卡洛报告了令人毛骨悚然的细节：这些尸体已经被毁容，许多已无法辨认。

事实上，蒙泰塞科在三天后就会被捕，他是唯一一个在波德斯塔门——这个地方通常是用来执行死刑的——被斩首的阴谋者，其余的人都被市民吊死或砍成碎片了。背信弃义的人文主义者雅各布·布拉乔利尼，被切萨雷·彼得鲁奇抓住头发挂在旧宫的窗户上，然后绳子被割断，他摔得粉身碎骨而死。其他许多同伙都被简单粗暴地从宫殿高层扔下来，尸体被拖到广场上。至少有八十人死亡，包括斯特凡诺·达·巴尼奥内和教皇的秘书安东尼奥·马费伊·达·沃尔泰拉这两名试图刺杀洛伦佐的神甫。

接下来的几天，帕齐家族在佛罗伦萨和其他地方的所有资产和银行账户都被冻结了。家族里少数幸存的男性（其中有洛伦佐的姐夫古列尔莫，他因妻子的恳求而未被处死）都被判处终身监禁，押送至沃尔泰拉的监狱。帕齐家族祖先的墓碑被毁，家族的肖像画也被销毁。帕齐家族的女性被禁止结婚。雅各布给女儿的所有首饰、衣服及其他装饰品都被没收了。[21] 这种修道院般清苦的生活对雅各布女儿来说无疑是最痛苦的惩罚，因为她之前的生活太过优越。

在雅各布·帕齐被吊死后的几周，他腐烂的尸体先后被挖出来两次。起先，人们从圣十字教堂的帕齐礼拜堂中将尸体带走，重新埋在佛罗伦萨城墙外肮脏的土坑里。后来，人们再一次把他的尸体翻出来，用之前吊死他的绳子拖着尸体游街，然后把他扔进了阿诺河。据说桥上挤满了人，大家都在围观他的尸体漂浮在因春雨暴涨的河里。之后人们又把他捞出来挂在柳树上，然后砍断了柳枝又把他扔进阿诺河，让他顺着水流向比萨，最后流入大海。

兄弟的葬礼

朱利亚诺·德·美第奇的葬礼在 4 月的最后一天举行。[22] 大教堂——可怕的谋杀发生的地方——似乎并不适合举行葬礼，因此，葬礼就被放在了圣洛伦佐大殿，美第奇家族祖先的墓地就在那里，而且离美第奇宫很近，比较方便。

这个三层楼高的宫殿看起来像一座宏伟的堡垒，它所具有的保护功能现在看来比以往任何时候都更加重要。要想去教堂参加弟弟的葬礼，洛伦佐只需要从宫殿后门出去，走过布满青铜和大理石雕像的美丽的私人花园，穿过圣洛伦佐广场，然后再爬上布鲁内莱斯基的楼梯，就能到达教堂还未竣工的正立面了。这段路程很短，总共不到一分钟，但洛伦佐还是由十二名全副武装的护卫陪同前往。佛罗伦萨弥漫着恐怖的氛围，幸免于难的领导者不得不小心脚下的每一步。

朱利亚诺的葬礼非常简单。尽管很多佛罗伦萨人希望葬礼能更加隆重，但是洛伦佐还是决定弟弟的葬礼一切从简，就像他父亲和祖父的葬礼一样。洛伦佐以这种朴素的哀悼方式重申了美第奇王朝的延续性。他的朋友弗兰切斯基诺·诺里的葬礼和朱利亚诺的葬礼一起举行，以此表示敬意。这场具有双重意义的葬礼，标志着洛伦佐与其人民之间的感情重现生机。

冷血的政治、令人唏嘘的悲剧和优雅的品位惊人地并存于文艺复兴时期。比如，在弟弟死后不久，洛伦佐就委托韦罗基奥（Verrocchio）雕刻了三尊真人大小的朱利亚诺赤陶半身像，将其陈列在佛罗伦萨主要的教堂中。其中一个雕像中的朱利亚诺看上去快乐而自信，身着精美的胸甲，如果4月26日早上他能穿着这身铠甲的话，就能保护自己免受凶手的攻击了。

洛伦佐委托他人创作的一幅肖像画展现了朱利亚诺死后的理想化形象。他的衣服将他裹得严严实实，就像死神的披风将要盖住他严肃的脸；他的眼睛半闭着，目光朝下，看起来十分肃穆；他身后的窗户半开着，仿佛是意大利的午后阳光太过强烈，令他不能忍受一样；还有一只小鸟用自己的两只小爪子站在一根干树枝上。这幅寓意画的作者是兄弟二人的好友桑德罗·波提切利。根据洛伦佐的要求，这幅作品并不对外展示，很可能被放在洛伦佐的卧室里，挂在加莱亚佐·斯福尔扎的肖像画旁边，这两幅画在视觉上给人的感觉是相反的：加莱亚佐的肖像画活跃而欢庆，而朱利亚诺的则弥漫着沉思与哀悼。[23]

无论如何，洛伦佐还是一位宣传大师。贝尔托多·迪·乔瓦尼（Bertoldo di Giovanni）铸造的青铜纪念章吸引了很多人。纪念章两面分别从大教堂祭坛的两侧展示了帕齐阴谋的镜像，在美第奇两兄弟威严的形象旁，是相形见绌的阴谋者们怯懦的样子。兄弟二人的形象与波提切利式的天使相似，但是更加具有阳刚之气。在朱利亚诺和洛伦佐面部的下方，刻着两段铭文，分别是"人民哀悼"和"人民安康"。[24]

洛伦佐是一个精明的政治家，作为一名领导者，他从未放弃自己的文学抱负。他是一个多产的作家，能写轻松诙谐的诗，也能写出严肃庄重的诗，他还编辑了一系列十四行诗，并附有自己的评论。但是奇怪的是，他没有留下一句对自己的弟弟表示思念的诗句，可能是因为有些作家已经替他完成了这项工作。安杰洛·波利齐亚诺的《比武篇》（*Stanze cominciate per la giostra del Magnifico Giuliano de' Medici*）一诗才写了一半，阴谋者们就把朱利亚诺的"身体"留在了血泊之中。在谋杀发生的那天，波利齐亚诺满怀敬意地走近他的尸体，数他身上被刺的次数，以便将事件真实地记录在有关帕齐阴谋的叙述中。诗人想要颂扬朱利亚诺对于生命的热爱，但是在他心中的英雄去世之后却不敢再碰这首诗了。这首诗通过角色转换，描写了年轻的"朱利奥"对情人"西莫内塔"的爱。西莫内塔·卡塔内奥（Simonetta Cattaneo）是一个已婚的女人，但是年纪轻轻就在1476年香消玉殒了，她的葬礼甚至比朱利亚诺的还要庄重和诚挚。但是西莫内塔不是朱利亚诺唯一的情人，在朱利亚诺被刺死之前，他的另一个情人菲奥雷塔·戈里尼（Fioretta Gorini）已经怀上了他的孩子。1478年4月26日，朱利亚诺被刺杀的当天，她已经怀孕7个月了。6月末，她诞下了一名男婴，名字就叫朱利奥。这个没有父亲的私生子，被叔叔洛伦佐收养，作为美第奇家族的一员被抚养长大，成为一名红衣主教，最后以克莱门特七世之名登上了教皇之位。

"时光倒流"（le temps revient）是美第奇家族的箴言。洛伦佐通过养育侄子以表达对弟弟的感情。此外，他还非常珍视他们童年的回忆。1459年，画家贝诺佐·戈佐利（Benozzo Gozzoli）在美第奇宫的礼拜堂画了一系列精妙的壁画。朱利亚诺是队伍中的一员，靠近背景，处在哥哥突出的鼻子和他们共同的老师真蒂莱·贝基保护的目光中间。画家在壁画中为各个人物精心设计的位置展现了美第奇家族的动态：长子洛伦佐，聪颖过人且雄心勃勃，总是把影子投射在天赋稍逊的弟弟身上。而现在，是死亡的阴影将弟弟吞没，他才25岁。

朱利亚诺和弗兰切斯基诺·诺里的葬礼结束之后，洛伦佐两天没有出门，一直待在家族宫殿里。他看到在庭院中央有多纳泰罗雕刻的大卫的青铜像，大卫因取得了歌利亚的头颅而得意。少年纤细的双手中那把沾满鲜血的短剑，不禁让人回忆起刚发生的那场令人不寒而栗的灾难。尽管洛伦佐脖子上轻微的伤口很快就恢复了，但是更糟糕的情况还在后面。

第七章

极端手段

历史学家尼古拉·鲁宾施泰因（Nicolai Rubinstein）在其经典作品《美第奇家族统治下的佛罗伦萨》（*Il governo di Firenze sotto i Medici*）的开头写道："由科西莫建立、他的孙子洛伦佐完善的政体不同于 15 世纪意大利那些为维护共和制度而建立的专制政体，尽管在他们的对手看来这是一种暴政，但不得不承认美第奇家族是在宪法的框架内行事的。"[1] 帕齐阴谋发生后，对于洛伦佐来说最大的挑战就是在表面上维持共和政体，同时捍卫自己作为佛罗伦萨领导人的地位，尽管自己的势力已经有所削弱。自 1469 年 12 月 20 岁的洛伦佐从父亲手里接过"第一公民"的责任以来，他就成功维持了自己的双重身份——公民自由的保障者和佛罗伦萨最富有、最有权势的人。如果米兰公爵加莱亚佐·马里亚·斯福尔扎在 1471 年 1 月的时候认为洛伦佐已经开始"明白自己需要什么药"，并且选择了专制统治的话，那么他显然错了。正如鲁宾施泰因所说，由于洛伦佐没有表现得像一个通俗意义上的暴君，他在佛罗伦萨的威信才得以巩固。1478 年，当他遭到袭击的时候，一大部分受美第奇家族恩惠的佛罗伦萨人出于愤怒和担心他们的自由受到损害，都自发地站出来为他辩护，而不是出于恐惧，就像加莱亚佐被刺杀后在米兰发生的那样。在弟弟去世后，洛伦佐的幸存为一种新的、暗藏杀机的共和政体的形成创造了条件，这个政体证明了用一些极端的违反宪法的措施来应对政治上紧急、恐怖的突发情况是合理合法的。这将会是美第奇家族新的"药方"。

雇佣兵队长的觉悟

据卢卡·兰杜奇（Luca Landucci）的记载，1478 年 5 月 2 日，佛罗伦萨人依旧"因害怕而慌乱"。[2] 按照佛罗伦萨的传统，五一节（庆祝春天到来的节日）应该是一年中最多姿多彩和喜庆的日子之一，但是在这一年，这个节日却由于为朱利亚诺·德·美第奇举行的公民哀悼活动而被取消了。那天早上，也就是洛伦佐的弟弟被刺杀一周后，洛伦佐收到了一封来自费代里科·达·蒙泰费尔特罗的信，[3] 这封信翻越了乌尔比诺连绵起伏的丘陵，历经几个日夜，到达了他手上，信中表达了正式的吊唁。公爵说他从洛伦佐的一封信和"其他的渠道"得知了在朱利亚诺身上发生的"令人毛骨悚然且深恶痛绝的事情"，对此他深表"抱歉和痛心"：

尽管如此，事情已经那样发生了，由于神的恩赐和您的美德，以及佛罗伦萨人和您的朋友表现出来的特别的爱和忠诚，您应该觉得十分满足，并且感恩上帝。多亏上帝保佑，既然事情已经发生了，对于现在的情况，除了感谢您如此信任并关切地告知我这件不幸的事情，我并不觉得自己还能为您做些别的什么。我想向您保证的是，如果将来您发现我可以做些什么，您尽管告诉我，我都会心甘情愿地、充满善意地去做，正如我以往那样做的一样，同时也为了偿还您对我的仁慈和爱。我希望您和意大利的其他统治者能够采取一些好的办法，让人们平静下来，但也不要过于放松，否则很容易引起骚乱。因为如果从一开始就采取一些政策，人们无法说他做得到底有多好，并且也不会特别尊重他；相反，当人们一点一点陷入困境的时候，为解决困境所能做的补救也越来越多了。

您拥有智慧和力量，我认为，您必须向上帝和世界说明这件事情；此外，上帝保佑，您现在很好，您应该比任何人都更渴望和平和安定。

从未有历史学家质疑过这封信所表达的忠诚和同情。然而，收信人肯定会有一种非常不同的感觉，一旦他看透了写信者复杂、扭曲的风格，就几乎无法相信自己的眼睛。费代里科在说什么？感谢上帝，向上帝和世界说明，上帝保佑！洛伦佐还在为弟弟朱利亚诺的死感到悲伤，现在费代里科竟然来要求他要有耐心并采取消极的态度，感谢上帝没有在他的房子里保护疼爱的弟弟？

信的内容和说话的口气，尤其是末尾的几句话，几乎没有表达出吊唁该有的意思。恰恰相反，这更像是在含蓄地、带有威胁性地宣战。从言辞上看，信中说的提供帮助完全是空话。抛开这些流于形式的套话，它所表达的信息很清楚：洛伦佐应当觉得自己很幸运，因为自己活了下来，没有被杀死。如果他想活着，最好安静下来，不要做任何"打扰"上帝的事情（这里的上帝指的正是祂在人间恐怖的代理人——教皇西克斯图斯四世和他的左膀右臂费代里科）。

收到这封信的时候，洛伦佐已经知晓了蒙泰费尔特罗一定参与了这场阴谋。米兰驻佛罗伦萨的使节向奇科详细地报告了"乌尔比诺公爵的儿子"[4]——私生子安东尼奥，作为锡耶纳军队的统帅，他显然是从锡耶纳被叫来与佛罗伦萨作战的。他还得知，除了一名身穿乌尔比诺制服的士兵外，其余8名士兵都在佛罗伦萨郊外被捕，并被当场绞死。

所以，刚一读到这封"友好的"信，洛伦佐就有一种很强的直觉，他先前对费代里科支持甚至策划了这次袭击的猜想应该是正确的。现在，他面临着一项艰巨的任务——如何回复这封信，这封信不仅伤害了他的自尊心，也对他的政治权力产生了威胁。在整个意大利，洛伦佐只有一个人可以相信了，就是他唯一的、真正的盟友——奇科·西莫内塔，米兰公国的摄政者。奇科曾提出"暂停与乌尔比诺公爵之间的雇佣关系"，1478 年 5 月 3 日，斯福尔扎家族驻佛罗伦萨的大使回复奇科，洛伦佐"对此深表赞同"。经过商议，他们决定取消这位雇佣兵队长的薪水。

5 月 4 日，在执刑前，教皇的雇佣兵蒙泰塞科伯爵吉安·巴蒂斯塔在狱吏的监督下写好并呈上了供书，坦白了阴谋的准备过程，这份文件相当于是对教皇及其氏族和蒙泰费尔特罗的告发。然而，在那年夏天，当佛罗伦萨国务厅公布蒙泰塞科的供词时，小心翼翼地删除了有关乌尔比诺公爵和那不勒斯国王的部分。这份经过修饰的文件旨在向费代里科打开大门，让他可以在不丢面子的情况下转变自己的立场。

在佛罗伦萨，没有人敢在公开场合说乌尔比诺公爵与帕齐阴谋有直接的关联，纵然他们已经非常谨慎了，但还是有些流言蜚语在坊间传播。一位不知名的佛罗伦萨诗人曾写道，参与这场阴谋的是"某些身居高位的人，我最好不要说出他们的名字，而是说他们的恶行，这样人们就可以猜出他们是谁了"。[5] 在当时的意大利，所有人都知道费代里科是一个私生子（阿拉贡的费兰特也是）。另一首语言生动的诗是献给朱利亚诺虔诚的母亲卢克雷齐娅·托尔纳博尼（Lucrezia Tornabouni）的，它被认为是路易吉·浦尔契的作品，这首诗抨击罗马教会，说它是冥王普路同的"新妻子"，是恶毒的巴比伦和"分裂的犹太教堂"。显然，这里没有必要完整地写出西克斯图斯四世的名字。

蒙泰塞科供认不讳的消息刚一传出，费代里科就担心自己会被公开指责，顿时倍感压力。5月8日，他决定给奇科写封冗长的信，信中充满了半坦白和不讲自明且令人不安的威胁，想要挽回两人之间即将破裂的关系。这封信[6]是虚伪与真相绝妙的融合，也表明了蒙泰费尔特罗在这场阴谋中牵扯得到底有多深：

> 您知道在佛罗伦萨发生了这样的事情，对此我感到十分抱歉，原因有很多，正如我给洛伦佐·德·美第奇阁下的回信中写的那样。当然，这个事件越可怕，就越能看得出来置其他人于巨大危险之中的后果有多严重，就像这件事中可怜的帕奇家族做的那样——他们既没考虑也不担心死亡和自己家族最终的毁灭。平心而论，洛伦佐·德·美第奇在某些情况下任由事情向不理性的那一面发展，不仅反对帕奇家族，也反对教皇，因此事情就那样发生了。但是我非常确定，这一切都是在教皇陛下没有意识到的情况下发生的，也就是说他不知情也不同意将任何人置于死地。但是我从很久之前就很清楚，也许教皇陛下对此并不会介意，甚至是很希望佛罗伦萨能够改头换面。

到这里，这封信似乎都还是真诚与直接的。费代里科一直重复着"事情已经发生了"这句话，似乎是在表达对于徒劳的流血或是流血不足的遗憾，最重要的是，他想要建立起自己的信誉。乌尔比诺公爵断言，对于洛伦佐的行为，教皇有充分的理由表示不满——既是因为他干预了近期教会和教会控制下的城邦之间的事务，也是因为之前在卡斯泰洛城和蒙托内发生的事情。这里他差点承认自己参与了这场阴谋：

如果有人告诉我这件事情，除了保守秘密，我不能以任何方式泄露任何事情。因为我是教皇和国王的士兵，他们给我支付报酬，所以我的责任是忠诚并服从他们。如果我泄漏一些由我的赞助人秘密传达给我的事情，那么我将会是一个坏人，之后就没有人会再相信我了。我这样说是因为我的一些步兵和洛伦佐·朱斯蒂尼阁下一起出发，这些步兵是应他的请求派去的，去处理他在卡斯泰洛城遇到的一些麻烦。我有朱斯蒂尼阁下给我写的信，可以拿出来看。但事实上，我对所发生的事情感到痛苦和遗憾，我要说的是，如果不采取某些措施让事情恢复平衡的话，渐渐地它就会超出能够被补救的范围，整个意大利都有可能陷入战争之中，我认为这种情况并不会发生。但我想说的是，您如此睿智，感谢上帝，您一定知道补救的方法，也一定有能力和手段来补救。

费代里科似乎已经想好了事情进展不顺利时自己要用的理由了，但是他不完全的否认也恰恰说明了他对这次阴谋完全知情。他假装什么都没发生，声称自己担心的是失掉的平衡是否能恢复。事实上，他那实用主义、军人式的言论都是骗人的，他的言外之意是："我们要关注结果，而不要去操心原因。"

费代里科信里提到洛伦佐·朱斯蒂尼请求他出兵以解决卡斯泰洛城的"麻烦"，这暴露了他的虚伪。费代里科费尽心机地向朱斯蒂尼索要一封信，来为自己开脱，想证明任何的罪行都与他无关。但这其实是一个站不住脚的托词。朱斯蒂尼是罗马教廷一派信任的人，也是他将金项链带来交给了费代里科的儿子圭多巴尔多，后者早在2月份的时候就和教皇的密使达成了协议。卡斯泰洛城的统帅（朱斯蒂尼）事实上指挥的是来自乌尔比诺的六百名士兵。此外，他还帮助刺杀朱利亚诺的凶手逃脱追捕并逃往东方。

这封信所提供的关于蒙泰费尔特罗的间接证据可能已经足够做出历史的裁决。但是事情在这里变得更加耐人寻味了。费代里科的秘书给奇科的儿子吉安·贾科莫寄去了一封信[7]，这封信中的内容没有公开挑衅，但是隐约传达了乌尔比诺公爵对这些计划（在不伤人性命的前提下让佛罗伦萨改头换面）其实是知情的。他的下属说，费代里科答应尽快亲自赶去米兰：

谈论这些关于佛罗伦萨的事情之后，又将其他一些事情委托给我，阁下（费代里科）并没有否认自己已经知道了所有这些事情，甚至他和他的军队在蒙托内的时候他就知情了，也就是将佛罗伦萨从洛伦佐的手中夺过来并让它改头换面。但是他对刺杀洛伦佐和朱利亚诺并不知情，也没有在这件事情中提出过个人的建议。他劳驾您去证实对那些在佛罗伦萨被处死之人（蒙泰塞科和其他人）的审讯，因为您会发现那些并不是真的。他说自己拿着教皇和国王给的钱，又身为他们的士兵，所以他不会提出反对意见，会听从他们的命令。因为他们是付钱的人，他们希望按照他们的方式得到服务和服从。他的赞助人向他秘密传达了这件事，良知和世俗的尊荣是不会允许他散布关于这件事的消息的，他不想被认为是一个坏人。

　　阁下一开始还试图劝阻他们不要这样做，因为这件事性质恶劣且十分可耻，但在看到计划已经启动了之后，他就保持缄默，也不再关注事情的进展。他希望并坚信他与联盟（即米兰、佛罗伦萨和威尼斯之间的联盟）之间雇佣关系的结束会让一些人的情绪稳定下来，让他们忘记并抛弃这种兽性的行为，特别是那些狂热分子。如您所知，事情往相反的方向发展了，因为他们把对阁下的雇佣当成了商品，并利用这一点做了这件坏事，让阁下看上去像一头野兽，他觉得非常羞愧。也正因为他相信了教皇，也正是这样，教皇陛下才给了他这个"美好的荣誉"。

人们几乎都会同情因计划失败而愤怒的费代里科，但是他坚决地否认自己给洛伦佐的吊唁信中包含了任何应受谴责的或恶意的内容。关于回应奇科在收到佛罗伦萨的消息之后的指控：

> 乌尔比诺公爵写给洛伦佐·德·美第奇阁下的信的结尾部分被错误地解读了，公爵说他对此非常惊讶，因为他给洛伦佐·德·美第奇写了一封充满善意的信，而且他的信中没有您说的那些话。

精明的洛伦佐并没有忽略 5 月 1 日的"吊唁"中蕴含的狡诈本质，这在当代的读者面前已昭然若揭了。蒙泰费尔特罗无法逼迫美第奇缄默不言，便继续否认自己的军队在佛罗伦萨城外被发现。在这里，费代里科的厚颜无耻已经到了登峰造极的程度。以下是他如何指导自己的秘书写信给吉安·贾科莫：

> 在这件事情发生的时候，有人说在佛罗伦萨看见一些步兵，他们身着乌尔比诺公爵所率军队的制服，我回答说，可能是有的，因为有很多士兵都穿了这种制式的服装，但是可以很清楚地看出，他们既不属于公爵的军队，也不是

您雇佣的。但是这有可能是公爵辖区内的某个人做的，也就是说是公爵的士兵或者可能与您认识的人。请放心，公爵说并非如此，而且永远不会有人发现您以任何方式参与了上述事件。我恳求您，请您相信我，并屈尊向您的父亲说明我刚才提到的内容。

乌尔比诺，1478 年 5 月 13 日

附言：有些商人和另外一些我们的人回来了，他们在佛罗伦萨事发时就在那里，据他们所说，在佛罗伦萨确实看到了身穿乌尔比诺公爵军队制服的士兵，但后来他们进行了比对，发现这些士兵穿的其实并不是乌尔比诺公爵军队的制服。

费代里科真的期望自己能够被相信吗？或者说，像今天许多受审的黑手党成员和腐败分子一样，他只是面对证据拒绝承认吗？职业的说谎者常常用华而不实的言语来说出事实。费代里科用的是"双重的"蒙泰费尔特罗密码，奇科在与这只乌尔比诺的"狐狸"交往的三十五年的时间里学会了如何破译这种密码。

奇科知道，现在的局势需要的是有效的行动，而不是虚假的愤怒。这位总理大臣的面前是一个艰难的外交挑战，这个挑战配得上他非常灵活的、马基雅维利式的头脑。他没有掩饰自己，这个时候，

他与费代里科长期的友谊已经无法再继续下去了。像往常一样，他迅速而谨慎地采取了行动。在 5 月 9 日的一封信中，他恳求洛伦佐能够保护自己："您现在应该给予我们更多的关心，并为我们提供更多资助，因为当您孤立无援的时候，您的敌人和怀有恶意的人就将会有更大的欲望和能力尽可能地亲自诽谤和侮辱您。因此，对他们来说，您最好是有同盟的，并且准备充分，然后因为老百姓闲聊琐事而羞愧，而不是因为没有同盟而变得脸色苍白并受到冒犯。"奇科没有指名道姓，但是他暗指费代里科是"这种残暴行为的拥护者、知情者、参与者和丧尽天良者"之一。奇科警告说，不管这些人只是知情，还是积极地参与了反击，在任何情况下，他们都应该"假装"（这个动词是奇科在原文中加上的）没有"看到"或"了解"自己在阴谋中的作用，并且"尽可能地在缄默中秘密操纵一切并等待时机，尤其是行动中涉及教皇的部分，不要让胆怯的他再添绝望"。[8]

有些时候，假装愚蠢是最明智的政治策略。奇科在其漫长的服务于弗朗切斯科·斯福尔扎这个杰出的阴谋家的生涯中亲身学到了这一点。这个策略最重要的原则之一就是让你的敌人永远都不会发现你的真实意图。实际上，在费代里科 5 月 8 日给他写信之前，奇科就已经开始根据收到的前几封来自佛罗伦萨的信件来施展这个策略了。他代表佛罗伦萨亲手写下一封给费代里科的"草稿信件"，并将它寄给了洛伦佐。洛伦佐表示"非常喜欢"，并逐字逐句抄写了下来，寄到乌尔比诺和罗马，以立即暂停所有关于费代里科报酬的谈判。[9]洛伦佐在 5 月 12 日给奇科的回信中表述了他们期待在费代里科身上看到的讽刺：

> 阁下的信中充满了爱意和慎重。我只能回您以真诚的奉献和迅速执行一切重要建议的意愿。我很清楚所有冒犯者的天性和那些冒犯我的人的特殊身份，我们需要睁大眼睛，不要相信他们的无辜，因为如果他们是无辜的，事情就不会发生了。我向上帝祈祷，像这次他奇迹般地救了我一样，可能他会出于某些原因大发慈悲再救我一次。[10]

以教皇之名

洛伦佐的自我怜悯和向上帝的祈求是完全合理的。在帕齐阴谋后的那种充满仇恨的氛围中保持缄默几乎是一件不可能的事情。在罗马的佛罗伦萨大使和商人都受到教皇的威胁，说会被监禁或被杀害，这公然违反了各城邦国之间的条约。西克斯图斯四世对于在帕齐阴谋后自己的甥孙红衣主教拉法埃莱·里亚里奥在佛罗伦萨被捕的事情非常愤怒。拉法埃莱已经被关押了一个多月，经过一系列紧张的谈判才终于被释放。但是愤怒的教皇还是将洛伦佐开除教籍，并以佛罗伦萨人和官员绞死教会成员为借口颁布了命令，禁止佛罗伦萨所有人参加宗教活动，其中被绞死的成员有比萨大主教和刺伤洛伦佐的教皇秘书安东尼奥·马费伊·达·沃尔泰拉。如果佛罗伦萨人想要拯救自己的灵魂，至少根据教皇的说法，他们的唯一出路就是摆脱异教徒美第奇家族的领导。

在红衣主教里亚里奥6月7日被释放出来的时候，佛罗伦萨的法官和许多公民陪他一起，从旧宫走到了圣母领报大殿，据同时代的日记作者兰杜奇记载，这位年轻的红衣主教"特别害怕被人们杀死"。[11]可以想象，向来喜欢说长道短的佛罗伦萨人是如何对着教皇年少的甥孙破口大骂。里亚里奥被四十名守卫护送，但是这一天他所经历的恐惧让他一生难忘：传说他一直面色苍白。据兰杜奇记载，也是在这一天，"教皇开除了我们的教籍"（指佛罗伦萨人）。事实上，这个残忍的敕令是在大概一周前，也就是6月1日颁布的，但是这个敕令的内容并没有立即传到佛罗伦萨人那里。

6月12日，红衣主教里亚里奥被护送离开了佛罗伦萨。最具威望和公信力的一些佛罗伦萨人立即召开了紧急会议。洛伦佐知道这是关键的时刻，这也是对他的政治权威和政体凝聚力的最高考验。他发表了一次让人难忘的演说（被乔瓦尼·迪·卡洛记录了下来），其中首先讲述了共和国现存的三个"政党"。在会议上，佛罗伦萨人极其愤怒地斥责教皇及其神甫，说他们应该不仅仅知道这场阴谋，而且还卷入其中。其他的人表达了悲痛之情，还有一些人试图通过派遣大使前往教皇和那不勒斯国王处这一外交解决方案以避免战争。就在这时，洛伦佐站了起来，等待众人安静下来。然后他用自己独

特的鼻音说道：[12]

> 在这个公开的场合，我向祖先起誓，如果我的心灵和身体没有受到哀悼的影响，我可能会多说一些，和你们一起痛惜，表现得像一个雄辩的演说家，扮演一个好公民的角色。但是，这件事的卑鄙和残酷令我感到沉重又无力。我说不出话来，我的牙齿阻碍了舌头的移动。
>
> 对于凡人来说，当他们经历了一些消极或不好的事情时，通常会向他们的亲戚、朋友寻求庇护；在有迫切需要的时候，会寻求神甫和神圣主教的庇护；如果他们都不能提供帮助，至少他们说的话可以减轻痛苦并缓解悲伤。正如哲学家所说，我们不仅为自己而生，还为了我们的祖国、我们的同胞，甚至为了我们的友邻而生，我们要尽力帮助和支持他们。出于同样的原因，生活在艰难和灾难中的我们也是如此，婚约、契约以及民事和军事生活中的方方面面都在有序进行中。

在谈到这点时，洛伦佐号召在佛罗伦萨人之间建立一种强烈的基督教和城邦关系的意识。在他那决绝的讲话中最压抑的时刻，他用低沉而动人的声音对自己死去的弟弟说：

亲爱的弟弟，我现在想起你身上的伤口，依旧历历在目，我要怎么面对这并不该由你来承受的死亡？或许我应该寻找不仅在这场恐怖的袭击中出现，而且还参与其中的神甫或教会神职人员？在信奉异教的罗马，教堂就是避难所；而在最大的神圣的基督教堂里，我的弟弟却被杀死了，我也受了伤，九死一生才从凶残的刺客手中逃脱。

最近，我再三思考我的处境，我觉得我弟弟的命运比我的要好。我保全了自己的生命，却害了你们和这座城市。

我向祖先起誓，你们是我的朋友。我亏欠你们每个人。所有的佛罗伦萨人都应当把公共利益放在个人利益之前，而我更应如此，因为我是从你们和祖国那里获得更多和更大恩惠的人。因此，你们尽情享用我的财富吧，我已准备好接受流放和死亡。我已准备好去这片土地上最遥远的岛屿，或者一劳永逸地永远离开尘世。是你们给了我今天，所以你们可以拿走我的一切。如果你们觉得对共和国有益，就用你们的双手杀了我吧，因为不论怎样，我、我的孩子和妻子都在你们的手上。如果你们愿意，就让他们拥有和我同样的命运吧——最正当的、贞洁的、公道的死亡。为了人民和国家的利益与救赎而将我们流放或杀死，这将会带给你们永恒的尊严和赞美。为了国家、城市和人民，没有比让我们死在你们的手上——我的父母、我的人民和朋友的手中——更神圣、更仁慈的了。但是我的弟弟是无辜的,虽然如此,他还是在自己人生的春天被杀害。如果他们就在我们举世闻名的大教堂里,在庆祝神圣的宗教仪式的时候攻击他,你们还能相信教皇无比世俗的那些承诺吗?

因此,你们来决定如何处置我和我的孩子们吧,你们来决定怎样做才会对共和国最好。不论你们的决定如何,我都会觉得它是最好、最正确的。

马基雅维利在《佛罗伦萨史》里写道,在场的每个人都忍不住流下了热泪。听了这场演说的乔瓦尼·迪·卡洛没有提到这个戏剧性的结果,他只是在演说发表几年后,将它记录了下来。他所记录的版本应该比马基雅维利在半个世纪后重构的要稍微可信一点。马基雅维利重构的洛伦佐的演说中包含了对这一令人紧张激动的时刻过后所做的政治推理,而乔瓦尼记录的这个推理则是出自一位无名公民之口。但是马基雅维利的《佛罗伦萨史》是由教皇克莱门特七世委托创作的,他是朱利亚诺·德·美第奇的儿子。对于出自美第奇家族的教皇来说,将洛伦佐的演说呈现为一场盛大夸张的表演是合乎情理的。在马基雅维利看来,洛伦佐是一个精明的政客,他把自己描绘成一只献祭的羔羊,愿意奉献出自己所有的权力甚至是生命;而事实上他的目的是用他全部的家产和绝对的影响力来保住自己的地位和家族。

另外，在乔瓦尼记录的版本里，在洛伦佐演说后讲话的无名的佛罗伦萨演说家提到了"乌尔比诺方阵"的靠近，即费代里科军队的逼近，之后他开始劝告还在沉睡的佛罗伦萨城。他先是引用了一系列的民间谚语，比如"只有优秀的战士才能获得真正的和平"或"不要让狼混入羊群"，然后反问道："谁会想到一只披着羊皮的狼还是一只狼呢？"（很明显，这里指的是西克斯图斯四世，他所表现出来的样子更像一只狼，而不是羊或牧羊人）。最后，这位演说家回到了正题上：

> 他们想要侵占整个城市。他们不仅想要消灭洛伦佐及其党羽，还想要给整个共和国套上枷锁。如果他们只是想取洛伦佐的性命，为什么会调动那么多的军队并且占领我们的公共建筑呢？对于教皇来说，召集非教会的军队是一种非常手段了。由此我确定，神甫们都恨我们，他们缺乏虔诚，缺乏信仰，缺乏对上帝的尊敬之情，他们贪婪且腐败。我们应派遣使节还有神职人员去往这片土地最遥远的角落，以获取资金并进行这场战斗。如果我们输了，至少我们表现得并不像紧张不安的小女人一样，而是铁骨铮铮的真男人。面对这种不寻常的情况，我们没有必要固守现状。

洛伦佐非常高明地使用了反向宣传的手段。为了与西克斯图斯四世进行口水战，并主张对神职人员犯下的罪行是出于自卫，他雇了一大群律师。[13] 教皇怎么会忘记比萨大主教手持武器企图控制旧宫？谁又能够否认阴谋者们雇佣刺客是为了袭击在大教堂里的佛罗伦萨公民？禁止佛罗伦萨所有公民参加宗教活动的法律依据完全是基于西克斯图斯四世本着善意行事这一经不起推敲的假设。但是在这场阴谋之后，可以确认教皇其实是一名暴君、一名罪犯。

血的《圣经》

佛罗伦萨人用一篇言辞十分激烈粗暴的文章来反抗教皇的威胁。长期支持美第奇家族的真蒂莱·贝基在成为阿雷佐主教之前是美第奇兄弟二人的导师，他站出来对驱逐教籍的命令进行了回应：在激烈的、渎圣的《佛罗伦萨主教会议》（*Florentina Synodus*）中，他认为所有托斯卡纳的主教们都应团结在一起抨击教皇，将其视为一名连环杀人犯、"恶魔的代理人"及"教会里的皮条客"，还说他用"金牌松露"来喂"猪"。这个反对驱逐令的行为旨在破坏教廷在意大利乃至阿尔卑斯山另一侧的声誉。[14]

西克斯图斯四世深知这场破坏教廷名誉的运动所带来的危险，于是他委托人迅速印刷了一份反击书，并传播至德国及其他国家。这份名为《我们神圣的教皇与佛罗伦萨之间的纷争》（*Dissentio inter sanctissimum dominum nostrum papam et Florentinos*）的文件在世界各地只存有少量副本，至今还未有人研究。这位无名作家尽其所能用最恶毒的论据来展现洛伦佐的软弱，嘲笑他没有能力反抗那不勒斯国王费兰特的军事力量，并抨击道："如果上帝与我们同在，那么谁还会反对我们？"对于狂热的信仰捍卫者来说，使用《马可福音》是一个强有力的反向宣传手段。《纷争》中列举了佛罗伦萨所有的罪行，诋毁"异教和鸡奸的《佛罗伦萨主教会议》"（其作者是阿雷佐主教真蒂莱·贝基，据传是同性恋），还避免提到朱利亚诺，直至突然宣告他因为罪恶的生活而"按照上帝的旨意"死去了。因此，这份文件是关于洛伦佐的扭曲的传记，书中的他是一个深谙邪恶和暴政的初学者。

真蒂莱·贝基是乌尔比诺人，公爵下令没收了他的家族领地。而将佛罗伦萨人逐出教会的命令影响了他作为阿雷佐主教的薪水。阿雷佐在古比奥西边，如果帕齐家族那次行动顺利的话，这座小城很有可能会交至费代里科手上。[15] 没有斟酌词句，贝基以他典型的尖锐风格写信给费代里科的秘书："您和我说要相信您是和平的天使。但是是谁在发动战争？是您还是我们？以这种在教堂里将人切成碎片的方式？况且还被人数众多的军队袭击，连我们也会为此而感到内疚。如果与那件事相关的每一个人都问您，'我们对您做了什么'，您会如何作答呢？"[16]

在这场神学混乱里，费代里科被一种看似微不足道的个人的担忧占用了很多时间。在前些年，他投资数千弗罗林*以制作一本精美的饰有细密画的《圣经》，这是他委托当时最有名的手抄本制作及贸易商韦斯帕夏诺·达·比斯蒂奇（Vespasiano da Bisticci）完成的。后者经营着佛罗伦萨最大的书店，他本人也是一位作家，给我们留下了一系列关于他那个时代的杰出人物生平及作品的短评。不出所料，他只赞扬了费代里科作为一名军人和人文主义者的美德，以及他对装饰华丽的书籍的非凡品味。

这本《圣经》是费代里科精美的收藏里最珍贵的宝贝，因此他不能忍受将其交到佛罗伦萨人的手里。这部巨著的后半册（从《约伯记》到《启示录》）于6月12日完成，也就是洛伦佐发表重要演说的同一天。这部作品献给了"教会的指挥官，他致力于捍卫基督教并给它带来荣耀"。根据教皇西克斯图斯四世的敕令，洛伦佐是"罪恶与堕落之子"，而他应当已经看出了当时讽刺的局面：教皇的雇佣兵队长依靠被他逐出教会的敌人获得了有史以来最珍贵的《圣经》。但洛伦佐还是礼貌地把那本奢华的书送给了费代里科。[17]

6月21日，费代里科感谢洛伦佐的好意，但是在这时，战争计划已经往前推进了不少。一名在乌尔比诺的佛罗伦萨代理人告诉洛伦佐，公爵正在为战争做准备，尽管到6月末的时候，他去年11月大腿上受的伤还没好，仍在恢复之中。费代里科创造了一种精巧的马鞍，这样他在骑马的时候，就能把受伤的那条腿绑在马脖子上。[18]

---

*　最初是由佛罗伦萨共和国制造的一种金币。——编者注

他让这匹马每天在乌尔比诺的大街小巷里转悠，以此表明公爵打算遵守诺言，指挥自己的军队。但是洛伦佐的代理人在写给他的一封密信中提到，有一天费代里科骄傲地跨上马，但是没能克制住由于下马时的疼痛而发出的低吼。公爵感到十分愤怒，因为洛伦佐的手下恰好目睹了自己脆弱的时刻。

据乔瓦尼·桑蒂所写的宫廷诗歌，这名无名的佛罗伦萨驻乌尔比诺使节的任务应当是非正式地控诉费代里科秘密地在帕齐阴谋中充当同谋者的角色，并对他的道德操守提出质疑。费代里科在回答这位使节令人尴尬的问题时说的观点似乎和他在给奇科的信中写的是一样的：提醒敌人（如洛伦佐），冒犯自己友好的"雇主"是不合乎情理的，因此就算他知道些什么，他也会把嘴巴闭紧。过去，他收到过许多提议，都是来自那些想要谨慎地除掉自己敌人（比如他的前对手西吉斯蒙多·马拉泰斯塔）的人，但是，尽管他连站都站不起来，也宁愿进行一场"艰苦的战斗"[19]。

与此同时，教皇雇佣费代里科的事情终于确认了下来并结清了报酬，这使得费代里科更能忍受之前没有在佛罗伦萨和米兰得到钱的事情了。这笔钱高达77000杜卡特，用于指挥400名骑兵和400名步兵。这是由教皇常用的中间人洛伦佐·朱斯蒂尼带给费代里科的。在他们两人长达三个小时的秘密会面后，乌尔比诺有传言说公爵军队的每一位成员都可以立即得到报酬：骑士将会获得15杜卡特，而步兵将会得到8杜卡特。如此慷慨地给370名"士兵"立即支付相应的报酬说明公爵已经做好了准备。对于公爵的身体是否能迅速恢复并亲自指挥军队，仍未可知。费代里科还采取了一些极端的安全措施：他在6月份只离开了自己的宫殿两次，每次都有持长剑和博洛尼亚式大砍刀的弓弩手围在他身边；宫殿大门的守卫十分严密，几乎任何人都不得进入（进入时需要通过像蒸馏器一样的装置）。偏执和害怕被杀死是职业军人不同寻常的特点，尤其是像费代里科这样的雇佣兵。这不是一件好事。

提供这些详细信息的间谍是来自沃尔泰拉的书法家马泰奥·孔图吉（Matteo Contugi）[20]，多年来他一直活跃在乌尔比诺，忙于抄写著名的蒙泰费尔特罗图书馆里一些最精美的手稿。这只是他写的许多玩弄阴谋的信件中的一封，这个文雅且聪明的人在乌尔比诺宫廷中担任着一个体面的职位。在这一身份的掩护下，他并没有受到任何怀疑，尽管他来自沃尔泰拉——那个被公爵洗劫一空的城市，有着充分的理由对公爵抱有怨恨之情。

孔图吉补充道，费代里科也从奇科那里收到了礼物，它们可能被包成了奶酪的形状，这样就不会被人发现或者偷走。[21]这位消息灵通的间谍写道，这份礼物由一个华丽的马笼头、一顶漂亮的头盔和一把剑组成。人们可能会好奇，为什么奇科要送这些礼物。很明显，奇科仍然希望战争的阴谋能够停下，费代里科能够悬崖勒马。

1478年7月初，奇科给洛伦佐写了封信，信中说道，"无论是否愿意"[22]，佛罗伦萨和米兰都"荣辱与共"，会一起存在下去或是共同走向灭亡。当洛伦佐收到这封信的时候，被逐出教会但仍然虔诚的佛罗伦萨人正在庆祝着被推迟的圣乔瓦尼节，"就像节日当天一样"（其实这个节日是在 6 月24 日）。[23] 人们尝试着在通常会进行的消遣活动中寻找一点安慰并转移自己的注意力。但是就在几天后，也就是 7 月13 日，佛罗伦萨不得不面对令人痛苦的现实：那不勒斯国王派来了一位下达教皇最后通牒的传令官。佛罗伦萨最有威望和公信力的公民都认为将洛伦佐逐出城并不能解决他们的问题。7月21 日，他们写了一封信，这封信强有力地挑战了教皇的世俗权威。[24] 由此，"帕齐战争"拉开了序幕。

第八章

为自由而赌

意大利文艺复兴时期的战争多与诡计有关，而非勇气。人们通常会避免直接冲突，采取战略性拖延的策略，除非必须使用武力。费代里科是一名果敢的统帅，也是一位军事技术专家，他麾下的工程师和建筑师都是意大利首屈一指的能人巧匠。使用具有破坏性的火炮和建造城堡都是他的战术。

年轻时，费代里科曾夜袭圣莱奥城堡，这展示了他的军事才能。圣莱奥城堡从理论上来说无法被攻破，因为它建在陡峭的山嘴上。费代里科准备了一些长梯，这样他的士兵就可以借助这些梯子一直爬到山顶，同时如果士兵们爬到一半犹豫不前，他可以威胁他们说要把脚下的梯子拿走。这种傲慢的言行说服了费代里科的死敌——里米尼领主西吉斯蒙多·马拉泰斯塔接受与乌尔比诺的休战协议。

马基雅维利在《佛罗伦萨史》和其对话体著作《论战争艺术》（*Arte della Guerra*）里都嘲讽了 15 世纪最后几十年发生的几乎没有

人死亡的战役。对于大部分的雇佣兵来说，战争主要的目的实际上就是掠夺和抢劫，而不是胜利；而相应地，平民百姓也往往会付出极大的代价。在阅读以下这些关于帕齐战争的简要叙述时，我们需要记住的是，这场战争持续了一年多，直至 1479 年秋天才结束。[1]

佛罗伦萨和米兰征募的、用来对付教皇西克斯图斯四世和那不勒斯国王费兰特的军队最初似乎很强大，但是军队内部的不和很快就削弱了它的实力。自战事开始以来，洛伦佐和奇科就高价雇用了两名雇佣兵队长——费拉拉公爵埃尔科莱·德斯特（Ercole d'Este）和年轻的曼托瓦侯爵费代里科·贡扎加，但是他们两人却为了争夺领导权而争斗，这使得他们的军事行动变得缓慢，最后这场斗争以互相抢劫了军营而告终。像乌尔比诺公爵这样肆无忌惮的老兵，他会利用每一个敌人提供给自己的机会，而这恰恰就是一个天赐良机。

帕齐战争中的战役对于军队而言并没有大的伤亡。但是这场冲突因为实验性地使用了新的攻城武器而出名，其中包括简易的化学火炮。费代里科对新的致命武器颇为感兴趣。在一封写给匈牙利国王马加什一世（Mattia Corvino）的信中，他吹嘘自己的臼炮*，并且给它们取了各种生动形象的名字，比如"残忍""绝望""毁灭"。[2]其中最大的臼炮由两部分组成，分别重 14000 磅和 11000 磅，它可以投射出重量为 370 磅至 380 磅的石弹。费代里科迫不及待地想看

---

* Bombarda，臼炮，中世纪的一种火炮，也就是上文中所说的"简易的化学火炮"。——译者注

到它投入使用。

肮脏的战争

1478 年 7 月 25 日，既愤怒又担忧的教皇西克斯图斯四世亲自写了封信给费代里科，信中一半是意大利语，一半是拉丁语：

> 佛罗伦萨人在信中非常蔑视耶稣及其卑鄙的神甫，这并没有让我们感到害怕，而是让我们认为，这是上帝因为他们所犯罪孽而予以惩罚，剥夺了他们的才智和情感。我们寄希望于上帝将会给予你们一切的胜利，不仅是因为这关系到他的名誉与荣耀，更重要的是我们是正义的一方。为什么我们不去伤害别人，只去伤害他们呢？洛伦佐·德·美第奇是邪恶之子，我们向公正的上帝祈求惩罚他并授权您——作为上帝的神甫——揭露他无端地对上帝和教会犯下的罪行。由于他忘恩负义，无限的怜悯之泉已经干涸。[3]

乌尔比诺公爵不需要用教皇的祝福来鼓舞自己的士气。腿伤还未恢复的费代里科在战事开始前的一次讲话中，向迫不及待想要将富庶的托斯卡纳掠夺一空的士兵们预言，三年后，放肆大胆的佛罗伦萨人将化为乌有。乔瓦尼·桑蒂在为庆祝统帅（费代里科）成功而写的诗中，模仿费代里科的演说风格，写道："他们赤身裸体地跪着，毁灭即将到来"，他们会来"祈求怜悯，让他们古老的自由得到安息（我不知道是否能这样说）……他们苦涩且不幸的命运即将到来，他们古老的荣耀也将永远在丧服中长眠"！4

　　费代里科挑衅似的嘲讽了佛罗伦萨自以为的民主的命运。但是战争的乏味比这些诗句中不祥的预言还要更让人心生厌恶。1478 年夏天的时候，一场瘟疫袭击了托斯卡纳，据传言乌尔比诺公爵说这场传染病达到了自己未曾希望的战争的效果，那就是消灭了很多人。费代里科的盟友——费兰特国王的儿子阿拉贡的阿方索控制着那不勒斯的军队，他因在战场上的凶猛著称。5 佛罗伦萨的一个军官试图抵抗阿方索在基安蒂山谷的卡斯特利纳的围攻，他给阿方索捎去了一封信，抱怨说他发现了一些向防御者投掷的毒箭，他警告阿方索，如果这种情况继续下去，他将在佛罗伦萨的火炮上撒上有毒物质。6

　　如今年老且负伤的费代里科和非常年轻且冲动的阿方索之间的关系很难维持。书法家兼间谍的孔图吉十分狡猾，他提到了在同盟的那不勒斯军队中间，乌尔比诺公爵的绰号是"该隐"*，7 在费代里科掌权三十五年后，还是有很多人怀疑他与其同父异母的哥哥奥丹托尼奥的死有关。在某种程度上，军队中的说法是有道理的，几十年来，不论是作为军队指挥官，还是作为政治家，公爵行事一直肆无忌惮，这是众所周知的事情。而帕齐战争给了他一个绝佳的机会，

----

* 该隐（Caino）是亚当和夏娃的大儿子，他杀死了自己的亲弟弟亚伯（Abele）。——编者注

让他可以展示自己在军事方面的残暴。

一名真正的军人知道什么时候应该使用武力，什么时候应该采取欺骗的手段。费代里科就是这样一名真正的军人。他需要面对的第一次严峻的战略挑战是包围难以攻克的佛罗伦萨圣萨维诺城堡（San Savino），[8]这座城堡离锡耶纳不远。一次，当他的营地陷入污泥中，士气低落的时候，他发表了一段非常激情澎湃的演说，想借此来重振士兵们的士气。据桑蒂记载，费代里科让"一千多名骑兵"带着他那出名的臼炮在城堡的城墙前列队，这很明显是为了恐吓这些被包围者。他假装不想停战，因此等到了佛罗伦萨和米兰军队的总司令埃尔科莱·德斯特批准的全面停战的消息。在那八天的时间里，费代里科收到了来自罗马的钱和军需品，同时来自乌尔比诺的精神焕发的弓弩手也到达了。战事刚一恢复，他就向圣萨维诺展示了本没必要向他们使用的武力。城堡的统帅立即便投降了，交出了钥匙。"有时一名统帅需要是一只狮子，有时是一只狐狸"，桑蒂在费代里科的庆祝诗中让他这样说，并补充道："一只眼睛看到的光比十万只看到的还要多，还有那么多隐藏的眼线！"[9]费代里科被狡猾的佛罗伦萨人的抱怨逗乐了，他们被比自己更狡猾的人欺骗了。

这场肮脏的战争很快便让佛罗伦萨军队和他们亲密的盟友米兰疲劳不堪。

奇科的战争

洛伦佐不是帕齐战争唯一的攻击对象。罗伯托·达·圣塞韦里诺和其他被流放的人，如加莱亚佐的兄弟斯福尔扎·马里亚和卢多维科·斯福尔扎，显然和佛罗伦萨的敌人站在了同一个阵营，奇科也是他们的头号敌人。奇科的年龄越来越大，他也开始像教皇庇护二世（Pio II）或皮耶罗·德·美第奇等其他深受痛风折磨的人一样，经常在床上或榻上执政了。由于公爵夫人博纳和小公爵吉安·加莱亚佐无法执政，奇科也体弱多病，米兰的局势尤为脆弱。

自 1477 年 5 月被流放起，脾气火暴的雇佣兵队长罗伯托·达·圣塞韦里诺一直在为回到米兰实施报复行动而做准备。他先是去拜访了法国国王以寻求外援，然后为削弱摄政权而采取了一些大胆的骚乱行动：比如，1478 年 8 月初他为热那亚第二次反抗米兰提供了帮助，[10] 这也让热那亚取得了第一次重大胜利。不论从什么方面看，米兰都处于劣势，与斯福尔扎兄弟及其堂兄于 1477 年 3 月对热那亚进行的惩罚性远征不同，这次远征没有强大的军事领导。面对摄政团派出的人数众多的公爵军队，这位如今已成为敌人前统帅的罗伯托充分利用了之前自己曾攻打过的热那亚的防御堡垒。他轻而易举地就羞辱了米兰的士兵，并在夺取了他们的武器和盔甲后，将他们中的许多人半裸着送了回去。这场惨败对米兰摄政团的威信是一个巨大的打击。

洛伦佐和奇科不断被加强孤立的状态使得这两位同盟者之间的

关系越来越紧张。他们之间的第一次争执是在 1478 年 12 月 16 日奇科写给洛伦佐的回信中，奇科在信中不无讽刺地写道政治对于银行活动的优越性："我现在做的很多事都超出了平常的范围，这也是因为我不能很好地处理这些贸易方面的事情，这些不是我的长项。"[11] 12 月 29 日奇科给洛伦佐写了封十分重要的信，信中断言他们的敌人相信自己能成功地彻底消灭他们两人。尽管奇科的图书馆里堆满了非宗教的书籍，但是在官方文件中他常常引用宗教文章，尤其是《马太福音》中的片段：他将对手的仇恨比作即将降临到基督谴责的建筑师身上的血的预言，他引用基督在水上行走时对彼得的回答（"心不诚的人……"）来表示自己意识到生活中的危险迫在眉睫。在职业生涯中如此悲惨的时刻，奇科选择步基督的后尘，并指定洛伦佐充当彼得的角色。[12]

如果西克斯图斯四世知道自己的政治对手使用了这个虔诚的隐喻，一定会露出微笑的。教皇和那不勒斯国王全然意识到是米兰的金钱和军队让洛伦佐可以应付困境，于是他们决定在米兰公国的边境尽可能多地制造麻烦。他们派去了一个叫作普罗斯佩罗·达·卡莫利（Prospero da Camogli）的奸细（他因为个人原因憎恨奇科），他的目标是买下瑞士的雇佣军队并煽动他们反抗摄政团。这些军队非常野蛮，而且十分渴望战利品，他们翻越阿尔卑斯山，侵入米兰公国，将山上的农场和市郊洗劫一空，正如奇科的儿子吉安·贾科莫·西莫内塔在 1479 年 1 月 9 日给洛伦佐的信中写的那样："比土耳其人更可怕。"[13]（土耳其人一直在威胁说要攻击半岛，实际上他们会在 1481 年入侵奥特朗托。）有些斯福尔扎家族的士兵被派去执行惩罚任务，但是他们落入了一场血腥的伏击，并在一次惨败中受辱。瑞士军队声誉大振，1506 年，他们成为教皇的官方卫队。

佛罗伦萨和米兰的财政收入也每况愈下。在佛罗伦萨，人们对税款表示抗议，洛伦佐在这方面遇到了困难，因此警察不得不挨家挨户地去征收。在米兰，引起社会动荡的战争榨干了国家的财政。吉安·贾科莫·西莫内塔在 1479 年 1 月 22 日给洛伦佐·德·美第奇的信中写道，自加莱亚佐去世，米兰公国已经花费了共计 160 万杜卡特金币用来进行防御和作战，这是一笔巨款。

进入公爵的宝库是公爵夫人独有的特权，里面有超过 200 万杜卡特金币。因此，摄政团被迫每天以极高的利息借高利贷，为了保证还款，他们不得不牺牲当时和未来的所有税收。为了避免破产，奇科需要加快谈判速度并尽快获得和平。但是对于结果，他可能太过乐观了。1479 年 6 月，他成功起草了一份佛罗伦萨、米兰和那不勒斯之间的条约，但是为时已晚。[14]

早在 1478 年夏天，费兰特国王就已经用拉丁语给博纳和小公爵吉安·加莱亚佐·斯福尔扎写了封长信，信中痛斥摄政者奇科，说他"不在乎自己的财产，也不在乎自己的性命"，而且还是"你们信件的独裁者"。[15]事实上，费兰特没有提到奇科的名字，而只是用米兰"独裁者"的称呼来指代他，这种尖锐且恶毒的双重含义也许过于微妙了。但是在 1479 年 1 月 12 日的一封信中，费兰特明确表达了自己对于奇科的蔑视，称他为"地里的虫子"[16]（作为卡拉布里亚人，奇科生来就是阿拉贡国王的臣民）。这样说的目的是让嫌隙的种子在公爵夫人博纳和奇科之间生长，并让她相信奇科是不可信的。

在 1477 年 5 月发动政变未遂后，斯福尔扎·马里亚和卢多维科被奇科流放，也有人怀疑他们是谋杀加莱亚佐公爵的幕后黑手。从那时起，这两个头脑发热的人就相对安静了下来，这是因为公爵夫人威胁他们说如果他们挑起麻烦，就会拿不到薪水。巴里公爵斯福尔扎·马里亚一开始被流放到了自己位于普利亚的偏远公国，然后他设法去到了那不勒斯，得到费兰特国王的庇护。1479 年 1 月，斯福尔扎·马里亚从那不勒斯出发，乘着费兰特国王热心提供的大帆船，准备用武力夺回自己在米兰的位置。

卢多维科·斯福尔扎被放逐到了比萨，设法与洛伦佐保持中立关系。他在托斯卡纳北部的海岸与他的兄弟会合，并与不安分的罗伯托在热那亚相会。罗伯托一刻也没有停止对米兰政府进行军事上的骚扰，他率领军队突袭了伦巴第的城郊地区。这三个被流放的人凑在了一起，尝试诋毁奇科是篡权夺位、辜负公爵夫人信任的人，想让他名誉扫地。

有了强大的阿拉贡同盟的支持，罗伯托和斯福尔扎兄弟策划了多次反对摄政团的袭击。罗伯托开始向米兰进军，但意外的是，他在路上竟然很顺利，没有浪费一兵一卒。公国中的很多城市都以斯福尔扎家族之名投降了，他们被恶贯满盈的统治者赶走了。然而，与罗伯托不同，兄弟两人还不习惯军中的艰苦生活。1479 年夏天，斯福尔扎·马里亚生病了，7 月底"因中毒或过度肥胖"而去世。[17] 但是另一位，也是剩下的唯一一位合法的继承人——卢多维科（他因黝黑的皮肤而被人们称为"摩尔人"）展示出了自己全部的求生本能。

"这个破碎且混乱的国家"

在年轻且令人着迷的情人安东尼奥·塔西诺（Antonio Tassino）的影响下，加莱亚佐的遗孀——公爵夫人博纳在处理国家事务上的效率更低了。塔西诺嫉妒奇科的权力，便说服博纳重新接纳之前被流放的弟弟卢多维科，他们两人之间曾通过一封秘密信件，这封信没有被任何间谍截获。这清晰地表明了奇科正在失去自己的影响力。1479 年 9 月 7 日夜，[18] 卢多维科穿过大花园，偷偷进入了斯福尔扎家族城堡。他得到了公爵夫人博纳的款待，住进了一个漂亮的房间里。这位夫人的愿望有点天真，但是她坦率地承认了，就是"开心地活着"[19]，因此她接受了卢多维科和罗伯托和平地重返米兰。

奇科刚一得知这件事情，就去找了博纳，告诉她犯了人生中最严重的一个错误："天啊，用不了多久，我将会丢了脑袋，而您将会失去这个国家。"[20] 很多历史学家都引述过这些具有预言性的话。对奇科而言，躲藏在城堡众多密室中的一间毫无意义，尽管多年来，这些房间是他安全的藏身之处。奇科耐心地等待着自己的命数。9 月10 日夜，奇科和他的弟弟乔瓦尼被公国的卫兵逮捕，被藏在一辆由100 名骑兵护送的马车里。他们被带去了帕维亚城堡的地牢里。他们在城郊和城内的宫殿都被洗劫一空。为防止民众起义，大量士兵被派往街头。

奇科的敌人们欢呼雀跃。罗马的西克斯图斯四世、吉罗拉莫·里亚里奥和那不勒斯国王费兰特都对这次逮捕表示满意。此刻的米兰从"篡位者的暴政"中解放了，紧随其后的就会是佛罗伦萨。然而，费代里科并没有给博纳寄去祝贺的信件。两年前，也就是1477年夏天，他本人就曾提醒奇科不要让自己跌入"岌岌可危"的深渊里。他并没有因刚刚发生的事情感到高兴，因为很快他就预感到新的摄政们不太值得信任。斯福尔扎家族的继承人让人看不透，正如曼托瓦大使扎卡伊亚·萨吉写的那样，"在我看来，这些人天生就让人难以捉摸，让人搞不懂"。[21] 米兰一贯的盟友很快就会意识到这一点。

当洛伦佐得知奇科被监禁的消息，他立刻给卢多维科·斯福尔扎写了封信，诉说他们多年的情谊。[22] 他在信中没有提到奇科，而是强调自己不会做任何反抗卢多维科的事情，而且之前卢多维科被流放至比萨的时候自己也帮了忙。但是"摩尔人"的回答却含糊不清。尽管目前没有任何正式的权力和头衔，卢多维科已经表现得像是未来的公爵了，他在政府信件中写满了庄重的空话。很快，他就重新组织了一帮赞扬和奉承自己的朝臣。当西莫内塔兄弟在帕维亚地牢里腐烂的时候，他命人将乔瓦尼·西莫内塔写的《弗朗切斯科·斯福尔扎的一生》一章一章地大声念给自己听。[23] 这本优雅的拉丁文传记歌颂了卢多维科父亲的光辉事迹，对于他雄心勃勃的儿子来说，他仍然是一个无法企及的"美德"的典范。扎卡伊亚·萨吉对米兰正在发生的"新鲜事"感到震惊，他评论道："这个国家支离破碎、混乱如麻。"[24]

洛伦佐意识到，没有了米兰的保护，自己将会变得手无寸铁，非常危险。他紧急将佛罗伦萨诗人路易吉·浦尔契派去米兰，让他和罗伯托·达·圣塞韦里诺会面，一如1477年2月所做的那样，但是局势已和当时完全不同了。罗伯托要求公爵夫人为流放前他所提供的服务支付报酬，并归还他当时失去的财产。他还要求这一次的薪水不能和费代里科·达·蒙泰费尔特罗相同，而是比他的要高。但是浦尔契这次在米兰的任务并不是处理这些经济问题的细枝末节，事实上，一个攻击托斯卡纳的计划正在进行之中，浦尔契的任务是劝阻这位贪婪的雇佣兵队长（罗伯托）。

佛罗伦萨陷入恐吓之中，这是情理之中的，从最近曝光的一系列部分加密的信件中就可以看出。里亚里奥伯爵将自己的使节吉安·弗朗切斯科·达·托伦蒂诺派往了米兰，他是帕齐阴谋失败后被叫来占领佛罗伦萨的教皇军队的统帅。托伦蒂诺于1479年10月从米兰寄回的半加密的信件[25]中包含了很多重要的信息。托伦蒂诺暴虐狂般兴奋地提到了奇科将会受到酷刑（只是因为奇科年事已高且身体状况不太好，所以之前才未受刑，而他的军事顾问奥尔费奥·达·里卡沃就没有这样的好运气了）。然后他补充道，经常给他们提供消息的洛伦佐·朱斯蒂尼告诉他，乌尔比诺公爵觉得是时候收紧洛伦佐脖子上的绳结了。托伦蒂诺还向里亚里奥展示了掠夺穆杰罗山谷中富裕的托斯卡纳别墅的计划：

> 阁下，卡斯泰洛城的洛伦佐·朱斯蒂尼告诉我，乌尔比诺公爵说是时候派出骑兵了，因此，在您写信给我之后，我便立即停下手中的事去做这件事。但我希望来得及，因为在询问这些士兵的时候，我就觉得他们已经想好了我们**要去穆杰罗**，我们将会首先占领**皮安卡尔多洛**和其他之前写好的地方，阁下将会在这项行动中获得些东西；之后我们将会下到**穆杰罗**，将所有的**宫殿洗劫一空**，并在**佛罗伦萨制造混乱**。这件事成功的话，我们将会**在佛罗伦萨、里米尼和佩萨罗赢得一切**。上帝啊，这才是会**让佛罗伦萨人的生活混乱不堪**的事情！您要去询问乌尔比诺公爵并尽快通知我。将手上有的这些士兵集合之后，我会去往伊莫拉做准备。[*]

---

[*] 引文中加粗的文字为加密部分，下同。——编者注

参与过失败的帕齐行动的那些雇佣兵仍然希望通过一次惊人的暴力攻击带来的战功来"挽回自己的名誉"，让忧心的佛罗伦萨人在乡村的美丽别墅变得"混乱不堪"。只要能让冲动的罗伯托·达·圣塞韦里诺加入他们的阵营，他们最终就能完成这个计划。浦尔契——这位一直以来都很聪明的弄臣——在这个卢多维科的威信和影响渐长的特殊时刻，不知何故设法劝阻了罗伯托，让他放弃了离开米兰的想法：这位诗人可能引用了自己作品《摩尔干提》中的朝臣加诺（Gano）的例子来提醒雇佣兵队长（罗伯托），加诺曾在伟大的罗兰德（Orlando）不在的情况下密谋了许多背叛计划，罗兰德是查理大帝（Charlemagne）的十二位圣骑士中最英勇的一位。

抓住时机

与此同时，另一位英勇的战士正享受着自己成功的果实。多亏了自己不择手段且狡猾的计谋，费代里科占领了佛罗伦萨的所有要塞：圣萨维诺城堡、波焦皇家别墅和埃尔萨谷口村（最后一座堡垒在经过数周的狂轰滥炸后，于 1479 年 11 月 13 日倒塌）。如今，费代里科主宰着托斯卡纳的领土，对于他来说，占领这里繁荣的首都应该是轻而易举的。然而，令人意想不到的是，费代里科决定反对这件事情。乌尔比诺公爵的一位传记作者记录了公爵对阿拉贡的阿方索及其军队发表的雄辩的演说，建议他们不要攻击佛罗伦萨：[26]

阁下，当我的腿还没受伤的时候，我很乐意听从那些建议您进攻的人的意见，他们以理智和谨慎的态度行事，仔细考虑事情的方针和目标。而且我认为所有人都想在第一时间从胜利中获取利益，这时候阻止大家可能会错过一个好机会。应该以最快的速度带着所有的部队进城，打败战争的首领，速战速决，为此我们已经大张声势。我承认，这场战争有充分的理由。但是，我们考虑一下不利的一面，这是很容易甚至必然会产生的。有人可以告诉我，在这样一个富饶且美好的国家，有那么多奢华的别墅，我们如何才能阻止放纵的士兵们或因为天性或因为习惯而渴望新鲜的胜利和战利品？谁知道他们会不会想四散到城郊偷盗，他们会听从统帅的警告或是命令吗？即使他们听话，服从命令，那又怎么样？罗伯托·马拉泰斯塔（Roberto Malatesta）会在很远的地方吗？难道我们能够忽略他的实力吗？难道他没有关注我们的行军动态，不期待抓住任何一个我们的小混乱来使自己的胜利加倍吗？他难道不想为自己赢得佛罗伦萨的解放者和拯救者的名声吗？

但是，即使我们设法控制了这座城市，并且我们中没有人不履行自己的职责，当我们身处另一个国家，置身于这么多敌人的城堡之中时，对我们来说每件事情不都应该充满了危险和可疑吗？敌人可能会在我们的背后睡觉，方便让我们生活和战斗吗？他们可能会从四面八方包围我们，当我们包围他们的时候，发现自己才是被包围的那一个。我们的敌人将会嘲笑我们、羞辱我们，而我们将会更多地被痛苦和饥饿所奴役，而不是被刀剑或他们的武力所毁灭。欲速则不达，所以如果我没有弄错的话，在采取这样一个既重要又危险的解决办法之前，最好进行慎重的思考。

这个令人印象深刻的带有修辞技巧的演说可能完全是由一位自命不凡的传记作家杜撰的。但就算这一段讲话并不是史实，它也包含了占领其他敌对国家的战略性智慧，这种智慧至今仍然有用。这也表明了当费代里科同意为反对美第奇家族的阴谋出一份力时，也依赖着阴谋者派系的民众支持，可以让他的军队在没有太多人流血牺牲的情况下控制城市。在某种意义上，他在准备成为"佛罗伦萨的救世主"。但是事情的发展与他的想法背道而驰。这是另一个攻城的机会，如果费代里科拒绝抓住这次机会，那可能是因为他不想让佛罗伦萨变成另一个沃尔泰拉。而且劫掠佛罗伦萨这件事肯定会永久地败坏他作为人文主义研究爱好者的名声，他肯定意识到了这一点。所以情况可能是这样：在帕齐阴谋发生的时候，他同意派出军队对抗洛伦佐，也有可能是为了防止有人想掠夺这个他想要控制的美丽城市并摧毁他珍视的一切？

蒙泰费尔特罗的另一位传记作者乔瓦尼·吉罗拉莫·德·罗西（Giovanni Girolamo de' Rossi）[27] 写道，在帕齐战争时期，"费代里科对美第奇家族使用了一个计谋"："为了让他们在那个国家受到质疑，他下令严格查处他们的全部财产。尽管公民不能强烈反对这项规定，但佛罗伦萨的统治者还是在这个本就多疑的城市受到怀疑。因此，在费代里科死后，洛伦佐·德·美第奇斥责这位非常优秀的雇佣兵队长也就不足为奇了。"

最终，费代里科那具有战略性的头脑在棋盘的两边都能够战斗，他知道，自己可以在不占领佛罗伦萨的情况下，通过损害洛伦佐在外的权威来实现自己的最终目标——从洛伦佐手里解放这座城市（之前已经进攻失败过一次）。他知道，如果人民能够将占领城市的军队视为解放者而不是入侵者的话，他们就能成功实现政权的更迭：施展威慑和威胁的计策是可行的，但是暴力和侵略不行。费代里科在用缓慢的方式杀死洛伦佐，从某些方面来看，这会比他弟弟遭受的痛苦要更多。对于佛罗伦萨的领导者来说，他的不作为也有可能是另一个凶兆。政治是把握时机的艺术，新的机会为躁动的马基雅维利式的头脑打开新的视野。

费代里科改变计划的证据来自科拉·蒙塔诺的供词，他是一位人文主义者，也是一名"邪恶的老师"，他曾教过刺杀米兰公爵的刺客们。多年后，蒙塔诺在组织另一场针对洛伦佐的阴谋时被逮捕，佛罗伦萨的官员很快就对他提起了诉讼，在 1482 年 3 月，他就因叛国罪被判绞死。他坦白了自己参加帕齐阴谋的所有经过，还提到了一些士兵之间进行的关键性对话。[28]

1478 年 7 月，蒙塔诺和费代里科一起从乌尔比诺出发，在托斯卡纳战役的早期一直跟随着他。当他告知费代里科皮斯托亚（Pistoia）已经准备投降的时候，乌尔比诺公爵可能说消灭佛罗伦萨的战争即将结束。据蒙塔诺所说，费代里科并不喜欢这样迅速的胜利，因为他希望佛罗伦萨的政权"被镇压，而不是被摧毁"。

里亚里奥伯爵和洛伦佐·朱斯蒂尼都和蒙塔诺说阿雷佐也很可能轻易地就落入费代里科的手里，但是，蒙塔诺继续说道："如果乌尔比诺公爵想的话，他就能拿下阿雷佐，但是一个如此谨慎的人是不可能在不确定的情况下尝试去做一件事情的。"在一次和蒙塔诺的秘密会面中，里亚里奥忍不住说："难怪我们还没能除掉那个洛伦佐！"蒙塔诺反驳道："很多人都以为乌尔比诺公爵是洛伦佐的敌人，但其实他并不是。"在这个问题上，他们进行了激烈的探讨，最终里亚里奥说："我命令你，科拉！你不仅要说实话，而且你也要相信乌尔比诺公爵和我一样是洛伦佐的敌人！如果你不同意，那就说明你是个生来就不服从命令的无用之人！"

这段对话交流没有出现在任何其他的文件中，因为里亚里奥禁止蒙塔诺给他写信，就算是加密也不行。事实上，当科拉被逮捕的时候，在他身上发现了与其他主要的反美第奇事件的参与者联系所使用的暗码，但是其中并没有与里亚里奥的。蒙塔诺没有"倒向"里亚里奥的观点认为费代里科是洛伦佐的敌人，这可能是因为蒙塔诺在试图拯救自己的性命。但是在短短几个月不到的时间里，里亚里奥就改变了自己的看法，他认为费代里科与洛伦佐·德·美第奇有相互矛盾的立场。

第九章
南方的阴谋

　　文艺复兴时期意大利唯一被完整描绘的城市不是佛罗伦萨、罗马或米兰，而是那不勒斯。从海湾处向海港地平线望去的美丽画面就呈现在斯特罗齐家族的木版画上，这幅画是朱利亚诺·达·马亚诺（Giuliano da Maiano）在佛罗伦萨的画室中绘制的，献给了富裕的商人家族——斯特罗齐家族。在筑有堡垒的那不勒斯海岸的背景下，主城堡（又称安茹城堡或新堡）高高耸立着，它俯瞰着熙熙攘攘的码头，码头边正驶过一群舰队。

　　阿拉贡王朝自 1444 年起开始统治那不勒斯，也是在这一年，费代里科·达·蒙泰费尔特罗成为乌尔比诺的领主。第一位国王阿方索五世重新修整了安茹城堡并将它作为自己的住处。在 1458 年阿方索五世去世后，他的私生子费兰特不得不依靠米兰公爵弗朗切斯科·斯福尔扎的帮助登上王位。最终，他成功地战胜了对手安茹，并在这座城堡雄伟的青铜大门的浮雕前庆祝了他的胜利。

　　在这幅斯特罗齐家族的木版画中，画面的左边还画着蛋堡，这是一座用作监狱的防御堡垒；在宫殿和教堂之上耸立着圣埃莫堡，它坐落在一座小山丘上俯瞰着城市。那不勒斯是王国的首都，王国的领土一直蔓延到意大利半岛的整个南部，包括了西西里岛。强大的费兰特和他的父亲一样，雇佣费代里科·达·蒙泰费尔特罗作为自己军队的统帅，他是在幕后操纵一切的人物，在 15 世纪晚期，他能够决定任何人的命运。洛伦佐·德·美第奇深谙其道。

艰难的决定

在费代里科·达·蒙泰费尔特罗和阿拉贡的阿方索有效地利用他们联合起来的军事力量征服佛罗伦萨之前，洛伦佐就知道自己已经没有盟友了。在奇科垮台两周后，也就是 1479 年 9 月 25 日，他给佛罗伦萨驻米兰的大使写了封信，说自己已准备听从阿方索的建议，"投入那不勒斯国王费兰特的怀抱，这是拯救佛罗伦萨和我自己的唯一途径"。[1]因此，洛伦佐决定去往那不勒斯，拜倒在国王的脚下，并为自己辩护。

几个月来，这位年轻的美第奇家族成员不仅承受着来自外部敌人施加的压力，还承受着来自佛罗伦萨内部日益增长的不满情绪。1479 年初，孔图吉就向费代里科·贡扎加报告，佛罗伦萨共和国在征税方面遇到了困难，国内的自由也受到了限制：在街头发表任何批判政府的言论，都会受到传统"吊刑"的惩罚。[2]

洛伦佐还没来得及安排好去那不勒斯的旅程，一位佛罗伦萨的显贵就针对他公开发表了一次简短却带有讽刺意味的讲话，表达了民众的不悦。乔瓦尼·迪·卡洛这样记录了下来："你的祖父战胜了贵族与强权，你的父亲获得了与他共进退的文人和贤人，而你打败了帕齐家族，现在你必须关心那些愤怒的人了！科西莫和皮耶罗用的钱只是你在这次战争中花费的一半，而他们得到的东西比你这次失去的要多得多。"[3]

佛罗伦萨人对这位来自美第奇家族的领导者的敌意与日俱增。在这样一个动荡且困难的时刻，洛伦佐决定求助于曾经的老盟友但如今却成为宿敌的人——乌尔比诺公爵。在帕齐战争初期，费代里科就公开预言佛罗伦萨人在战争的第一年会是狂妄自大的，第二年则会变得软弱，而第三年就会"低下头"。[4]事实证明，这个预言是非常准确的。教皇、国王和公爵之间的联盟让佛罗伦萨屈服了。接近1479年秋天的时候，洛伦佐派密使前往乌尔比诺以祈求宽恕。宫廷诗人乔瓦尼·桑蒂毫不掩饰内心的满意，写下"就像浪子回到父亲身边一样"，佛罗伦萨的领导者最终回归了现实。使者表达了洛伦佐未能遵循费代里科"预言"和"金玉良言"的遗憾，并称洛伦佐已经准备好不惜一切代价来挽救这一切。费代里科"非常同情地"回复这位使节，给托斯卡纳带来希望的唯一办法就是洛伦佐将"自己的傲慢放在敌人的脚下"。费代里科精明地补充道，如果佛罗伦萨失去了自由，意大利将会失去一只眼睛。[5]这是一个双重比喻，因为费代里科就有一只眼睛看不见。

费代里科含糊地宣布自己突然改变了想法，又或者说是宣布了一个经过深思熟虑的决定。在这一点上，对于费代里科来说，比起越来越傲慢的吉罗拉莫·里亚里奥伯爵，与手无寸铁的洛伦佐打交道要好得多，里亚里奥伯爵非常渴望成为意大利最有影响力的人。乌尔比诺公爵知道，如果仍被禁止参加宗教活动的佛罗伦萨失去了所有权力，那么整个意大利中部将会很轻易地落入教皇手中，计划中下一个目标可能就是乌尔比诺了。蒙泰费尔特罗家族王朝依靠教皇将其合法化，教皇自然也能将其撤销。微妙的权力平衡再一次发生了改变。

1479 年 12 月 4 日，阿拉贡的阿方索给"我非常亲切和深爱的洛伦佐"写信说两艘战船已经准备好了，待他下令出发去往那不勒斯。12 月 6 日，洛伦佐在同一封信里回复了阿方索和费代里科，表示按照"约定好的计划"，他会从佛罗伦萨去到比萨，在那里乘船出发，去到"国王陛下的脚下"。接着他补充道："我把这里的事情安排得井井有条，希望回来时依旧如此。"⁶

第二天，洛伦佐告别了家人，他没有流泪，之后便骑马离开了佛罗伦萨。他在去托斯卡纳海岸的路上，经过深思熟虑和精确计算后，给领主国写了封信，意图用一种严肃而悲怆动人的语气：

> 我尊贵的领主们，我认为这座城市实际上非常渴望和
> 需要和平，看到其他所有的派别都失败了，我决定亲自冒

险，而不是让这座城市遭受灾难。因此，在征得各位的同意后，我决定去往那不勒斯，因为我们的敌人想害的人主要是我，我可能是这场浩劫的罪魁祸首，我会将自己送上门，让他们将和平归还给我们。或许上帝希望如此，正如这场战争始于我和我弟弟的鲜血，也该在我的手上结束。我非常希望我的生或死、我的好或坏能够为我们的国家带来利益。[7]

在洛伦佐踏上去往那不勒斯的旅途时，刺杀朱利亚诺的贝尔纳多·班迪尼在君士坦丁堡被苏丹抓捕并送回佛罗伦萨，苏丹以此作为个人的礼物向洛伦佐和与土耳其人做生意的佛罗伦萨商人示好。贝尔纳多于1479年12月29日被绞死，出于戏弄给他穿了土耳其人的装束。一位名为列奥纳多·达·芬奇的还不出名的青年艺术家将他画了下来，体态十分不雅，艺术家希望自己能够受到委托，将这个叛徒按照实际的大小画下来。

洛伦佐未能在现场见证杀死自己弟弟的凶手被就地正法，他等这一天应该等了很久了。从另一方面来看，这令人毛骨悚然的一幕也是一个警告，警告在这次危险的任务中任何想要对他不利的人。

地狱之旅

关于洛伦佐的这次拜访，是有些先例[8]的。1465年发生了一件事，与一位叫作雅各布·皮奇尼诺（Iacopo Piccinino）的有野心的雇佣兵队长有关。他没有掩饰自己想成为一个城邦领主的抱负，就像费代里科·达·蒙泰费尔特罗和弗朗切斯科·斯福尔扎一样。皮奇尼诺应费兰特之邀前往那不勒斯宫廷，几周来一直是费兰特的贵宾。之后，在一次高雅的宴会上，他的卫兵被国王的人残杀了，他也被关进了蛋堡的监狱中，被指控密谋对那不勒斯皇室和米兰公国行不轨之事。最终，他自杀了，或者更可能是在港口"被自杀"了，而他关于荣耀的梦想也被淹没在海水之中。

当洛伦佐在 1466 年 3 月第一次去那不勒斯的时候，皮奇尼诺事件依旧历历在目，这时"不朽的"弗朗切斯科·斯福尔扎刚刚去世。洛伦佐的父亲皮耶罗对于自己失去了强大的盟友这件事深感悲痛和担忧，便将自己当时正拜访教皇保罗二世的儿子从罗马派往了那不勒斯，并告诉他，当时的那不勒斯宫廷正在为他们共同的盟友而哀悼，他应当要"提早成熟"，代表自己的家族独当一面。当皮耶罗听说 17 岁的洛伦佐在王室精英们中表现得十分优异时，他为洛伦佐感到自豪。[9]

十三年后，局势早已不同于往日。在一个寒冷的冬日，在摇摇晃晃的战船上度过了好几个令人作呕的夜晚之后，洛伦佐到达了那不勒斯海湾。他在那不勒斯贵族的护送下航行，在比萨到那不勒斯的途中成功避开了教皇的势力。这座城市看起来并没有像斯特罗齐家族的木版画一样拥有着明亮的色彩，即便如此，和画中一样的是，安茹城堡依然耸立于地平线之上。国王喜欢夸耀，说自己可以在它高高的塔楼上控制城市的每一个角落。根据民间的一则传说，费兰特还把用防腐香料保存的敌人的尸体放在城堡的地下室里。再往南一点，矗立着一个沉睡的巨人凶险而阴暗的身影。维苏威火山是这片海湾无可争议的统治者，它与它的人类同伴一样不可预测。当洛伦佐摇摇晃晃地踏上这片大陆时，屹立在那里的它像是在警告——洛伦佐可能会面临惩罚。

国王在庄严的巴罗尼大厅里接见了他的客人。洛伦佐跪在费兰特的脚下，进行了一番演说，可能是对自己傲慢和挑衅的行为彻头彻尾的道歉。费兰特是一个下巴厚实的威严的男人，是精通掩饰和伪装艺术的大师，从不表现出自己的情绪。但是正如马基雅维利后来在《佛罗伦萨史》中写的那样，洛伦佐的勇敢和沉稳给他留下了深刻的印象：这位佛罗伦萨的领导者能够在帕齐战争中独自幸存下来，"敌人的强大会让他变得无比强大"。[10]

在那不勒斯，洛伦佐同时受到监视和保护。他没有住在城堡里，但基本可以确定他住在卡拉法宫，在那里国王的守卫更容易监视他。在洛伦佐到达那不勒斯时，阴谋者科拉·蒙塔诺也在那不勒斯，在1482 年的供词中，他说自己曾与一名佛罗伦萨的流亡者交谈过，这名流亡者计划在洛伦佐前往皮耶迪格罗塔修道院祈祷时杀死他。尽管国王的秘书曾说："要是他成功了就好了！"[11]但这一说法很可能是毫无根据的。在那不勒斯，任何事情都必须经过国王的批准。

起初，洛伦佐害怕像皮奇尼诺一样被除掉，但是他的恐惧逐渐消退了，取而代之的是纯粹的不安。现在，在国王决定继续这场战争之前，他不得不忍受漫长的等待；他越来越担心同样不安的佛罗伦萨人，他们完全有能力在他不在的情况下组织一场政变。一位同时代的美第奇家族的传记作者瓦洛里（Valori）提到，洛伦佐在那不勒斯停留期间挥霍了太多的钱，以至于他不敢上报总费用。他为卡拉布里亚和普利亚的妇女提供嫁妆，并向所有向他索要礼物的显要人物赠送昂贵的物品。可以想象，这位高雅的托斯卡纳绅士有多么鄙视南方过度的矫揉造作，但是他不得不适应当地的风俗。在那不勒斯，洛伦佐有着双重人格，他"白天快乐，夜晚沮丧"。

　　对于洛伦佐来说，唯一让他高兴的消遣就是在卡普阿城堡里散步了，这座城堡也被称为"公爵别墅"，其奢华的花园是为了卡拉布里亚王后伊波利塔·斯福尔扎[12]修建的。当洛伦佐到达那不勒斯的时候，伊波利塔按照惯例接待了他，颇具王后风范——她是地位显赫的弗朗切斯科公爵的女儿。她是一位文雅的女子，是文艺复兴时期第一位拥有一座专门为她定制的图书馆和一间私人书房的女子。洛伦佐和伊波利塔可以一起谈论他们喜欢的诗人，比如彼特拉克、波利齐亚诺和浦尔契。她的品位与她残暴的丈夫——费兰特的儿子、雇佣兵队长阿方索截然不同。

　　伊波利塔的父亲（公父）也不是一位博学的人，和费代里科一样，他非常迷信，总是关注来自天上的迹象。1480 年 2 月，佛罗伦萨哲学家菲奇诺写下一篇类似散文的有关占星的文章，其中就有这样的迹象。[13] 这篇文章名为《阿方索国王对费兰特国王的预言，最初他们使用天使的语言交谈，之后由佛罗伦萨的马尔西利奥·菲奇诺译成人类的语言》，是以"神圣作者"的口吻写的，强调了"和平对天上的人来说是多么令人愉快"以及"对上帝的奉献和对人类的怜悯"对于伟大的君主来说是基本的美德，正如费兰特的父亲——宽宏的阿方索一样。但是除了这些形而上学的担忧之外，费兰特对现实有着非常坚定的方向，他主要的战略目标就是海上力量。他正和洛伦佐进行的谈判的结果是：在1480年佛罗伦萨将会雇佣阿拉贡的舰队，而这将是为了和平而预先支付的款项。这对共和国来说是一个非常沉重的负担，并且也不是唯一的一个。

谈判持续了几个星期。洛伦佐在那不勒斯停留期间不得不面对的艰巨的外交障碍之一，就是与朱斯蒂尼的冲突——他是卡斯泰洛城的领主，在帕齐阴谋发生的那个血腥的星期日，他在佛罗伦萨城门外和费代里科的军队一起待命。阴谋发生后，尽管朱斯蒂尼并不在场，但仍被判处死刑，因此他十分憎恨洛伦佐。但如今在那不勒斯，作为教皇使节的他非常虚伪，将自己对这位幸存的美第奇家族成员的憎恨隐藏了起来。洛伦佐除了与朱斯蒂尼暗中较量之外别无他法。他知道教皇试图除掉自己，他只能寄希望于国王，希望国王认为留着他的命在政治上是有利的。

1480年2月28日，洛伦佐突然决定离开那不勒斯，但书面协议还没有签订。朱斯蒂尼一直跟随洛伦佐来到附近的加埃塔港，试图说服他回到国王那里完成和谈。但是，出生于商人世家的洛伦佐知道，要做成一笔好交易，就不应该对商品表现出太大的兴趣。这恰恰就是他离开的原因：这是他得到自己想要的东西的唯一方法。

他的策略取得了成效。3 月 6 日，朱斯蒂尼起草了一份法律协议，协议的双方分别是阿拉贡家族的代表伊波利塔和洛伦佐忠诚的秘书尼科洛·米凯洛齐（Niccolò Michelozzi），后者代替洛伦佐留在了那不勒斯，该协议于 3 月 13 日签署。佛罗伦萨所做的让步中包括撤销对朱斯蒂尼本人判处的死刑。但是在罗马，西克斯图斯四世和吉罗拉莫·里亚里奥觉得被自己的走狗所背叛，因为洛伦佐达成的是一场对教会不利的和平。通过赦免朱斯蒂尼，洛伦佐保证了自己的安全。[14]

自由的代价

3 月 15 日晚，当洛伦佐再次回到佛罗伦萨的时候，一小群拥护他的人大声欢呼。但是反对的声音很快传遍了城市：这个和平的代价太大了。乔瓦尼·迪·卡洛[15] 为后世留下了一份第一手的资料，是关于佛罗伦萨人对在那不勒斯签署的夜间秘密协议的反应：他讽刺地指出，猫头鹰和蝙蝠是谈判桌上仅有的见证人。

佛罗伦萨人对金钱一向非常谨慎，他们担心和平的代价，或许也希望削弱洛伦佐履行契约的能力。和平确实很昂贵，洛伦佐需要履行的条款之一是向卡拉布里亚公爵阿方索支付一大笔钱，总金额没有公布，但是至少有60000杜卡特。另一个引起人们愤怒的条款是释放沃尔泰拉监狱里帕齐家族的成员。但最令佛罗伦萨人愤怒的是，为了兑现对那不勒斯国王的承诺，洛伦佐不得不收紧对共和国的控制。

现在，佛罗伦萨的政治如同地狱。洛伦佐拒绝使用任何虚伪的手段来打破他想要强加的严厉纪律。4月10日，随着"七十人学院"的成立[16]——学院由选出来的经过证实对美第奇家族忠诚的人组成——暴政的一种形式正式诞生了。由于洛伦佐在银行里已经没有钱了，他不得不求助于政府的资金，以维持自己在政治上的地位。经济状况非常糟糕，税款从未如此之高，欠那不勒斯国王的确切金额也仍旧未知。

在那艰难的几个月里，洛伦佐收到了一封来自奇科·西莫内塔的妻子——伊丽莎白·维斯孔蒂的长信：[17]

尊敬的教父——伟大的洛伦佐，如果我写这封信给您是为了其他事情，而不是为了关于您自己的事情，我会用华丽的辞藻和借口写这段开场白，努力让您满足我的愿望；但是我写的是关于您的事情，尤其是我在向一个非常谨慎并十分受欢迎的人写信，所以我觉得这些话是无用且徒劳的。您知道我们正在经历什么，我们自己和我们拥有的东西是如何被对待的。您和我一样知道，或者比我更加清楚，这不是因为我们缺少朋友或识人不明，而是因为我们对他们的信任和笃定。因此，在这方面我对您没有什么要说的了，我只是提醒并建议您记住您朋友们做的事情而不是说的话，记住那些他们出于对您的爱所做的和将来会做的事情。说实话，我不知道我所理解的您与奇科阁下和我的孩子们，尤其是吉安·贾科莫之间的关系是否如同达蒙和皮西厄斯一样是生死之交。多亏了佛罗伦萨圣母领报大殿"有迹可循"的奇迹，吉安·贾科莫才得以逃出监狱。

在下文中伊丽莎白继续恳求洛伦佐介入，以消除被监禁的奇科和那不勒斯国王之间产生的那份"仇恨"，提醒他庞培对于亚美尼亚国王提格兰的仁慈，他不允许提格兰"在他面前恳求，（庞培）用宽厚的言辞让提格兰再一次戴上王冠，他认为赢得胜利后将王冠还给国王同样是高尚的"。伊丽莎白在信的末尾称自己为"一个充满忧虑和担心的妻子和母亲"，并署名"像您的女儿，不幸的伊丽莎白·西莫内塔-维斯孔蒂"。

据说奇科的妻子因丈夫入狱而悲痛欲绝，所以很有可能这封思路清晰的恳求信不是她写的，而是出自她的儿子吉安·贾科莫之手。实际上，信中博学的笔法有一点刻意，但是这并没有很大的帮助——洛伦佐一直没有回信。伊丽莎白·维斯孔蒂所煽动的老交情也化为

177

了泡影。可能洛伦佐觉得回信是一件非常尴尬的事情，无论如何，他也无能为力，尽管作为佛罗伦萨人的他，出于好心，已经为营救托斯卡纳人奥尔费奥·达·里卡沃尽了最大的努力。政治是无情的，忠诚永远排在机会的后面，失去友谊总比失去权力要好。洛伦佐可能也不是奇科真正的朋友，毕竟，在 1477 年 7 月，费代里科曾警告过总理大臣奇科——洛伦佐可能会对他构成"非常大的危险"。在当时看来，这些话似乎是有私心的；但现在看，似乎有先见之明。

在罗马，人民圣母教堂的西斯廷教堂中宣布的和平绝不是胜利。在那不勒斯谈判和签署的和平协议毫不顾及教会的利益。乌尔比诺诗人乔瓦尼·桑蒂[18]指出，国王的喜悦被教皇的愤怒抵消了，他反问道："洛伦佐拜倒在国王脚下，而不信任教皇，这不就是缺乏真诚信仰的明显迹象吗？对教皇来说这是极大的耻辱。"桑蒂继续补充道，洛伦佐"不想再落入神甫之手"，当然也不想再落入"傲慢无比的"里亚里奥伯爵手里。如今，罗马和那不勒斯这两个主要的"同盟国"之间产生了严重的冲突，因为教皇感到自己受到了国王的侮辱，他打算复仇。

在这个新的权力平衡中，费代里科突然发现自己无法在这两个有冲突的势力之间找到自己的位置。1480 年 5 月，间谍孔图吉[19]报告说教会的雇佣兵队长——老兵费代里科——和西克斯图斯四世之间开始互相猜疑，后者认为前者是和平协议背后狡猾的"导演"，这并非没有理由。恐怖的警告从罗马传到了费代里科当时驻扎的教皇的领地——维泰博。孔图吉写道，对费代里科的威胁中含有"毒药"和"刀"，正如"一位神圣之人"秘密透露给教皇的那样。为了预防这两种"过激行为"，费代里科雇用了保镖。但是也有一位有影响力的线人认为乌尔比诺公爵不会脱离教会："但最后他说自己是我们的朋友，永远都不会离开神圣的教会，他将让整个意大利拥有和平。"

5月22日，孔图吉报告了一段费代里科具有煽动性的独白，这位老演说家在维泰博人面前发表了这段讲话。他将这些警告告诉了他们，然后对着自己说："哦，费代里科，你做了什么，是背叛还是谋杀，以至于你要被暗杀？"他哭着呼喊，"上帝啊，救救我吧，我是清白的！"这样的呼喊让每个人都开始流泪哭泣，就像耶稣受难的夜晚那样，他又说道："不要哭，可能这不是真的，只是谣言。"人群又欢呼了起来。

替罪羊

与此同时，奇科在帕维亚遭受了一场艰难的审判，但这场审判并没有那么夸张。米兰的新统治者给他提供了一条出路。如果他放弃三十年来为斯福尔扎家族服务积累的金钱，他们将保证他安全地被流放。但是，和以往的风格一样，他简明扼要地拒绝了。写过这么多信，也按照口授誊写了数千封，他懂得如何做到言简意赅。他甚至没有知会卢多维科手中的傀儡公爵——吉安·加莱亚佐，就写下了自己的遗嘱：

我被毫无理由地监禁了，也受到了不该受的辱骂。我一直在忠诚地为米兰公国工作，并守护着它，这难道就是我应得的奖励和报酬吗？如果我做错了事，就让他们惩罚我吧。我那么努力挣的钱，我想留给我的孩子们。非常感谢上帝赐予我的长寿。我不惧怕死亡：除了死亡以外，我什么都不渴望。

永别了。[20]

由此，审判开始了。[21]法官和陪审团成员都是米兰的贵族，在过去的三十年里，他们都觉得自己处在总理大臣权力的阴影下。他们是由卢多维科·斯福尔扎和罗伯托·达·圣塞韦里诺这两个对奇科心怀怨恨的人挑选出来的。清单上列举了奇科的四十二项罪状：前总理大臣被指控犯了所有这些归咎于他的罪行和极端行为，据审判记录，他是在酷刑之下供认不讳的。

他们称奇科是杀人犯、伪造者、异教徒和鸡奸者，说他"受到了恶魔的灵魂和诡计的启发"，自己独揽大权。是他策划多纳托·德尔·孔特入狱并谋杀他，这位雇佣兵队长参与了1477年5月试图推翻他和公爵夫人博纳的斯福尔扎政变。"对于上述之事他仍不满意"，于是将斯福尔扎兄弟和罗伯托·达·圣塞韦里诺流放。由于"本性恶毒且专横"，他拒绝了阿拉贡的费兰特国王提出的合理的休战提议，在整个意大利境内挑起了一场战争。他写了封信给乌尔比诺公爵，他们联手阻止了和平的进程。他无礼地对待教皇，派遣大使去罗马，这些大使还威胁教皇制造分裂。他"处心积虑"一手策划了帕齐战争，导致米兰失去热那亚。他还亲自鼓动米兰军队攻击瑞士叛军，故意造成了他们的惨败。当乌尔比诺公爵派一名使节去他的儿子身边以求讲和时，他没有通知任何人，因为该条约并未包含威尼斯人。他曾将几名对他并无恶意的米兰人关进了监狱，其中一人就是埃托雷·维梅尔卡蒂，他毫无依据就指控埃托雷试图刺杀自己。"他仍不满足于上述之事"，他冒犯了那不勒斯国王在米兰的大使，并使用侮辱性的刻薄语言辱骂国王本人。出于傲慢，他以不正当的方式解雇了斯福尔扎家族城堡的前统帅——"忠诚的"安布罗吉诺·迪·隆吉尼亚纳（Ambrogino di Longhignana）。他使奥塔维亚诺·斯福尔扎溺水身亡，还占领了斯福尔扎·马里亚在米兰的房子。他从大臣官署偷了二十四卷信件并把它们焚毁。他在自己的日记中写下并口述了很多对于斯福尔扎家族的继承人们不正当且错误的斥责。他以吉安·加莱亚佐·斯福尔扎的名义写信，自称是"公爵的"信并将其散布出去。他向公爵夫人博纳谎报消息。最后，他还与其他男性进行了"违背自然的"性行为，"鸡奸是一项恶劣且可憎的罪行，他不仅犯了这个罪，还称如果一个人没有做过这种事，就不能称自己是正直的人。在这一指控下，他还犯下了严重违背基督教的罪行"。

简而言之，奇科被指责为过去三年一切祸事的罪魁祸首，不仅是米兰，还有整个意大利。把所有人的罪过都推到一只替罪羊的身上是很省事的，大多数罪状中都包含了部分事实和被歪曲的真相，以确保奇科会受到特别的刑罚。他们指责奇科滥用大臣官署（这是他创立的）、伪造多封公爵的信（自1450年起这已经不是他的任务了），这非常荒谬。同样地，破坏整个半岛和平的罪责也归咎到了他身上，而这个半岛在任何情况下都远不是和平的。奇科只做了洛伦佐两年的经济和军事后盾，帮他应付困境，仅凭这一点，就足以让人恨他了。

尽管奇科真心爱自己的妻子和众多的子女，但他确实有可能犯了鸡奸之罪。在文艺复兴时期，双性恋在上流社会里并不罕见。洛伦佐和他的一众友人（包括浦尔契、波利齐亚诺和菲奇诺）之间就被怀疑存在同性恋情，加莱亚佐·斯福尔扎也是如此（但是他更喜欢年轻人）。显然，在审判过程中，这一指控有助于证明奇科的不良嗜好。许多历史学家都认为整个审判过程是一件司法丑闻，过程中用到的语言与宗教裁判所的系统手段所采用的语言（于1478年在西班牙创立）极为相似。判决的结果是死罪。但令人惊讶的是，奇科并没有被判处绞刑，因为被指控犯有这种叛国罪的人都会被判处绞刑，而奇科被判杀头，这种刑罚没有那么羞辱人。此外，他们也允许在帕维亚的一所修道院里为奇科举行一场基督教葬礼。

第十章

短暂的和平

帕维亚是一座美丽的城市，这里有豪华的宫殿和几座意大利最古老的中世纪教堂。提契诺河的桥梁旁矗立着欧洲最早的大学之一，这座大学在彼特拉克的监督下，由维斯孔蒂家族创办。维斯孔蒂家族还建造了一座城堡，其中有一个巨大的狩猎场。来自斯福尔扎家族的新公爵于1450年继承了这处财产，并将其改造为自己的住所，加莱亚佐的大部分时间都是在这里度过的。

奇科·西莫内塔在被判有重大叛国罪之后，1480年，也是在这里被斩首，正如约一千年前《哲学的慰藉》（ *De Consolatione Philosophiae* ）的作者波爱修（Boezio）被判处死刑后，他在帕维亚的一座塔楼里一边写作一边等待处决。处决奇科的地方是狩猎场一侧的三角堡，如今已不复存在。1525年，法国人在帕维亚战役失败后摧毁了整面城墙，以惩罚与其作战的米兰人。但是城堡的其余部分被保存得很好，比如一些饰有壁画的房间，其中包括了令人叹为观止的维斯孔蒂-斯福尔扎图书馆、大臣官署和厨房。厨房恰巧靠

近奇科的工作之处，奇科一直在这里工作了将近三十年，直至不幸
降临。

帕维亚，1480 年 10 月 30 日

奇科·西莫内塔有些臃肿，但他却庄严地走上了帕维亚城堡主
塔的楼梯。这是一个温暖潮湿的早晨，典型的波河平原的气候。奇
科已经在一个黑暗的牢房中待了约一年零一个月了，当他感受到新
鲜的空气掠过皮肤的时候，他觉得自己好多了，这时黎明的曙光正
映照在筑有城齿的城墙上。尽管他没有机会吃到自己喜爱的食物——
来自萨尔蒂拉纳洛梅利纳农庄的肥鸡，但在监禁期间他还是长胖了
一点。痛风一直在折磨着他，而且一天比一天严重。奇科身穿黑衣，
他知道自己正走向死亡。他极其平静，脸上没有一块肌肉表现出来
自脚下的疼痛。他走得很慢，但是每一步都很坚定，身后跟着两名
身着盔甲的守卫。他到达了三角堡，北边的一座小吊桥的对面是古
老却仍旧完整的维斯孔蒂家族的狩猎场。

奇科可能想到了妻子伊丽莎白·维斯孔蒂，据说她在自己被捕
后就精神错乱了。从被关进监狱起，奇科就被剥夺了见自己妻子的
权利。但是这样可能更好。如果她见到了奇科每况愈下的身体，很
有可能会绝望而死。他们的七个子女平安无事，他们或在阿尔卑斯
山，或在佛罗伦萨。尽管奇科的弟弟乔瓦尼未受到任何指控，但他
仍在监狱里，可能会在他们的敌人泄愤完之后被释放。

在伦巴第的很多地方都流传着一个带有威胁口吻的匿名呼吁："如果你们允许国父奇科·西莫内塔被斩首的话，你们米兰的公爵就摊上麻烦了，你们米兰人就摊上麻烦了。事实上，迫害他的人在给你们设下圈套，他们在每一处都给你们准备了陷阱，他们渴望吸干你们的国家，就像饥饿的狼品尝着你们的鲜血。你们要密切注意这两个贪得无厌的大坏蛋（卢多维科和罗伯托），他们被致命的复仇怒火和对权力的疯狂渴望所控制。救救他吧，你们救救奇科吧，你们要珍视他。你们遵循他的权威、建议和引导所做的一切都将会顺利并取得成功；否则，最终你们将面临极其严重的惩罚。你们不要忽视我的话，我说的没有错。无论是你们的性命，还是共和国的存亡，此刻都已危机四伏。"[1]但是这样的呼吁却无人理会。

死亡的场面一直是让人无法抗拒的，在一小群欢呼的人中，奇科看到了一个老朋友的面孔，他就是诗人博尼诺·蒙布里齐奥（Bonino Mombrizio），他曾献给奇科一本《圣徒的一生》（*Vite dei Santi*）。[2]在 1477 年，当奇科从这位虔诚的人文主义者那里收到了编纂好的第一册书，并阅读了给"伟大的大亨"（是这位大亨让作品得以印刷）的献词时，他肯定没有想到自己也会成为一名殉道者。但事实并非如此。在他漫长而丰富的一生中，尽管他自始至终都尊重基督教信仰，但是他也经历了很多战争、谋杀、背叛、小规模较量以及个人与教皇的斗争，因此他不指望"来世"能受到任何特殊待遇。在塔楼牢房里生活期间，他只选择了阅读《约伯记》（*Libro di*

Giobbe)。前一天晚上，他非常坦率地向一位奥斯定会修士[3]忏悔了自己的罪行。

奇科快到三角堡了，在那里等待着他的是刽子手，锃亮的斧头就在他的体侧。许多人都以为奇科是因为庄严赴死才行动缓慢的，其实只是因为痛风让他很难弯下膝盖。他没有发出任何呻吟。

这具被斩首的尸体被埋葬在附近的修道院里，这座修道院是用来供奉圣亚坡理纳的，他是一位有名的医者，讽刺的是，他能够医治痛风。奇科的墓碑上有一些匿名友人刻下的墓志铭：[4]

我一直忠于米兰人民的君主，我守护了他的权杖，也正因为如此，敌人们将我斩首埋葬于此。

他们说我是"瞎子"，但我预见了很多事情。相信我，没有我，这个国家是看不到未来的。

尽管我忠于祖国、忠于公爵，但我还是被许多背叛我的人设下的阴险诡计所杀。

但是值得以无限的赞美来颂扬的那个人，更重视的是信仰而不是生命。

行刑后的第二天，一位米兰的官员向所有大使发表讲话，解释斯福尔扎家族为什么要将奇科斩首，以避免他们认为米兰忘恩负义且有失公道。两天后，公爵夫人博纳发现她那贪婪的情人安东尼奥·塔西诺暂时的流放是假的——他其实是被卢多维科送回了家乡费拉拉，还给了他一大笔钱。这已经不能改变了，"她无比地愤怒"，变得"精神错乱"，据贝尔纳迪诺·科里奥说，"她忘记了荣誉、尊严与母爱"，[5] 她离开了米兰，至少有两年没有再回来。她一定记得当时奇科的预言：他真的丢了脑袋，她也失去了国家。如今，米兰的大事小事都交由"摩尔人"卢多维科决定，再一次地，他设法令鲁莽行事的堂兄罗伯托·达·桑塞维里诺不得参与政治。年幼且胆小的小公爵吉安·加莱亚佐成为叔叔手中的提线木偶。十五年后，在"摩尔人"毒死吉安·加莱亚佐之后，他终于获得了渴望已久的米兰公爵的头衔。

来自教皇的宽恕

　　如果说奇科之死平息了斯福尔扎家族在米兰复仇的欲望，那么在罗马，教皇西克斯图斯四世对于洛伦佐和那不勒斯国王在其背后达成的和平协定依旧感到愤怒。教皇将佛罗伦萨逐出教会这件事仍对商业有着十分糟糕的影响。洛伦佐知道他必须向教皇公开道歉，才能让他撤销禁令。最终，来自最显赫的家族的 12 名佛罗伦萨大使被派往了罗马，他们于 1480 年 11 月 25 日到达，但是直至 12 月 3 日才得到教皇的接见。他们解释了自己违背"基督教教义"的原因：他们将这种行为描述为政治自卫，并提醒教皇，他们在自己的大教堂和政府大楼中受到了亵渎和侵犯。

西克斯图斯四世没有立刻回应代表团首领的辩白。他回到了房间中，直到第二天，他才召见了所有的大使并似长篇大论般大声回答道："你们呼吁的是哪种爱国主义？为自己的祖国而战意味着什么？"他还补充说，应当尊重法律、尊重宗教。在这一情境下，他说出了对于自由的定义，在那个时候这可以说是十分具有说服力的："我的孩子们，还有什么比在佛罗伦萨没有人能够说'这很好''我想要这个''我喜欢这个''这适合我'更大的奴役呢？"换句话说，教皇嘲笑佛罗伦萨人倾向于接受相对主义的价值判断：他们拒绝教会所奉行的绝对道德原则，这不仅没有让他们更自由，反而让他们更加不自由了。[6]

教皇的演说持续了很长时间。但是，最终在一场仪式中，西克斯图斯四世解除了禁令，一个唱诗班唱起了《上帝怜我》（*Miserere*），而教皇以一种极具象征含义的姿态，用长木棍敲打低着头的佛罗伦萨代表。

教皇签署的赦免书于 1481 年 3 月 21 日送到了佛罗伦萨。4 月 13 日，教皇宣布在佛罗伦萨"大赦"——免除佛罗伦萨的罪罚，市民们只需在复活节之前在六座教堂里参加六场弥撒就可获得赦免。无论是谁，只要在耶稣受难的三个神圣的早晨去教堂进行告解和忏悔，并为讨伐土耳其人的行动捐款，就能除去自己的罪孽。佛罗伦萨共和国同意为教会雇十五艘昂贵的加泰罗尼亚战船，派它们去东方作战。非官方附信由教皇的秘书寄送给佛罗伦萨大主教里纳尔多·奥尔西尼（Rinaldo Orsini，洛伦佐的小舅子），但一起寄出的还有一封继续与土耳其人进行商业交易的书面许可。[7]

当帕齐战争的创伤还未愈合，西克斯图斯四世似乎终于原谅了佛罗伦萨人时，乌尔比诺公爵被列进了教皇的黑名单。1481 年夏末，洛伦佐和费代里科恢复了彼此间脆弱的友好关系。他们先互相用编码通信，后来又互赠宝马和一些具有象征性的珍贵礼物，这是在为 11 月底洛伦佐秘密拜访费代里科做准备，他们非常谨慎，几乎逃过了史学家们的视线。

这次访问只被消息灵通的"间谍"马泰奥·孔图吉记录了下来，他描述得十分详细，几乎没什么疑点。11 月 28 日，他写道："此外，为了巩固自己的地位，洛伦佐假装忘记公爵所有的冒犯行为，把所有事情都放在一边不予理会，就像我给您写的其他信中所说的那样，他亲自出访并把自己的性命交给了这位公爵。很明显，在这种情况下，公爵不会让他不痛快。此前，在佛罗伦萨的帕齐阴谋中，这位公爵向卡斯泰洛城的洛伦佐·朱斯蒂尼派去了三十名骑兵和五百名弓弩手，尽管他辩解说自己对此一无所知。但是洛伦佐装作自己是相信他的，他并不是一个报复心强的人。"[8]

洛伦佐决定引诱费代里科。忘记一件事情最好的方式是原谅，尽管他非常清楚弟弟被杀时费代里科对发生的事情了如指掌，但是他装作毫不关心的样子。乌尔比诺公爵似乎欣然接受了这种礼貌且谄媚的态度。在 11 月 29 日写给洛伦佐的信中，费代里科努力以十分友好的口气对他的前对手说："可以肯定的是，您说的对我工作的希望不是白费力气，您可以好好利用我的东西，把它们当作您自己的。"[9] 洛伦佐狡猾的计策奏效了。

但是，孔图吉不会这么轻易地就相信费代里科的担保。12 月 13 日，在提到公爵的态度时他引用了但丁的话，这句话是他从蒙泰费尔特罗图书馆一本饰有细密画的抄本中亲自抄写下来的：

当头脑中的想法

加上邪恶的意愿并拥有力量时

人们无法躲避。

这几行恰如其分的文字摘自《神曲·地狱篇》底部的叛徒圈。在同一封信中，孔图吉坚持说道："按照他的话说，他认为不应该有战争，尽管有些时候他说的与他真正的意思完全相反。"[10]

不管乌尔比诺公爵看起来多么不可靠，他与佛罗伦萨重新交好都是需要付出代价的，这会让西克斯图斯四世不悦，他们两人之间的关系越来越差。吉罗拉莫·里亚里奥伯爵的野心也变得前所未有的大，没能得到佛罗伦萨的他将目光投向了费拉拉城。由于洛伦佐和那不勒斯国王、乌尔比诺公爵之间突然合作，威尼斯人被排除在外，他们对此的愤怒并不比教皇的少。在威尼斯人的帮助下，里亚里奥希望发动一场针对费拉拉公爵埃尔科莱·德斯特的致命袭击。费拉拉公爵是教会的一名代理人，因此受制于教皇。意大利政治博弈的牌局将再一次发生戏剧性的转变。

1482 年 3 月 6 日，那不勒斯驻罗马的使节报告了教皇对于费代里科将重新效忠于他和威尼斯并反对国王这一谣言的反应。西克斯图斯四世回道："这是子虚乌有的事，乌尔比诺公爵不会让自己处于教会的统治之下；相反，他想统治教会、国王，甚至是所有人！"这是一次徒劳却带有真情实感的发泄。几天后，教皇可能后悔了，因为现在"他不仅不敢像之前一样每周六都去人民圣母教堂，也不敢去花园了"。[11] 他担心公爵可能会谋划一次小"事故"，现在看来也不是没有可能的。

在乌尔比诺，贡扎加家族的间谍孔图吉一直在搜集机密情报。费代里科给佛罗伦萨送去了两头骡子，它们的背上驮着乌尔比诺鲜美多汁的无花果，想分给佛罗伦萨人。作为交换，洛伦佐送去了一匹极好的种马 *，费代里科的马厩里没有比这更漂亮的马了，于是他毫不犹豫就接受了。[12] 这些礼物使得乌尔比诺与罗马之间的紧张关系愈演愈烈：里亚里奥伯爵与费代里科之间的敌意已经到了无以复加的地步。如今，里亚里奥公开抨击乌尔比诺公爵，称费代里科试图诋毁他和里米尼领主、教会未来的雇佣兵队长罗伯托·马拉泰斯塔。与

---

* 种马，指专门为配种而饲养的公马。——编者注

此同时，吉罗拉莫已经占领了弗利城，他挑衅似的刺激公爵，称意大利是时候有与他同等级或比他级别更高的雇佣兵队长了，这样教会就不必再依靠他那张靠不住的嘴了。

根据教皇的史官西吉斯蒙多·德·孔蒂（Sigismondo de' Conti）的说法，[13] 在其他很多时刻都保持谨慎的费代里科，在这件事上做出了错误判断，让自己的名誉受损。在罗马，他因维护自身利益和反对神圣的教会而名声大噪。他那经验丰富的大使皮耶罗·费利奇之前因聪明才智、彬彬有礼、性格开朗而受到教皇和伯爵的喜欢，如今却被永久地逐出他们的宫殿。曾经合作策划帕齐阴谋的同伴如今却变成了死敌。仇恨和贪婪曾把他们联结在一起，现在又将他们分开。

笼子里的狐狸

1482 年 3 月 7 日，乌尔比诺公爵和教皇之间的合约到期了，没有续订。费代里科漫长的职业生涯进入了尾声，但是他在外交谈判方面的才能到了登峰造极的程度，他毫不避讳地使用各种伎俩来说服他的客户们需要自己的服务。他的"营销"技巧包括在公爵宫里对别国使节大喊："'人民的声音就是上帝的声音。'我尽一切努力追求意大利的和平与统一，调解教皇陛下和国王陛下之间的关系，但是没找到补救的方法——最终每个人都喊着'战争，战争'，让我们以上帝的名义发动战争，上帝和世界上的许多好人都是我的证人。"[14]

费代里科很快便被费拉拉城雇用，以对抗威尼斯和教皇的军队。洛伦佐与米兰公爵、那不勒斯国王一起向他发出一份价值连城的合约。

在和平时期，费代里科将得到 65000 杜卡特；在战时，他的薪水将会上升至 119166 杜卡特。也就是说，在和平时期米兰和那不勒斯各付给他 25000 杜卡特，在战时则给他 45833 杜卡特；而佛罗伦萨则分别给他 15000 杜卡特和 27500 杜卡特。为了这笔丰厚的薪水，公爵同意供养 600 名骑兵和 600 名步兵以备作战需要。费代里科动用了所有他能使用的资金和人员。他还信任占星学家：佛罗伦萨驻乌尔比诺的大使告诉洛伦佐，公爵出发去费拉拉的日期定在了 4 月 23 日，因为在 20 号之后会出现一个吉利的星相。在这个契机下，费代里科表达了自己想每年在鲁夏诺别墅停留至少 15 天的愿望，这座别墅离他的好朋友洛伦佐很近。[15]

费代里科先是声势浩大地到达佛罗伦萨，以彰显他作为雇佣兵队长的成功，佛罗伦萨人为他组织了一场体面的欢迎仪式。他是在星期天抵达的，也就是 1478 年 4 月 26 日的血案发生整整四年后。他在托尔纳博尼宫被接待，并在这里与几位权贵及洛伦佐共进了晚餐。第二天，在参观完圣母领报大殿之后，他离开了佛罗伦萨。他在洛伦佐位于卡法焦洛的豪华别墅里睡了一晚，然后就向北部进军。[16]

在抵达费拉拉城外的营地前，费代里科决定进城与埃尔科莱·德斯特公爵交谈，德斯特"非常忧虑"，因为军队的体量太小了，无法在教皇和威尼斯的猛烈进攻下保护这座城。威尼斯人雇用了罗伯托·达·圣塞韦里诺作为他们强大军队的指挥官，罗伯托这次第一次拿到的薪水和乌尔比诺公爵的一样高。这位英勇的雇佣兵队长终于成功了，他迫切地想要展示出自己能够打败这位经验丰富的"常胜将军"。他把一只狐狸关在笼子里送给费代里科，很显然，他想让费代里科知道，尽管他很狡猾，但是最终还是会落入陷阱。费代里科对这个别出心裁的玩笑只是一笑置之。

但是，血腥的围攻带来的军事挑战很快便压得他喘不过气，他在 1482 年 5 月 4 日给洛伦佐写道：

> 在这个至关重要的危险时刻，我能想到的最好的补救办法是阁下（佛罗伦萨）应该向费拉拉公爵派遣尽可能多的步兵。我会去费拉拉，控制敌人手里的缰绳，当威尼斯联盟为了荣誉和利益提供必要的军需，以便我能够应付敌人，他们就会明白——提出一个想法和将其付诸实践之间有天壤之别。我不想再耽误您了，因为我确信，一旦意识到这一点的重要性，为了谨慎起见，您将尽一切努力取得必要的军需。[17]

费拉拉人对他们的公爵夫人阿拉贡的埃莱奥诺拉·德斯特非常失望，因为她荒谬地派了一名修士去费代里科那里，想要规劝波河对面的敌军。费代里科对这次布道的回复是："神父，威尼斯人没有被魔鬼控制。告诉公爵夫人，想要打败他们，我们需要的是金钱、大炮和军队！"而不是一位驱魔者。[18]

事实上，战略形势非常严峻。费代里科设法援助了被围困的菲卡罗洛城，这是进入费拉拉一个关键的要塞。但是罗伯托·达·圣塞韦里诺是一个很难对付的对手。战争仍未停止，已经持续了一整个骄阳似火的夏天。费代里科的军队陷入了潮湿的沼泽地里，这里埋伏着另一个更致命的敌人——疟疾。

1482 年 9 月 10 日，费拉拉的沼泽地

这天，60 岁的费代里科·达·蒙泰费尔特罗在费拉拉去世。同样也是在这一天，只差了几个小时，教会的新雇佣兵队长罗伯托·马拉泰斯塔也在罗马去世了，享年 45 岁。他的妻子是费代里科的女儿。佛罗伦萨的日记作者卢卡·兰杜奇[19]尖锐地评论道："两个伟大的雇佣兵队长在他们觉得很幸福的时候去世了。看看这个世界有多么荒谬，人们为了在这个世界上获得一点点名声，让自己身处杀死别人或被杀的危险之中，不去想什么是杀人，也不必想如何快速做出解释，就死去了。"

以文艺复兴时期的标准衡量，费代里科的军事生涯是非常辉煌的。但是他在那个闷热的夏天，在沼泽地中死亡这件事却一点儿也不光荣。他虽然年纪大了，但肌肉依然强壮，如今这些肌肉变得僵硬而冰冷，他的胃因疟疾导致的发烧而胀大，他浑身都在发抖和流

汗。他不知道自己好斗的女婿罗伯托·马拉泰斯塔已被痢疾夺走了生命。费代里科去世的时候极度痛苦，因为他忧虑自己年仅 10 岁的儿子圭多巴尔多渺茫的未来和自己死后的名声。[20]

他不知道人们会以何种方式记得他——是因为他杀死的那些人而记得他的军事实力，或是因为他买来的书而记得他人文主义的才华。他应当向谁"说明"自己的一生？如果不是向上帝说明的话，那可能是向上帝在人间的代理人教皇西克斯图斯四世？费代里科为这位性情暴躁的教皇服务了近十年的时间。他只是在生命的最后几个月才摆脱教皇，但这次决裂让他付出了沉重的代价。

费代里科没有完全赞同这场最后的战争，但他还是在违背自己的判断、违背教皇的利益下发动了这场战争。洛伦佐·德·美第奇雇用并说服他进行了这次冒险，洛伦佐将比他多活十年，还为后代赢得了"豪华者"这个最高级别的称号。正是在这十年里，洛伦佐让自己作为艺术赞助人享誉古今。在 1482 年，费代里科的成就肯定不亚于洛伦佐。他建造了令人惊叹的乌尔比诺宫殿，里面有当时最大的私人图书馆。费代里科鹰钩鼻的侧面像出自皮耶罗·德拉·弗朗切斯卡之手，他是 15 世纪最优秀的艺术家之一，在画里他隐藏了费代里科性格中阴暗的那一面。"意大利的光辉"[21] 不幸消退了，而费代里科聪明的对手、虚假的朋友却开始享受一场冷酷的复仇：据十分了解美第奇家族的传记作者焦万·吉罗拉莫·德·罗西所说，洛伦佐略带讽刺地评论此事，"费代里科在这场行动中死去是件好事，因为如果他活下来的话，他过去的所有光辉事迹都会被这场战争抹去"。[22]

在弥留之际，费代里科要求将自己的灵魂和躯体托付给方济各会的修士，这是效忠于教皇的一个清贫的修会。他被埋葬在距乌尔比诺不远的圣伯尔纳定教堂。至少有长达两个世纪，在主祭坛下面都可以看到他那经过防腐处理的尸体；像木头一样，没有肉，上面是一层白色的皮肤。"他身上穿着一件由缎子织成的大红色的厚上衣，脚上穿着猩红色的袜子，头上戴着一顶老式的红色大帽子；身上包裹着一条长长的栗色缎布，里衬是红色的丝绸，身侧还放着一把剑。"[23]

终于，在经历过这么多战争之后，他安息了。

第三部分

———— ◆ ————

西斯廷礼拜堂和波提切利的《春》

第十一章
不祥之兆

各种阴谋诡计我都知道，而且把这些诈术运用
得那样巧妙，使得我的名声传到了天涯海角。

波提切利的密码

对 15 世纪下半叶在佛罗伦萨发生的事情了如指掌的一个关键证人就是亚历山德罗·菲利佩皮（Alessandro Filipepi），也就是人们熟知的桑德罗·波提切利。他于 1445 年出生，跟着菲利波·利比（Filippo Lippi）和安东尼奥·波拉约洛（Antonio Pollaiuolo）学习绘画，在 15 世纪 70 年代开设了自己的画室。很快，他便成为佛罗伦萨最受尊敬的艺术家之一。1478 年 7 月 25 日，波提切利收到了来自领主国的 40 弗罗林，这是他在佛罗伦萨旧宫多加纳门上描绘帕齐家族被处刑的成员和所有背叛共和国的人而得到的报酬。为了让他们的耻辱流传千古，波提切利以真人大小的壁画描绘了悬挂在顶层窗户上的尸体，这样所有经过领主广场的人都会看到这可怕的一幕，从而心生畏惧，不敢重蹈覆辙。

波提切利为美第奇家族工作了很多年，1475 年，他将他们绘进了祭坛画《三博士来朝》（*Adorazione dei Magi*）中的群像。在帕齐阴谋之后，他还画了朱利亚诺的遗像，这幅画仅供家族内部使用，其隐秘的性质揭示了艺术家和画中主人公之间亲密的关系。但是关于阴谋者的那幅众所周知的壁画非常逼真，以至于教皇多次下令要求销毁，因为这些被绞死的人中还有比萨大主教弗朗切斯科·萨尔维亚蒂，而描绘被绞死的教会成员被视为一种异端行为。应教皇的要求，在 1481 年春天——教皇颁布赦免书的前一年，[1] 大主教的形象从壁画中被抹去了，但该壁画一直保存至 1494 年美第奇家族被逐出佛罗伦萨。

西克斯图斯四世庄严宣布赦免的几个月后，波提切利就被召到了罗马装饰西斯廷礼拜堂（教皇于 1477 年开始在梵蒂冈修建）的墙面，与他一同前去的还有多梅尼科·基兰达约（Domenico Ghirlandaio）和科西莫·罗塞利（Cosimo Rosselli）——当时佛罗伦萨最著名的画家中的两位。[2] 只要稍加思考，就能感受到像波提切利一样敏感的艺术家在完成这样的任务时会遇到哪些心理障碍了。教皇参与了血腥的帕齐阴谋，在这场阴谋中朱利亚诺被杀死了，教皇也将佛罗伦萨城逐出教会长达两年的时间，并且对佛罗伦萨人发动了一场具有破坏性的宗教和军事战争。现在，这位教皇将波提切利招来罗马，让他参与这个装饰与自己同名的礼拜堂的任务。

关于挑选佛罗伦萨画家参与这项重要任务的标准的档案文件至今还未被找到。洛伦佐很有可能参与了挑选波提切利的过程，也许这只是对教皇的一种礼貌行为。然而，也有可能是波提切利自己主动前往罗马的，因为在和平协定之后，佛罗伦萨的经济状况很糟糕，即使是像他这样著名的艺术家也有可能很难得到与之相称的委托。

有确切的资料证明，波提切利在罗马至少待了6个月：从1481年10月至1482年4月。在这段时间里，他画了礼拜堂墙壁上16幅壁画中的3幅，这些壁画是多位艺术家在带有竞争性的合作下共同绘制的。所描绘的故事按主题分为对称的两组：南面墙上的《摩西的一生》（*Vita di Mosè*）和北面墙上的《基督的一生》（*Vita di Cristo*）。在最近对这个礼拜堂进行的修补中，修复了最初使用的拉丁语标题：摩西的组图中反复提到"摩西律法"（*Legge Scritta*，《旧约》），而基督的组图中则反复提到"福音律法"（*Legge Evangelica*，《新约》）。[3]

所绘的圣经故事结合了家喻户晓的情节，如《摩西和燃烧的荆棘》（*Mosè ed il roveto ardente*）和《西奈山上的摩西》（*Mosè sul monte Sinai*），以及一些鲜为人知的故事——教皇在神学方面学识渊博，这很可能是这些故事的灵感来源。保存下来的第一幅壁画是佩鲁吉诺（Perugino）绘制的《摩西之子的割礼》（*Circoncisione del figlio di Mosè*），他在壁画四周装饰了精美的镶金栎树枝，这些装饰让人想起了德拉·罗韦雷教皇的家族纹章。第二幅壁画描绘了《摩西的考验》（*Le Prove di Mosè*），被认为是波提切利的作品，还有第五幅壁画《可拉的惩罚》（*La punizione di Core*）也是，其中描绘的情节是与摩西相关的事件中极其残忍的极权主义事件之一。有些历史学家认为，这幅关于可拉的壁画是教皇委托创作的，意指一件关于卡尼奥拉异端的大主教安德烈亚斯·贾莫梅蒂奇（Andreas Zamometic）的事情：1482 年夏天，[4] 他向总议会提出了罢免教皇的请求，得到了洛伦佐的秘密支持，但是这件事发生在这两组壁画完成之后，那个时候这位佛罗伦萨画家已经回家了。[5]

一个更具说服力的假设是，描绘圣经中这个可怕的情节，可能是为了隐晦地提及最近针对造反的佛罗伦萨城的暴力战争。[6] 挑选一个与美第奇家族关系这么紧密的画家来描绘这样一个如此有争议的主题，真的只是一个巧合吗？几个世纪以来，人们一直赞美并研究西斯廷礼拜堂中的壁画，但是几乎没有学者尝试从画家创作前发生的令人悲痛的历史中来审视它们。

《可拉的惩罚》的背景是一座君士坦丁凯旋门，拱门上写着对那些反抗神权的人的警告："除了被上帝称为亚伦*的人之外，没有人能够将这份荣誉授予自己。"[7]

摩西和亚伦两兄弟统治着犹太人，也是他们的宗教向导。这幅画中两人长着胡须的侧面像与梅洛佐·达·福尔利所画的教皇家族肖像画中西克斯图斯四世没有胡子的侧面像完全一致。毫无疑问，

---

* 亚伦是摩西的弟弟，神挑选的第一位祭司。——编者注

教皇想要被描绘成《圣经》中因为上帝的愤怒而对付反抗者的复仇者。波提切利极其生动地描绘了可拉及其追随者被神圣之火吞噬的命运。但谁是反对最高权威的反抗者呢？佛罗伦萨的三角旗提供了一个线索：在背景中，船停在拱门旁边，旗帜在船桅上飘动。这是一个非常小的细节，从下面很难看出来，但是从画家的角度来看，意思是明确的。

此画的拉丁语标题为"*Conturbatio*"（革命），向我们展示了这幅壁画是如何描绘《旧约》中一个特别的危急时刻的；与之对应的是对面墙上《新约》的"革命"，即《基督将钥匙交给圣彼得》（*Consegna delle chiavi a San Pietro*），这是一个关键的情节，因为它关系到基督教的创立。

后一幅壁画的作者是彼得罗·佩鲁吉诺（Pietro Perugino），他是唯一一位非佛罗伦萨大师，但他是西斯廷礼拜堂壁画任务的艺术协调人：他画了《基督受洗》（*Battesimo di Cristo*）以及《基督的一生》组图中最重要的几幅壁画。在《可拉的惩罚》对面的《基督将钥匙交给彼得》中有两座以君士坦丁凯旋门为模型的拱门，这一设计是为了纪念礼拜堂的建造者西克斯图斯。两座拱门上的铭文可以证明教皇的自我赞颂——"所罗门没有西克斯图斯睿智"。

尽管西克斯图斯四世自负聪明，但他拒绝支付波提切利的报酬。波提切利应该在 1482 年 4 月前离开了罗马，也就是费拉拉战争爆发之前，不然这场战争可能会将他困在一个敌对城市。于是，他不得不派一个亲戚去罗马向吝啬且傲慢的教皇索要自己的报酬。[8]

朱利亚诺的重生

当波提切利回到佛罗伦萨，他要投身于一项还未完成的工作之中。这应该是一幅为庆祝一位美第奇家族成员婚礼而作的画。婚礼从 1482 年 5 月推迟到了 7 月 19 日，可能是为了让画家完成这幅画。婚礼在一个星期五举行，因此以赞美维纳斯作为这幅作品的中心是十分贴切的*。这幅画庆祝的是佛罗伦萨在经历了许多死亡与毁灭之后的生活，因此在这幅画中，爱神似乎被一种忧郁的氛围包裹着。

《春》（*Primavera*）可能是整个艺术史中最具争议的作品之一。几个世纪以来，它那难以捉摸的内涵都在困扰却又激励着解读它的人。这幅画含义的范围广泛却又相互矛盾，任何新的解读都必须与之前学者们解读的要素相联系。[9]

两个重要的植物元素为我们提供了解读这幅画政治背景的关键：橙子（枸橼）支配着整个画面，显然它指的是美第奇家族（家族的徽章上有金色的球）；而铁筷子有毒的根——用于治疗忧郁症和神经错乱**——则以一种尖锐且刻薄的方式指代帕齐家族。铁筷子正好在维纳斯的脚下，画中这位带有寓意的主人公身上布满了鲜花，鲜花在传统上被认为是"春天"的象征之一，她头上戴着一个由铁筷子

---

* 古巴比伦人创立了星期制，传入古希腊、古罗马等地。星期五是金星日，而金星的守护神就是维纳斯。——编者注

** 此处"神经错乱"一词的意大利语是 pazzia，与帕齐家族的 Pazzi 相似。——译者注

和勿忘我的枝条编成的婚礼花环。

像常常发生的那样，这场婚礼在令人喜悦的同时也令人悲伤。事实上，就在帕齐阴谋发生前，朱利亚诺·德·美第奇在与塞米拉米德·阿皮亚尼·阿拉贡（Semiramide Appiani Aragona）交涉结婚的事情，塞米拉米德是皮翁比诺（Piombino）领主的女儿，皮翁比诺是佛罗伦萨东南部的一个具有战略意义的临海堡垒。在供词中，蒙泰塞科提到，一些阴谋者曾计划在朱利亚诺前往皮翁比诺的途中抓捕并杀死他。在朱利亚诺遇刺前不久，朱利亚诺的未婚妻答应与朱利亚诺的堂弟皮耶尔弗朗切斯科·德·美第奇结婚，这份新的契约在 1481 年 8 月签署，也就是波提切利出发去罗马的几周前。

当这位画家回到佛罗伦萨的时候，他的头脑中还萦绕着西斯廷礼拜堂壁画中的形象，一个捉弄人的想法在他的脑海中闪过——他将画中最右边模糊的人物画得和《可拉的惩罚》中叛军首领的头像相似。这个人物通常被认为是西风之神仄费罗斯，在波提切利另一幅名画《维纳斯的诞生》（La nascita di Venere）中也有这位风神，他将生命的气息注入了从大海的泡沫中诞生的女神体内。但是这里就产生了一个问题：重复描绘风神脸的细节是一种纯粹的风格元素，还是为了丰富画作的寓言。

两位意大利学者最近写了一篇颇具说服力的对《春》的解读，他们各自进行研究，但根据一份古基督教的文本——马尔齐亚诺·卡佩拉（Marziano Capella）的《语文学*和墨丘利的联姻》（*De nuptiis Philologiae et Mercurii*）一起重新解读了整幅寓意画。这篇文章非常复杂，它再现了美第奇家族和画家文雅且博学的审美，在文章中能够一个接着一个地找到所有画中出现的人物：从左边开始，分别是墨丘利（可能是新郎洛伦佐·迪·皮耶尔弗朗切斯科·德·美第奇的画像，之后他成为波提切利最大的赞助人）、美惠三女神（她们是典型的波提切利式美人，和波提切利笔下大多数其他的女性形象一样，这一灵感来源于他那令人神魂颠倒的情人）、爱神维纳斯和春天（她的体态特征与弗洛拉一致，是花的守护者）。在弗洛拉旁边的是斐乐洛基亚（可能是新娘塞米拉米德·阿皮亚尼的画像，尽管其他人认为她与三女神的中心人物有着相同的面貌），她在撒着智慧之花，而非书籍。

　　根据卡佩拉所述著作，最右边的人物（即风神）可以被看作不朽的化身。如果这真的是波提切利的想法，那么西斯廷礼拜堂里的那幅壁画，比起描绘反抗者的惨败，可能表示的是相反的含义。换句话说，佛罗伦萨的反抗者们没有屈服于摩西（即西克斯图斯）的怒火，而是抵抗住了教皇想征服他们的奢望，并得到永生。在这篇解读中，证实了一些细微的位置调换。在《春》中，在风神保护下怀孕的弗洛拉同时是弗洛伦蒂亚（佛罗伦萨）和菲奥雷塔（Fioretta）的寓意画：她是佛罗伦萨城，在预言中充满着希望和未来；她也代表

---

* 语文学即斐乐洛基亚。——译者注

着已故的朱利亚诺的最后一位情人菲奥雷塔·戈里尼，她也是朱利奥·德·美第奇（Giulio de' Medici）的母亲，画中她戴着勿忘我草和铁筷子编成的花环，这是为了记住帕齐家族将其儿子的父亲杀死的事实。与此同时，爱神脚下踩着代表帕齐家族的有毒的铁筷子（代表着如今它已被踩入土壤之中）。所有这些都是在另一位美第奇家族继承人洛伦佐·迪·皮耶尔弗朗切斯科·德·美第奇与一位本应与被暗杀的朱利亚诺订婚的女子举行婚礼的背景下被描绘出来的。很难想象，会有比这个更典型的由统治家族进行的佛罗伦萨式复仇；或许，他们是唯一知道西斯廷礼拜堂壁画场景布置的神秘含义及其与《春》之间的联系的人，这一定是一种微妙的快乐源泉。

西斯廷礼拜堂的墙面上仍掩盖着许多秘密。美第奇家族的橙子被置于摩西与上帝对话的那面墙上，而德拉·罗韦雷的栎树被画在摩西用剑杀死一名衣着优雅的埃及人并逃离凶杀现场的那面墙，这很有可能并不是巧合。或许这是教皇参与了阴谋的另一个隐秘的暗示？如瓦萨里所说，[10] 波提切利因其惹人厌的幽默感非常出名，他想要影射教皇也不是不可能。

可能西克斯图斯四世没有注意到波提切利巧妙地颠覆了自己委托他说明的信息。教皇是否能真正欣赏佛罗伦萨画家们的精湛技艺还需打上一个问号。他的修养让他对科西莫·罗塞利这位西斯廷礼拜堂的画家团队中最没天赋的画家的技艺尤为印象深刻。教皇对罗塞利使用的镀金颜料印象十分深刻，以至于他要求其他的艺术家效仿，创作出闪闪发光的装饰。

教皇这位方济各会的神学家在理解视觉艺术作品方面可能没有受过很多培养。他的审美可能比较差，从萨西亚圣神堂中的壁画组图中就能看出来，这是在装饰西斯廷礼拜堂前几年他委托人画的。但是从教义的角度来看，这组壁画的主题是十分大胆的：他竟把自己塑造成了一个刚刚从摇篮中出来就准备成为教皇的形象！

但是，如今教皇唤醒了佛罗伦萨人强烈的竞争意识。领主国提出了一个响应西斯廷礼拜堂官方绘画的计划。1482 年 10 月 5 日，佩鲁吉诺、基兰达约和波提切利受命装饰旧宫中的百合大厅，这是反抗西克斯图斯计划中的一环。12 月 31 日，委托给佩鲁吉诺的任务被撤回了，转而交给了菲利皮诺·利比（Filippino Lippi）。当时一直传言佩鲁吉诺和其他的托斯卡纳大师合不来，这可能是证实这一传言的一个间接证据。

之后，在 1484 年，洛伦佐委托波提切利、基兰达约、佩鲁吉诺和菲利皮诺·利比在其位于沃尔泰拉附近斯佩达莱托的别墅中绘制一系列壁画。壁画的主题如今已无法知晓，但它们肯定是带有异教色彩的。基兰达约绘制了《火神的锻铁工场》（ *Officina di Vulcano* ）。我们不知道波提切利所绘壁画的主题是什么，但是可以确定他的壁画延续了洛伦佐的计划，其目的在于为美第奇家族而庆祝，这一次是以报复性的世俗方式。这些壁画还未完成，教皇就离开了这个世界。

蒙泰费尔特罗的遗产

据许多当时的目击证人所述，教皇西克斯图斯四世于 1484 年 8 月痛苦地与世长辞了，享年 70 岁。这就发生在当他知道标志着费拉拉战争结束的巴纽洛条约已经签订之后：众所周知，阿塔是一名好战分子，因而他无法忍受不经过自己同意就实现的和平。当时的一位目击者形容他的尸体"颜色发黑、畸形、喉咙肿大，看起来像沉睡中的魔鬼"。西克斯图斯的坟墓现在位于圣彼得大教堂的礼拜堂中，上方是波提切利的老师安东尼奥·波拉约洛在他去世后为他修建的一座壮观的青铜纪念碑。

大部分参与帕齐阴谋的人都不会被光荣地载入史册，也很少有人能寿终正寝。里亚里奥伯爵在失去了有无上权威的舅舅西克斯图斯四世的保护后，在 1488 年 4 月 14 日，也就是朱利亚诺被刺杀差不多十年后，在自己位于弗利的宫殿中被杀死。洛伦佐否认自己与这次刺杀有关，但后来发现，他曾秘密煽动弗利的公民脱离里亚里奥的统治。[11] 里亚里奥的手下朱斯蒂尼也被暴力地杀死了：1487 年 11 月 13 日，在罗马的城门前，朱斯蒂尼的一个宿敌的儿子保罗·维泰利·达·卡斯泰洛（Paolo Vitelli da Castello）向他发起挑战并将他杀死。朱斯蒂尼的头被砍下，衣服也被拿走了，他赤裸且无头的尸体被抛在街上任其腐烂，以示侮辱。

费代里科·达·蒙泰费尔特罗早已因疟疾去世。但是，公爵生前的最后几个月发生了一件不太为人所知的事情，这为我们提供了一个关于阴谋者命运的信息。1482 年 3 月 7 日，乌尔比诺大使费利奇被赶出了西克斯图斯和吉罗拉莫·里亚里奥伯爵的宫殿。他对自己在罗马受到的待遇非常生气且感到耻辱，于是便把自己遭受的屈辱告知了费代里科。间谍孔图吉汇报道，一向冷血的公爵在读到这个令人不愉快的消息后勃然大怒：[12]

现在我们陷入了与吉罗拉莫伯爵，甚至是与上帝的巨大隔阂之中！神圣的教皇做了一件事，他打造了一个高雅体面且十分尊贵的房间，并让人在其中画上了所有教皇，还为自己留了一个位置……他希望自己被描绘成手持巨大旌旗的形象，而乌尔比诺公爵被描绘成从教皇手中接过旌旗的形象。伯爵命令画师们在接到进一步通知之前先不要这样做！

费代里科的"勃然大怒"是关于那个"十分尊贵的房间"，这个房间就是闻名于世的西斯廷礼拜堂。在 1482 年 3 月，墙壁上耶稣和摩西的组图以及窗户上方殉难教皇的肖像画基本上已经完成，但是祭坛还没有装饰。

西克斯图斯四世原本计划将自己的肖像绘于新礼拜堂的中央，就在祭坛上方。费代里科还幻想着自己有可能会被画在教皇旁边，在罗马式天主教教堂里最神圣的地方，但是一个像他这样的雇佣兵队长并不属于宗教那种环境。在盛怒之下，费代里科有可能在想象一些不可能的事情，使他认为自己遭受的不公道之事看起来更加残酷。但是我们不能排除这个假设至少已经被讨论过的可能性，比如在1481年7月吉罗拉莫·里亚里奥对乌尔比诺的最后一次正式访问中，[13] 也就是他们之间外交关系破裂及装饰西斯廷礼拜堂的任务开始前不久。最终，佩鲁吉诺在祭坛的装饰屏上画下了一幅《圣母升天》（ _Assunzione della Vergine_ ），画中西克斯图斯四世被刻画成跪着祈祷的形象——他仅仅以画中人物的形式活了下来。

如果我们相信孔图吉的汇报，那么里亚里奥伯爵通过禁止或阻止费代里科的形象永远留在罗马教会最神圣的地方，成功击中了公爵最薄弱的一点，击中了他极其虚荣的心。费代里科对自己的形象尤为在意，以至于在很多关于他的肖像画中，他的姿势都非常不自然。在他著名的肖像画之一里，他坐在一个房间（或书房）中，身着盔甲，戴着貂皮围脖和嘉德勋章，正专心阅读一本厚厚的手抄本。[14]

这是一本十分厚重的书，位于装饰华丽的书架的一侧。费代里科伸出自己强壮的手臂拿着这本书，看上去毫不费力。鉴于这个场合十分庄严，这应该不可能是一本世俗的书。关于这本书，乔瓦尼·桑蒂[15] 在叙述蒙泰费尔特罗图书馆是怎样组建起来的时候，为我们提供了一条重要的线索：

首先，在那个神圣且受人尊敬的地方，

虔诚的神学家的所有作品，

都有极好的东西覆盖和装饰。

费代里科的书装帧非常华丽，当切萨雷·博尔贾（Cesare Borgia）的军队在1502年劫掠乌尔比诺的时候，他们抢走了所有最贵重的书籍，上面都镶嵌着宝石和黄金。而在这些作品中，"虔诚的神学家"的作品尤为华丽也就不足为奇了。因此，费代里科很有可能从自己的众多收藏品中选择了一本特别的书，然后坐在画家的面前，拿着书专心地阅读。

在众多图书中，只有一本书用红色的丝绸和银色的锁装帧，就像这幅画中精巧再现的那样，与这本书的大小相当。因此，费代里科读的可能是教皇额我略一世（San Gregorio Magno）的作品，他是四大拉丁教父中的第四位。这本手抄本中包含了《约伯记短评》（*Moralia in Job*），也就是他对《约伯记》著名的评论。《短评》是一本基督教生活手册，是一本关于道德和精神教育的书，它在中世纪获得了极大的成功。在文艺复兴时期，额我略一世被视为一位好战的教皇和一位孜孜不倦的知识分子，他是费代里科想要竭力仿效的角色的完美结合。

费代里科坐在自己高高的宝座上，专心地读着书，这本书是一位基督教教皇对《旧约》中的一卷的评论，可能是《旧约》中最具神学争议的一卷：约伯是一个经受信仰考验的人的最佳典范〔一语双关，"充满信仰"（ricco di fede）在意大利语中与费代里科（Federico）发音相近，这个双关几乎被刻在了乌尔比诺宫殿的所有地方〕。

这就如同文艺复兴时期的透视手法，给君主带来了正统性和至高无上的智慧，几乎在暗示：费代里科控制着整个世界。在乌尔比诺的书房中，在那幅身边围绕着杰出人物的额我略一世的肖像画旁边，有一个优雅的柱头，上面坐着一只鹰，它撑着公爵徽章——蒙泰费尔特罗纹章。嘉德勋章缠绕在同一根柱子上并非巧合。

毕竟，这幅画的目的在于创造一种最精美、最隐秘的自画像。这幅超现实主义的肖像画与它在被完成的那一刻紧密相连，成为永恒力量的象征。费代里科一直渴望建立的那座图书馆，仍然是他自我赞颂的不朽证明，在《廷臣论》中留名千古。

美第奇家族的复仇

洛伦佐·德·美第奇并没有刻意摆出这样精心琢磨过的姿势。但是，用马基雅维利的话来说，洛伦佐"深受幸运和上帝的眷顾，因为他做的所有事情都能以圆满告终，而他的敌人都未能善终"。[16] 他成为一名伟大的艺术事业的资助者，同时也是意大利政治"天平的指针"，在死后，他获得了"豪华者"的称号。马基雅维利还说，他树立了君主美德的榜样：

215

君主做了一件事之后，很多人也会学着他做，

因为他们的目光一直注视着君主。[17]

洛伦佐深知，如果和教会直接交锋，将会非常可怕。因此，他开始逐渐拉拢新任教皇英诺森八世（Innocenzo VIII），想要将他变成美第奇家族无坚不摧的盟友。在英诺森的帮助下，洛伦佐的儿子乔瓦尼在17岁时成为红衣主教。洛伦佐在1492年4月，也就是他去世前一个月写给他儿子的信，可以看作他在政治方面的遗嘱，这封信掺杂了谨慎的伪善和对权力的渴望。[18]

洛伦佐意识到他的家族应当对神意怀有感激之情：

我们每个人都要心怀尊敬，感谢上帝，因为我们不仅获得了很多的利益和荣誉，还从他那里得到了我们这个家族，他还让我们看到了你身上拥有的我们这个家族有史以来最高的尊严。这件事情本身就有着重大意义，局势也让它变得更为重要，因为你的年龄和我们所处的环境让它具有最大的价值。因此我的第一个愿望就是，你要努力对上帝表示感恩，你时刻都要记住，你并不具备谨慎和勤奋这样的优点，但是令人诧异的是，上帝让你成为红衣主教，你以你虔诚、模范和正直的生活得到了他的认可……我非常欣慰，去年在没有人提醒你的情况下，你经常主动去参

加圣餐和忏悔，我也不认为有比这更好的方式来向上帝表达感恩，你应当习惯这种方式并坚持下去。我认为这是我能给你留下的第一个最有用、最合适的纪念。我知道，当你去罗马——这个万恶的渊薮——的时候，你会发现做上面我和你说的这些事情会非常困难……你会明白红衣主教是多么重要的榜样，如果红衣主教们都在做自己应该做的事情，整个世界都会很好，因此教皇也能做得很好……这是你第一次去罗马，对于你来说，多用耳朵少说话是一件好事。今天，我把全部的你献给上帝和教会。你必须成为一个好教士，让每一个人都各司其职，你要热爱教会和使徒的荣誉和地位，把这种爱放在世界上的所有事物之前，将其他的每一种尊重都置于这种热爱之后。永远不要忘记帮助你的家人和你的故乡……愿你平安无恙。

乔瓦尼将父亲的忠告视作珍宝。在 1513 年选举教皇的秘密会议上，他以利奥十世（Leone X）之名被选为了新任教皇。乌尔比诺公国很快就出现在了美第奇家族第一位教皇的议事日程上：出于家族和战略的原因，它是佛罗伦萨人渴望的首要目标之一。1516 年，"豪华者"的孙子小洛伦佐（Lorenzo *junior*）对西克斯图斯的孙子弗朗切斯科·马里亚·德拉·罗韦雷（Francesco Maria della Rovere）发起进攻，后者也是费代里科的女儿焦万纳·达·蒙泰费尔特罗的儿子，自 1508 年起他一直统治着乌尔比诺。小洛伦佐很快便取代他成为乌尔比诺公爵，并且一直拥有这个头衔，直至 1519 年突然去世。

美第奇家族的终极复仇在帕齐阴谋发生五十五年后，在西斯廷礼拜堂里悄无声息地进行着。1533 年，第二位来自美第奇家族的教皇克莱门特七世委托 58 岁的米开朗琪罗在西斯廷礼拜堂祭坛的墙上绘制《最后的审判》(*Giudizio universale*)，当时佩鲁吉诺的《圣母升天》还在这面墙上。1512 年，米开朗琪罗曾受教皇尤利乌斯二世委托绘制了西斯廷礼拜堂的天花板，他是西克斯图斯四世的侄子，曾亲自核实舅舅的肖像画未受改动。米开朗琪罗比任何人都清楚，祭坛是礼拜堂中最神圣的地方。在他回到罗马开始绘制祭坛墙壁的任务之前，从 1534 年的一份草稿中可以看出，在一座拱门下面，他留出了一块长方形的空白，这正好对应着佩鲁吉诺的《圣母升天》。基督身躯高大，被描绘为万物的审判者，他旁边是跪着的圣母玛利亚的草图，在视觉上与佩鲁吉诺作品中出现的跪在升天的圣母前祈祷的西克斯图斯四世的形象相呼应。米开朗琪罗甚至用一些动态的人物装饰祭坛画的上半部分，与其前任所绘静态风格形成对比。

当米开朗琪罗于 1534 年 9 月到达罗马的时候，也就是克莱门特七世去世的前几天，他得知祭坛墙面上佩鲁吉诺的作品已被完全抹去。没有哪位艺术家敢抹去由修建礼拜堂的教皇委托绘制的祭坛画，只有另一位教皇能够下令摧毁它。这就是克莱门特七世所做的，也是他在这个世界上做的最后几件事之一。

从那时起，没有人注意到这个简单的事实：克莱门特七世，也就是朱利奥·德·美第奇，他是朱利亚诺·德·美第奇的遗腹子，众所周知，朱利亚诺正是那场由西克斯图斯四世教唆的帕齐阴谋的受害者。这位来自美第奇家族的教皇毁掉了谋杀自己父亲的凶手的画像。从这个新的角度来看，《最后的审判》也成了一个精心设计的将教皇送去地狱的计谋。这就是这段历史中英雄与反英雄的名声仍响彻"世界的尽头"的原因之一。

2017 版附录

蒙泰塞科之谜：关于帕齐阴谋的新发现

> 西克斯图斯最终还是撒谎了，欺骗了神甫……
>
> ——帕斯魁诺[*]

已经有很多叙述帕齐阴谋的文章了，也许是太多了，以至于在五百四十年后的今天，叙述这个事件所用的墨水可能已经和在此事中流的鲜血一样多了。尽管如此，仍有可能凑巧发现之前从未公开过的资料，这些资料阐明了这一复杂事件中鲜为人知的细节。

作为这本书新版本（收录于历史丛书板块）的附录，我在此展示了一封信，它揭示了蒙泰塞科参与这场阴谋的错综复杂、令人意想不到的内幕。他被选为刺杀"豪华者"洛伦佐的刺客，但在最

---

[*] 帕斯魁诺（Pasquillus）是罗马人用来描述一尊希腊化文明风格雕像的名称。后来人们会用罗马方言写讽刺诗粘贴到这座雕像上，表达人们的不满，谴责不公正，并抨击教会的弊政。因此它成为一座"说话雕像"。——译者注

后一秒他却拒绝参与这场阴谋，致其失败。正如我们所看到的，事实上，在1478年4月26日于圣母百花大教堂举行的弥撒上，当朱利亚诺·德·美第奇因身中数刀而摔倒在地时，他的哥哥成功从两位临时雇佣的刺客——安东尼奥·马费伊·达·沃尔泰拉和斯特凡诺·达·巴尼奥内——手中逃脱，之后躲进了新的圣器收藏室*，躲过了袭击。

这封信是在1478年8月30日由琼蒂诺·科卢奇·达·皮斯托亚（Giuntino Colucci da Pistoia）从佛罗伦萨的圣戈登佐修道院寄出的，收信人是洛伦佐的秘书尼科洛·米凯洛齐。[1]下面是这封信的开头，它开门见山地切入正题：

> 我读了吉安·巴蒂斯塔（蒙泰塞科）的供词……我觉得其中缺少了一个重要的部分，或是因为没有被问到，或是因为其他的一些原因，他没有提到。也就是说，如果他执行了被命令要做的事情，他会得到怎样的报酬，我觉得这一点是必须明确的，以便表现出教皇为了满足吉罗拉莫伯爵的胃口，仅仅让佛罗伦萨改头换面还不满意，还同意让渡教会的领土，在马尔凯推举新的僭主。

在帕齐阴谋失败后，西克斯图斯四世开除了洛伦佐的教籍，并

---

* 此处原文疑有误，正文中说的是旧圣器收藏室。——编者注

颁布禁止佛罗伦萨参加教会活动的命令。语言上的战争很快就转变成了刀剑臼炮的战争。费代里科·达·蒙泰费尔特罗——乌尔比诺公爵和教会的正义旗手（最高行政长官）受命出面保护教皇并入侵共和国的领土。8 月 11 日，随着敌对行动的开展，佛罗伦萨共和国执政官巴尔托洛梅奥·斯卡拉（Bartolomeo Scala）发表了一篇强烈批判教皇的文章《免除佛罗伦萨责任的理由》（*Excusatio Florentinorum*）。[2] 琼蒂诺指的正是这篇文章，以及作为蒙泰塞科供词序言的"书信"。

这份供词于 1478 年 5 月 4 日被公布，也就是在这位杀人未遂的刺客（阴谋者中唯一未遭受绞刑的人）被斩首前不久，这是一种令人生畏的政治手段。这份供词非常详细地叙述了阴谋的准备过程，披露了发生在罗马教廷的一系列秘密谈话的内容，对话的参与者有教皇西克斯图斯四世、他的外甥吉罗拉莫·里亚里奥和比萨大主教弗朗切斯科·萨尔维亚蒂。琼蒂诺提到这份供词时的措辞似乎恰好暗指上述几人就改换佛罗伦萨政府而进行的关键对话。

在蒙泰塞科自发（在未受到刑讯逼供的情况下）写下的供词中，他称自己是忠诚于教皇（而不是里亚里奥伯爵）的士兵，无私地服从上级命令，尽管他也对该计划的可行性提出了质疑。他在供词中提到的对话发生在 1477 年春天。同年夏天，蒙泰塞科带着让雅各布·帕齐加入此阴谋的任务去了佛罗伦萨，为了说服他，蒙泰塞科会告诉他在罗马进行的对话的内容。正如之前指出的那样，蒙特塞科不太可能在试图说服这位犹豫不决的银行家时表达自己的疑虑。但是，这并不意味着他提到的这些对话的要点是他杜撰出来的。

西克斯图斯四世迫切地希望改变佛罗伦萨的局势，即不惜一切代价、运用各种方法将美第奇兄弟从政治舞台上除去，这毫无疑问滋养了里亚里奥和萨尔维亚蒂肆无忌惮的野心。而没有正式批准谋杀他们的伪善是一种典型的遵法主义者态度：尽管教皇支持这项行动，但是他避免自己被冠以"罪大恶极"的名号。

然而，从未有人问过这个问题：在每个人都不择手段地追求自己目标的情况下，蒙特塞科是否真的是在没有个人动机的情况下行事。在他看作"伟大的事情"的这项任务中，服从教皇这件事必须找到一些额外的动机，因为这项任务几乎不可能完成，而且执行起来非常危险。因此，这样的说法似乎合乎逻辑：他通过揭露其他阴谋者的行为[3]掩盖了自己获得"报酬"的内幕。关于这一点，琼蒂诺的信为我们打开了一个完全出乎意料的、非常有趣的突破口。

但是，需要注意的是，琼蒂诺这样做也是有私心的：他试图讨好洛伦佐及其信任的秘书，为的是回到佛罗伦萨。琼蒂诺和很多对教皇庇护二世忠诚的罗马教廷的人一样，发现"（西克斯图斯四世时期的）罗马教廷让人无法忍受，我如今明白了，在那里，除了阿谀奉承之人、买卖圣职及圣物之人和叛徒之外，其他人并不会过得很好"。让我们来深入了解他那棘手的新发现：

在佛罗伦萨这场阴谋发生的几个月前，主教尼科洛·佩罗蒂（Niccolò Perotti）想要为自己的侄子皮罗·佩罗蒂（Pirro Perotti）举行婚礼，但是被他派往佩鲁贾安排这件事的使节没能与女孩［瓜尔德拉塔·德利·阿蒂（Gualdrata degli Atti）］说上话。尼科洛本是那里的统治者，但是被教皇撤职了，并派莫德鲁斯（Modrussa）主教顶替了他的职位。他回复尼科洛的使节道，女孩不想要他的侄子做自己的丈夫，对此尼科洛及其使节非常不满，因为他们不知道原因是什么。这就是今年夏天我（指琼蒂诺）在法诺的时候，他的亲戚告诉我的。现在，感谢上帝，他们（指阴谋者）不能做他们想做的事情（即杀死洛伦佐并改换政府）。女孩说她想要皮罗阁下做自己的丈夫，并且非他不嫁。我相信他们很快就会结婚，她悄悄告诉那些与她交谈的人，莫德鲁斯主教让她去了一个教堂，在那里向她展示了一份教皇的敕书，这也是教皇对她的恩典。教皇命令她不要嫁给皮罗阁下，并且会解除她的婚约；教皇希望她和吉安·巴蒂斯塔结婚，因为他想将萨索费拉托和她父亲的所有财产都作为嫁妆送给她，并让吉安·巴蒂斯塔成为领主。他希望她能成为像父亲一样的领主的妻子，而不是平民的妻子。此外，他还允诺了她许多其他的事情。因此，这是吉安·巴蒂斯塔应得的奖励。我认为对此我不

必保持沉默，以表明除了教皇已经做的那些事情，他满足
吉罗拉莫·里亚里奥伯爵胃口的好心可能会让这个国家分
崩离析，让教会的土地被让渡，以及在教皇国出现新的
暴君。

总而言之，西克斯图斯四世利用瓜尔德拉塔——教皇庇护二世
在二十年前废黜的萨索费拉托的继承人——的野心为她提供了一个
"很好的办法"，由莫德鲁斯主教进行具有说服力和威胁性的调解。
他带来了由教皇签署的敕书，在这份敕书中，教皇解除了女孩的婚
约，作为交换，他提议女孩和蒙泰塞科结婚，这样她就能以这种方
式重新获得属于自己家族的"东西"和领主夫人地位。关于那场婚
礼她不需要做任何事，不需要付出任何代价。

琼蒂诺对于两种法律（即民法和教会法）都很精通，教皇在阴
谋中表现出的道德上的败坏和政治上的手段都没有逃开他的法眼，
教皇在让佛罗伦萨摆脱洛伦佐的暴政的同时还有意在教会的领土上
建立暴政。除了讽刺地评论教皇"好心"外，科卢奇还揭露了这位
巴尔干裔主教在这起阴谋事件中扮演的中间人角色。

尼科洛自统治维泰博起就与莫德鲁斯主教有联系了，在 1464 年
至 1467 年间，莫德鲁斯主教像那里的住民一样支持着尼科洛。他们
两人都在西克斯图斯四世的教廷里任职，在红衣主教彼得罗·里亚
里奥（吉罗拉莫的弟弟）1474 年去世之时，他们都为教皇最喜爱的

外甥诵读了悼词。莫德鲁斯的悼词已被公开发表，而尼科洛的却未曾被发表过。[4]

因此，在 1477 年最初的几个月里，看到莫德鲁斯接替自己加入了佩鲁贾政府，尼科洛很不高兴。[5] 当时，不安于平静的蒙托内伯爵卡洛·福尔泰布拉奇（Carlo Fortebracci di Montone）试图夺回这座城市，为阴谋者对佛罗伦萨采取行动提供了一个强有力的借口。[6]

莫德鲁斯的厚颜无耻应该被揭露：他告诉洛伦佐和佛罗伦萨领主国，他是为了佛罗伦萨公民才介入这件事的，因为他们在佩鲁贾的领地可能会受到影响，他请求洛伦佐"像经验表明的那样，用自己最神圣的行为去做一切事，这样一来，仇恨的一切原因都将被消除，也许人们会认为他和傲慢无礼完全不沾边"。[7] 这样的语言，在隐晦的同时也是谄媚而具有威胁性的，将一个在一个月之后会被开除教籍的人的行为神圣化的前提是，他服从教会并且没有对发生在圣母百花大教堂的刺杀做出反应。

我们不难相信琼蒂诺关于莫德鲁斯干预瓜尔德拉塔的说法，尤其是在我们获得的资料得到了充分证实的情况下。据说这位德利·阿蒂女士［要记住，她是大名鼎鼎的伊索塔（Isotta）的亲戚，伊索塔是西吉斯蒙多·潘多尔福·马拉泰斯塔的妻子］在 1476 年时就被许配给皮罗，两人在 1479 年 6 月 2 日前结婚，也就是在帕齐阴谋发生和蒙泰塞科死亡一年多之后。

关于瓜尔德拉塔我们所知甚少，只知道她有意向进行遗产诉讼：

早在 1469 年她就陷入了一桩与萨索费拉托政府的遗产诉讼，1509年，她再一次陷入与罗卡·孔特拉达政府（Rocca Contrada）*的诉讼。与佩罗蒂氏族结成亲家本应该恢复阿蒂家族的荣誉——按照传统，这两个家族是对立的，有点像贝里尼（Bellini）作品中的蒙泰基家族（Montecchi）和卡普莱蒂家族（Capuleti）——但是，依据蓬蒂科·维鲁尼奥（Pontico Virunio）别有用心的证词，尼科洛·佩罗蒂"可能被瓜尔德拉塔毒死了，因为尼科洛谴责她与管家通奸并试图当场揭露他们，这激怒了她"。因此，"真是天生的一对"这句古话似乎很适合用来描述瓜尔德拉塔和皮罗之间的婚姻，后者还与乌尔比诺大使焦万·巴蒂斯塔·本蒂沃利奥·达·萨索费拉托（Giovan Battista Bentivoglio da Sassoferrato）结成了亲家。[8]

从 1478 年 7 月 27 日琼蒂诺写给洛伦佐·德·美第奇的一封信中，我们了解到另一个关键的细节：科卢奇在圣戈登佐遇见了乔瓦尼·佩罗蒂（Giovanni Perotti），他是尼科洛的另一个"侄子"——事实上他是尼科洛的一个门徒或前情人，他娶了他的兄弟塞韦罗（Severo，皮罗的父亲）的遗孀。乔瓦尼从主教那里得到了许多恩惠，[9] 在 1474 年，他和皮罗一起成为佩鲁贾贵族。这个乔瓦尼很有可能不想再为乌尔比诺公爵服务了，他将瓜尔德拉塔发现的事情告诉了琼蒂诺，因为琼蒂诺能够向洛伦佐转达"这些他想了解的事情"。

---

* 这个地方如今名为阿尔切维亚（Arcevia），由教皇庇护七世于 1817 年改名。——译者注

蒙泰塞科之谜

那么，为什么琼蒂诺试图发给佛罗伦萨，然后又告知米凯洛齐的机密消息从未被泄露出去呢？如果贝基是在洛伦佐秘书的帮助下行事的话，是否有可能是因为琼蒂诺的消息到得太迟了，以至于来不及将这件事列入《佛罗伦萨主教会议》的讨论中，这本书已经印刷好或正在印刷中。[10]

西克斯图斯四世暗中策划，将刺杀洛伦佐的刺客改造成了一个教会辖区上的暴君，甚至还使用教皇特许的承诺阻止了一场已经约定好的婚姻，为的是用萨索费拉托夫人这个头衔来重新在新娘身上投资。这件事展现出教皇在这次阴谋中到底参与到了何种程度。这一切都将坐实他在此事中是直接犯罪的说法，尽管琼蒂诺同时坚持认为吉罗拉莫伯爵贪得无厌。

然而，根据圭恰迪尼的《佛罗伦萨史》，蒙泰塞科是一位"有才能、勇敢且训练有素的人"，这是用来形容波利齐亚诺的词语。依据乔瓦尼·迪·卡洛的话，这位高贵、真诚且拥有"纯洁灵魂"的士兵因害怕教皇的委托会使自己犯下渎圣罪，执意不肯在教堂里刺杀洛伦佐，但他还有一个更深层次的动机、一个要争取的"奖励"，让他冒着损害自己作为已认罪伏法的证人的形象和信誉的风险接受了这项臭名昭著的任务，只是因为他是教皇忠实的仆人。由于对西克斯图斯四世和其他所有阴谋者的起诉是以他的供词为基础的，因此公布这一消息不符合佛罗伦萨人的期望。

在保罗·焦维奥（Paolo Giovio）所写的《利奥十世的一生》（*Vita di Leone X*）中，有一段话让我印象深刻，这段话是关于蒙泰塞科在帕齐阴谋中所扮演的角色的，并且没有在其他的资料中出现过：

> 只有同样接受了刺杀洛伦佐的任务的蒙泰塞科，才理应受到更体面的刑罚并按规定下葬，因为显然，他拒绝在祭坛前、在上帝面前袭击别人，他是一个充满神性意识的人。"事实是，就在几分钟前，洛伦佐用了一个非常热情和慷慨的演讲来感动蒙泰塞科的灵魂：他慷慨地许诺蒙泰塞科会给他提供帮助和财政支持，如果他想赎回一些亚平宁山脉附近属于蒙泰塞科家族的城堡"。蒙泰塞科对洛伦佐非常感激，因此他改变了主意，放弃了这项任务。由此可见，对于君主来说，想要打发一个人，甚至是最低等级的人，没有任何行为比仁慈的回答要更有效、更能带来荣耀，这可以作为君主在生活中每一个行为的重要准则。[11]

这则信息无法被证实，很可能只是这位利奥十世或美第奇家族的另一位成员在一次由原记者焦维奥进行的访问中的口头叙述，与琼蒂诺所写的信的可信度不同。如果洛伦佐有先见之明或早有预谋，通过许诺归还他之前丢掉的位于亚平宁山脉附近的一些城堡来平息蒙泰塞科心中已点燃的导火索，那么这个承诺应当恰好抵消了另一个同样重要的承诺。

这种说法展现出一个我们所不知道的关于吉安·巴蒂斯塔家族起源的有趣画面。或许他也是一个在庇护二世时期失去了祖传财产的家族的后代，于是他投身于军队，希望拿回这些财产，或者能赚些钱？佩罗蒂家族的一位祖先曾尝试控制蒙泰塞科的城堡，随后该城堡回到了古比奥市政府的手中。因此，对于这位刺客来说，成为萨索费拉托的领主或许能够帮助他重新夺回自己的家乡。

无论如何，在佛罗伦萨有人怀疑这位被囚禁的士兵的真实动机，依据佛罗伦萨编年史家皮耶罗·帕伦蒂（Piero Parenti）所写的文章，我们可以得知："任务被派给了蒙泰塞科，过去他是一名英勇的士兵，或者是当时他的眼界不够，或者是与洛伦佐的友谊阻碍了他，或者是宗教信仰阻止了他，或者是**'其他未知的原因感动了他'**，才使他拒绝了这项任务。"[12]

在匿名的《我们神圣的教皇与佛罗伦萨之间的纷争》中，蒙泰塞科在军事方面的能力得到了认可，同时还提到了红衣主教（拉法埃莱·里亚里奥）一行人滞留在翁布里亚的借口（这次任命可追溯到 1478 年 1 月 19 日，但是他在 3 月底才到达佛罗伦萨附近，显然他在那里一直待到了 4 月 26 日）：

> 吉安·巴蒂斯塔，宗座宫卫队的统帅，他和几个盟友作为红衣主教的随从前往佛罗伦萨，他去到了驻斯波莱托

公国的大使馆，之后被囚禁并最终被斩首——既不尊重我们最尊敬的统帅，也不顾他的尊严（因为他在军事事务方面非常强大）。[13]

在说出供词之前，蒙泰塞科是获得了生存的希望还是被豁免的承诺？如果这份供词不是他在严刑下被逼供而说的，那么他会得到什么"奖励"呢？作为一名士兵，他知道自己不被处决的可能性微乎其微，基本上是不存在的。那么，除了与他个人有关的事情外，他为什么还要披露这场阴谋的所有内幕呢？这些问题可能永远都无法找到答案了。

仔细查看同时代人的证词，似乎这份供词的公证人焦万尼尼（Giovannini）——也是这份供词的签署人之一——对于蒙泰塞科很快就写出这份供词也感到些怀疑："那些文字是他亲手写的，以那样的形式写出来，着实令人感到不可思议，他当时是那么痛苦，但是在这么短的时间内，他就这么有条不紊地写完了。"[14] 蒙泰塞科于 5 月 1 日被捕，4 日晚被处决，这段时间实际上很短。[15] 这件事给人的感觉是，在各种事情的冲击下，有些法律程序被毫无顾忌地忽略了。

几天后，也就是 5 月初，莫德鲁斯主教到了佛罗伦萨，[16] 处理释放拉法埃莱·里亚里奥的事情。洛伦佐将此事告知自己的代理人多纳托·阿恰约利（Donato Acciaiuoli），后者又从罗马写信给他：

"吉安·巴蒂斯塔的某些人似乎仍然在那里（佛罗伦萨），他们在想对策并尝试替他弥补过失。"[17]我们对蒙泰塞科的"某些人"一无所知，只知道西克斯图斯四世对针对自己的指控并非无动于衷：为了让红衣主教里亚里奥尽快被释放，他威胁要报复阿恰约利和所有在罗马的佛罗伦萨商人。

5月12日，洛伦佐还将他对莫德鲁斯主教的回复告知了自己在威尼斯的代理人乔瓦尼·兰弗雷迪尼（Giovanni Lanfredini），告诉他关于"对这些叛徒进行的审问和审判"的消息。5月17日，尼科洛·米凯洛齐在领主宫向斯福尔扎的发言人和威尼斯人宣读了这份"审判"——这份"自己写下的手稿"。[18]事实上，在对这场阴谋的戏剧性的回顾中，米凯洛齐扮演着蒙泰塞科的形象。

与此同时，莫德鲁斯主教完成了他的另一项任务。在枢机会议上，教皇"非常高兴地"重复了一遍他汇报的内容：洛伦佐为了与他重修旧好，"愿意将自己的女儿卢克雷齐亚·德·美第奇（Lucrezia de' Medici）嫁给他的外甥，也就是红衣主教的兄弟，以此与他建立亲戚关系。他就在那里，拥有比萨的大主教府"。红衣主教们对这些所谓的提议和让步感到十分惊讶，事实上，这是一个误会：洛伦佐断然否认自己抱有这样的意图。[19]在那种紧要关头，提议将自己的女儿嫁给红衣主教的一个兄弟的确让人难以置信。据消息灵通的米兰驻罗马大使说，教皇特使焦万·巴蒂斯塔·达·伊莫拉（Giovan

Battista da Imola）是在佛罗伦萨司法机构（Otto di Guardia*）的逼迫下写信给"被派来的"红衣主教们，说洛伦佐"从未向自己说过这些事情，是莫德鲁斯主教说的"。[20] 再一次，这位玩弄阴谋诡计的主教参与到了一件与自己无关、对教皇不利的婚姻事件中。

1478 年 6 月 1 日，西克斯图斯四世针对佛罗伦萨颁布禁令的那一天，洛伦佐给埃斯图特维尔（Estouteville）红衣主教的一封信结束了这个事件。[21] 尽管红衣主教里亚里奥于 6 月 12 日被释放，但是禁令并未解除。这仅仅是战争的开端，在接下来的几个月里，言语上和行动上的战争会先后爆发。

美第奇家族在威尼斯的代理人乔瓦尼·兰弗雷迪尼提供了另一个立即利用这份供词作为手段的例证：当教皇威胁要逮捕佛罗伦萨商人的消息从罗马传来的时候，威尼斯人抱怨洛伦佐雇佣蒙托内伯爵的行为（卡洛已不再为他们服务，转而投靠佛罗伦萨）。随后兰弗雷迪出示"蒙泰塞科的审讯书"，为"我们的清白"辩解，其中以有利于美第奇家族的方式再次提到了发生在卡斯泰洛城和蒙托内的事件："他们的大使下令夺取你们的生命和国家，还补充说你们不是、也不想成为引起公愤之人"。但是洛伦佐唯一的愿望就是"在威尼斯共和国愿意时，维持意大利的和平与稳定"。[22]

洛伦佐强烈抗议威尼斯大使乔瓦尼·埃莫（Giovanni Emo）进

---

* 佛罗伦萨司法机构，由八人组成，负责佛罗伦萨共和国以及之后佛罗伦萨公国的犯罪事件和治安管理。——译者注

入佛罗伦萨，[23] 如果他"如实传达了有关蒙泰塞科受审的消息，就基本相当于回应了特雷维索主教的提议，[24] 因为他能够说真话，也就是教皇之前同意杀了我们，这也就是为什么他对我的不幸感到'满意'，除了这个原因以外，还有其他原因导致他做出这样的卑鄙行径"。[25]

由这份供词引发的争论持续了很久。四年后，在 1482 年，当被明令禁止的《免除佛罗伦萨责任的理由》或《佛罗伦萨主教会议》的抄本最终到达罗马的时候，罗马的日记作者斯特凡诺·因费苏拉（Stefano Infessura）用自己一贯直接的愤世嫉俗的风格写道，"教皇告诉吉罗拉莫·里亚里奥伯爵，自己不希望任何人死，然后，在停顿了一小会儿之后，又说'尽你们最大的努力'"，对这次阴谋给予了实质性的准许。[26]

总之，琼蒂诺提出的对教皇的指控，即他为了摆脱洛伦佐，准备在教廷创造"新的暴君"，这一点在原始资料中得到了充分证实。另一方面，"豪华者"有选择性、有针对性地利用了他掌握的信息。双方在散播消息方面都是毫不留情的。莫德鲁斯主教将自己的《捍卫教会自由》（*Defensio ecclesiasticae libertatis*）献给红衣主教里亚里奥，[27] 这个选择再合适不过了，比如可以参见第十五章"论反暴君战争的正当理由"。甚至阿雷佐主教真蒂莱·贝基在《佛罗伦萨主教会议》中也嘲笑了西克斯图斯四世所谓的反对暴政和暴君的宣言。[28]

在当时的人眼中，教皇毫无疑问是有罪的，这本书充分证明了这一点。教会辖区内"古怪的"观察者们也有同样的感受，比如维泰博人乔瓦尼·迪·朱佐（Giovanni di Juzzo）认为："这场阴谋是由教皇、那不勒斯国王和其他势力下令安排的，为的是征服佛罗伦萨。"[29] 但是蒙泰塞科之谜的内幕及其在当地和法律上的影响，超出了小说中最疯狂的想象。

注 释

序 言

1　Machiavelli, *Istorie fiorentine* VIII, 18; 参见 *Principe* XXII。见 M. Simonetta, *Rinascimento segreto: il mondo del Segretario da Petrarca a Machiavelli*, Milano 2004, pp. 127ss。

2　关于意大利城邦的总体介绍，可以阅读经典著作 J. Burckhardt, *La civiltà del Rinascimento in Italia*, Firenze 1953。

3　*Inferno XXVII*, 73–78.

4　Machiavelli, *Principe* XVII.

第一部分

第一章

1　关于维斯孔蒂家族对佛罗伦萨发动的战争，见 H. Baron, *La crisi del primo Rinascimento italiano. Umanesimo civile e libertà repubblicana in un'età di classicismo e di tirannide,* Firenze 1970。

2　见 V. Ilardi, *The Italian League, Francesco Sforza, and Charles VII (1454–1461)*, «Studies in the Renaissance», 1959, pp. 129–166。

3　Antonio Cornazzano, *Del modo di regere et di regnare* (PML M.731).

4　乔瓦尼·马里亚·维斯孔蒂（Giovanni Maria Visconti），米兰公爵，于 1412 年被杀。

5　这一章中很多细节的重构都来自 Bernardino Corio, Storia di Milano (pp. 1398–1410)，于 1503 年首次出版；马基雅维利的《佛罗伦萨史》也是从这悲惨的回忆中得到的启示；第一人称的叙述来自奥尔费奥·达·里卡沃写给斯福尔扎·贝蒂尼（Sforza Bettini）的信，米兰，1477 年 1 月 1 日（ASFi, Carte Strozziane I, filza XXXXV, cc. 96–97），发表于 E. Casanova, *L'uccisione di Galeazzo Maria Sforza e alcuni documenti fiorentini*, «Archivio storico lombardo», ser. 3, 12, 1899, pp. 299–332；引自 B. Belotti, *Il dramma di Girolamo Olgiati*, Milano 1929；也可见 V. Ilardi, *The Assassination of Galeazzo Maria Sforza and the Reaction of Italian Diplomacy,* ora in *Studies in Italian Renaissance Diplomatic History*, London 1986。

6　Corio 1398ss.

7　加莱亚佐·马里亚·斯福尔扎写给弗朗切斯科·斯福尔扎的信，佛罗伦萨，

236

1459 年 4 月 17 日（Simonetta, *Rinascimento segreto*, cit., p. 118）。关于加莱亚佐，这本书中有丰富的信息：G. Lubkin, *A Renaissance Court. Milan under Galeazzo Maria Sforza,* Berkeley 1994。

8 关于 1471 年的访问：Machiavelli, *Istorie fiorentine* VII, 28。参见 Giovanni di Carlo 118v–119v。

9 A. Wright, *A Portrait of the Visit of Galeazzo Maria Sforza to Florence in 1471,* in *Lorenzo the Magnificent, Culture and Politics,* a cura di M. Mallett – N. Mann, London 1996, pp. 65–90 e *The Pollaiuolo Brothers: the Arts of Florence and Rome,* New Haven 2004; 参见 C.B. Strehlke, *«Li magistri con li discepoli»: Thinking about art in Lombardy,* in *Quattro pezzi lombardi (per Maria Teresa Biraghi)*, Brescia 1998, p. 14。

10 E.S. Welch, *Sight, Sound and Ceremony in the Chapel of Galeazzo Maria Sforza,* «Early Music History», 12 (1993), pp. 151–190.

11 Casanova, *L'uccisione di Galeazzo Maria Sforza e alcuni documenti fiorentini,* cit., p. 304.

12 加莱亚佐与孩子们诀别的感人细节来自 Machiavelli, *Istorie fiorentine* VII, 34。我怀疑马基雅维利是从埃尔梅斯·斯福尔扎那里亲耳听到这个故事的，后者于 1503 年访问佛罗伦萨，那时马基雅维利是共和国的秘书。

13 扎卡伊亚和卢多维科·贡扎加侯爵、费代里科·达·蒙泰费尔特罗一起在卡佐伊奥萨跟着维托里奥·达·费尔特雷学习。扎卡伊亚深受曼托瓦宫廷重视，在曼特尼亚（Mantegna）所绘《婚礼堂》（Camera degli Sposi）系列壁画中也有他的肖像画（Simonetta, *Rinascimento segreto,* cit., p. 111）。他担任了很多年的米兰大使，在 *Carteggio* 中能看到很多他撰写的公文，尤其是关于谋杀加莱亚佐的事，扎卡伊亚·萨吉写给卢多维科·贡扎加的信，米兰，1476 年 12 月 26（于 Belotti, *Il dramma di Girolamo Olgiati,* cit., pp. 186–187）。但是在 G. D'Adda, *La morte di Galeazzo Maria Sforza,* «Archivio storico lombardo», 1875, p. 287 中引用了另一个见证人的叙述，据他所说，扎卡伊亚因害怕逃走了。

14 Casanova, *L'uccisione di Galeazzo Maria Sforza e alcuni documenti fiorentini,* cit., p. 304.

15 Santi 463.

16 Casanova, *L'uccisione di Galeazzo Maria Sforza e alcuni documenti fiorentini,* cit., p. 305; 也可参见其他来源，如 Parenti 3。

17 扎卡伊亚·萨吉写给卢多维科·贡扎加的信，克雷莫纳，1471 年 8 月 21 日（*Carteggio* VIII, p. 550）。

18 奇科·西莫内塔写给杰拉尔多·切鲁蒂（Gerardo Cerruti）的信，米兰，1473 年 2 月 13 日（ASMi PE Romagna 178; 引自 Simonetta, *Rinascimento segreto,* cit., p.

123）。

19 Casanova, *L'uccisione di Galeazzo Maria Sforza e alcuni documenti fiorentini*, cit., p. 306.

20 Corio 1407; 参见 D'Adda, *La morte di Galeazzo Maria Sforza*, cit., pp. 286–287. 关于奥尔贾蒂和兰普尼亚尼，参见 Belotti, *Il dramma di Girolamo Olgiati*。

21 Corio 1408.

22 Casanova, *L'uccisione di Galeazzo Maria Sforza e alcuni documenti fiorentini*, cit., p. 307.

23 Machiavelli, *Istorie fiorentine* VII, 34; 也可见 A. Frazier, *Possible Lives: Authors and Saints in Renaissance Italy*, New York 2005, p. 151。

24 参见 Belotti, *Il dramma di Girolamo Olgiati*, p. 154, 奇科于 1477 年 1 月 8 日写的信，为了确定小麦的合理价格。

25 关于博纳的请求，见 E. Breisach, *Caterina Sforza. A Renaissance Virago*, Chicago 1967, p. 26; 参见博纳写给切尔索·马费伊（Celso Maffei）的信，米兰，1477 年 1 月初（BNP It. 1592, 95–96; 也可见神学上的辩论，BNP It. 1592, 97, 该文件发表于 P.D. Pasolini, *Caterina Sforza*, Roma 1893, vol. III, pp. 30–32）。

26 关于推测出的她在加莱亚佐葬礼中充当的角色，参见 F.M. Vaglienti, *Anatomia di una congiura. Sulle tracce dell'assassinio del duca Galeazzo Maria Sforza tra storia e scienza*, in «Rendiconti dell'Istituto Lombardo Accademia di scienze e lettere», CXXXVI/2, 2002; 关于露西娅阴谋家的形象，见历史小说：Laura Malinverni, *Una storia del Quattrocento. Misteri, ambizioni e conflitti nel Ducato di Milano. L'amore tra Lucia Marliani e Galeazzo Maria Sforza*, Firenze 2000.

27 Machiavelli, *Istorie fiorentine* VIII, 18; Simonetta, *Rinascimento segreto*, cit., p. 161.

28 萨伏依的博纳写给机密委员会的信，米兰，1476 年 12 月 30 日（ASMi 932; Lettere II, 249–250）；参见 R. Fubini, *Osservazioni e documenti sulla crisi del ducato di Milano nel 1477, e sulla riforma del Consiglio Segreto ducale di Bona Sforza*, in *Essays presented to Myron P. Gilmore*, Firenze 1977, vol. I, pp. 47–103; 也可见 Simonetta, *Rinascimento segreto*, cit., pp. 157–158。关于吉安·贾科莫·西莫内塔，见 *ibid.*, pp. 135–136。

29 扎卡伊亚·萨吉写给卢多维科·贡扎加的信，米兰，1477 年 1 月 31 日（ASMa b. 1626）。

第二章

1 关于他（菲拉雷特）为斯福尔扎家族城堡所做的工作，见 E.S. Welch, *Art and Authority in Renaissance Milan*, London-New Haven 1995。

2　N. Pelling, *The Curse of the Voynich. The Secret History of the World's Most Mysterious Manuscript*, Surbiton 2006，他认为 Bein. Ms. 408 实际上是菲拉雷特在奇科的密码技术帮助下创作出来的。

3　关于斯福尔扎大使传记的合集及奇科的密码合集，见 L. Cerioni, *La diplomazia sforzesca nella seconda metà del Quattrocento e i suoi cifrari segreti*, Roma 1970, 2 voll. ; 也可参见奇科的《日记》中的好几处；V. Ilardi, *The First Permanent Embassy outside Italy: The Milanese Embassy at the French Court, 1464–1483*, in *Politics, Religion e Diplomacy in Early Modern Europe. Essays in Honor of De Lamar Jensen*, Kirksville 1994, pp. 1–18.

4　Acta, 1477 年 1 月 6 日。

5　斯福尔扎·马里亚写给费代里科·贡扎加的信，那不勒斯，1479 年 1 月 12 日（ASMa b. 1608）。

6　埃尔科莱·德斯特写给尼科洛·本迪迪奥（Nicolò Bendidio）的信，佛罗伦萨，1477 年 2 月 9 日（*Lettere* II, 296）。

7　关于维梅尔卡蒂的案件，见 Fubini, *Osservazioni e documenti sulla crisi del ducato di Milano nel 1477, e sulla riforma del Consiglio Segreto ducale di Bona Sforza*, cit., pp. 77ss. ; 引自 C. Magenta, *I Visconti e gli Sforza nel Castello di Pavia e i loro attinenze con la Certosa e la storia cittadina*, Milano 1883, vol. II, pp. 390–392. 参见 P. Pecchiai, *Il cuoco di Cicco Simonetta*, «Archivio storico lombardo», 1923, pp. 502–503：他为（西莫内塔）家族服务前就有人尝过他的"创作"了，这一时期，毒药开始系统地用于解决政治问题。关于西莫内塔家族的生活习惯，见 Simonetta, *Rinascimento segreto*, cit., p. 130。

8　洛伦佐·德·美第奇和朱利亚诺·德·美第奇写给萨伏依的博纳的信，佛罗伦萨，1476 年 12 月 29 日；萨伏依的博纳写给洛伦佐·德·美第奇的信，米兰，1477 年 1 月 6 日（*Lettere* II, 247–250）。

9　洛伦佐·德·美第奇写给萨伏依的博纳的信，佛罗伦萨，1477 年 1 月 18 日（*Lettere* II, 262）。礼物的潜在含义是我自己的理解。

10　加莱亚佐·马里亚·斯福尔扎写给洛伦佐·德·美第奇的信，米兰，1476 年 7 月 11 日（MAP XLVII 253; *Lettere* II, 239–240）。

11　关于美第奇家族的崛起，见 N. Rubinstein, *Il governo di Firenze sotto i Medici (1434–1494)*, Firenze 1997 ; R. De Roover, *Il Banco Medici dalle origini al declino: 1397–1494*, Firenze 1970 ; T. Parks, *La fortuna dei Medici. Finanza, teologia e arte nella Firenze del Quattrocento*, Milano 2006。

12　洛伦佐·德·美第奇写给托马索·索代里尼和路易吉·圭恰迪尼的信，佛罗伦萨，1477 年 2 月 17 日（*Lettere* II, 280–289；其中有一则单独写给奇科的附言，由大使们斟酌是否给他看，参见 290–293 ）。

13 关于洛伦佐在伦巴第的游历，见 *Lettere* I, 14–16。关于维斯孔蒂–斯福尔扎图书馆，见 G. D'Adda, *Indagini storiche, artistiche e bibliografiche sulla Libreria visconteo-sforzesca del Castello di Pavia*, Milano 1875。

14 洛伦佐写给比安卡·马里亚（Bianca Maria）和米兰公爵加莱亚佐·马里亚·斯福尔扎的信，佛罗伦萨，1466 年 6 月 9 日（*Lettere* I, 21–22 ）。

15 洛伦佐·德·美第奇写给安德烈亚·彼得里尼（Andrea Petrini,他在米兰的代理人）的信，佛罗伦萨，1477 年 2 月 17 日（*Lettere* II, 296, 其中提到了维梅尔卡蒂针对奇科的阴谋）。

16 费代里科·达·蒙泰费尔特罗写给洛伦佐·德·美第奇的信，福松布罗内，1477 年 1 月 25 日（MAP XLVII 396）；另一封内容相同的信是在古比奥写的，1477 年 5 月 24 日（MAP XLV 283）。

17 费代里科·达·蒙泰费尔特罗写给洛伦佐·德·美第奇和朱利亚诺·德·美第奇的信，1475 年，收录于 *Lettere di stato*, p. 80 ；参见 Giovanni di Carlo 130r。关于这次雇佣，也可见 *Lettere* II, 292。

18 Corio 1410。

19 佛罗伦萨领主国写给西克斯图斯四世、阿拉贡的费兰特、威尼斯共和国和费代里科·达·蒙泰费尔特罗的信，佛罗伦萨，1476 年 12 月 29 日，收录于 Casanova, *L'uccisione di Galeazzo Maria Sforza e alcuni documenti fiorentini*, cit., pp. 311–313。费代里科·达·蒙泰费尔特罗给洛伦佐·德·美第奇和朱利亚诺·德·美第奇的回信，1477 年 1 月初，收录于 *Lettere di stato*, p. 81。

20 Santi 469–470。

21 洛伦佐·德·美第奇写给真蒂莱·贝基的信，佛罗伦萨，1477 年 2 月 1 日（*Lettere* II, 272–276 ）。

22 参见 C. Rosmini, *Dell'istoria di Milano*, Milano 1820, vol. IV, pp. 158–162。

23 关于他和圣塞韦里诺的关系，见 Simonetta, *Rinascimento segreto*, cit., pp. 197ss。浦尔契在自己关于 1469 年的佛罗伦萨马上比武的诗中加进了一则关于圣塞韦里诺的引文，洛伦佐在这场比赛中取得了意料之中的胜利。关于路易吉·浦尔契写给洛伦佐·德·美第奇的所有信件，尤其是 1473 年及之后的，见 *Morgante e Lettere*。

24 安杰洛·德拉·斯图法写给加莱亚佐·斯福尔扎的信，佛罗伦萨，1476 年 4 月 19 日（ASMi PE Firenze 291）。

25 路易吉·浦尔契写给洛伦佐·德·美第奇的信，佛罗伦萨，1477 年 1 月 3 日（*Morgante e Lettere*, p. 1000 ）。

26 米兰公爵写给菲利波·萨克拉莫罗的信，米兰，1477 年 3 月 19 日（ASMi PE Firenze 292 ）。

27 费代里科·达·蒙泰费尔特罗写给米兰公爵的信，乌尔比诺，1477 年 4 月 17 日（ASMi PE Marca 149；这封信被抹掉日期收录于 *Lettere di stato*, pp. 57–58）。

28 扎卡伊亚·萨吉写给卢多维科·贡扎加的信，米兰，1477 年 5 月 25 日至 26 日（ASMa b. 1626）。

29 罗伯托·达·圣塞韦里诺写给蒙费拉托侯爵的信，阿斯蒂，1477 年 5 月 28 日（Rosmini, *Dell'istoria di Milano*, cit., vol. IV, p. 164）。

30 洛伦佐·德·美第奇写给罗伯托·达·圣塞韦里诺的信，佛罗伦萨，1477 年 5 月 29 日（ASMi PE Firenze 292; *Lettere* II, 258–261）。

31 洛伦佐·德·美第奇写给米兰的菲利波·萨克拉莫罗的信，佛罗伦萨，1477 年 6 月 5 日（*Lettere* II, 367–371）。E. Scarton, *Giovanni Lanfredini. Uomo d'affari e diplomatico nell'Italia del Quattrocento*, Firenze 2007, p. 107，提及了 1477 年 7 月 5 日洛伦佐冻结了可能会付给罗伯托的款项，甚至也包括了威尼斯银行的。

32 Pulci, *Morgante*, cantare I, 12,1–2.

33 费代里科·达·蒙泰费尔特罗写给米兰公爵的信，古比奥，1477 年 6 月 3 日（ASMi PE Umbria 141）。

34 托马索·索代里尼写给洛伦佐·德·美第奇的信，米兰，1477 年 6 月 30 日（MAP XXXII 113; 参见 R. Fubini, *Italia quattrocentesca: politica e diplomazia nell'età di Lorenzo il Magnifico*, Milano 1994, p. 112）。

第三章

1 关于费代里科的传记作者，见 Scrivano, *Biografie*；按照时间顺序分别是帕特罗尼（Paltroni）、桑蒂、韦斯帕夏诺·达·比斯蒂奇、巴尔迪（Baldi）、丹尼斯顿（Dennistoun）、托马索利和勒克（Roeck）。也可见 M. Bonvini Mazzanti, *Battista Sforza Montefeltro. Una «principessa» nel Rinascimento italiano*, Urbino 1993。

2 这些非常漂亮的有镶嵌装饰的木质镶板如今保存在纽约大都会艺术博物馆。见 O. Raggio, *The Gubbio Studiolo and Its Conservation*, The Metropolitan Museum of Art, New York 1999。

3 公爵的秘书是费代里科·加利（Federico Galli），根据德·罗西的传记，他活到了 106 岁；更重要的是这位传记作者强调了公爵"总是想要看所有的信并签字"的事实（*Vita di Federico di Montefeltro*, a cura di V. Bramanti, Firenze 1995, p. 84）。

4 费代里科·达·蒙泰费尔特罗写给马泰奥（Matteo Benedetti，他在米兰的代理人）的信，古比奥，1477 年 7 月 2 日（ASFi, Urbino, Classe I, Div. G., filza CIV, n. 12）。这封信收录于 R. Fubini, *Federico da Montefeltro e la congiura dei Pazzi: politica e propaganda alla luce di nuovi documenti*, in *Federico di Montefeltro*, vol. I, pp. 451–458。这篇创新的评论第一次勾画出蒙泰费尔特罗的角色在帕奇阴谋准备过程中在外

交上的轮廓，附录中包含其他非常重要的资料。

5 斯福尔扎家族的成员也非常迷信，比如 1461 年的 *Liber iudiciorum in nativitate comitis Galeaz Marie Vicecomitis*，由拉法埃莱·维梅尔卡蒂签署（Triv. Ms. 1329）。1475 年可能是由雅各布·达·斯皮拉（Jacopo da Spira）为费代里科做的星占（Bein. Mellon 13），在 *Federico da Montefeltro and His Library*（cat. n. 10）中有叙述。

6 Senatore, *«Uno mundo de carta». Forme e scritture della diplomazia sforzesca*, Napoli 1998, p. 251："讯息之王"指的是其监视国家间外交信息的能力。

7 巴尔迪怀疑科里奥在这个事件中的证词。

8 关于费代里科在其同父异母的兄弟身亡的事件中可能扮演的角色，见 G. Scatena, *Oddantonio da Montefeltro I Duca di Urbino*, Roma 1989；关于乌尔比诺的《鞭笞基督》中所谓的隐藏的揭示，参见最近的 B. Roeck, *Piero della Francesca e l'assassino*, Torino 2007。

9 关于费代里科在其中扮演的角色，至少可以参见 Paltroni 267–276；Santi 390–407；最近的 A. Ivani da Sarzana, *Opere storiche*, a cura di P. Pontari e S. Marcucci, Firenze 2006 一书的附录中有比亚焦·利希（Biagio Lisci）和焦万·巴蒂斯塔·坎塔利乔（Giovan Battista Cantalicio）写的文章。

10 见《费代里科·达·蒙泰费尔特罗和他的藏书》(*Federico da Montefeltro and His Library*) 一书中德利奥·普罗韦尔比奥（Delio Proverbio）的文章，前言由亚历山大（J.J.G. Alexander）所作，该书于纽约摩根图书馆及博物馆展出（2007 年 6 月 8 日至 9 月 30 日），米兰–梵蒂冈，2007。

11 关于佛罗伦萨公民身份和其他礼物，参见萨克拉莫罗·达·里米尼写给加莱亚佐·马里亚·斯福尔扎的信，佛罗伦萨，1472 年 6 月 26 日（ASMi PE Firenze 283）。据韦斯帕夏诺·达·比斯蒂奇所说，费代里科被赠予了卢卡·皮蒂（Luca Pitti）在鲁夏诺的一座别墅，后者是 1466 年失败的反对美第奇家族阴谋的同谋者。

12 弗朗切斯科·普伦迪拉夸（Francesco Prendilaqua）写给卢多维科·贡扎加的信，乌尔比诺，1473 年 4 月 2 日（ASMa b. 845; cit. in Paltroni 275）。

13 这份献给费代里科的《卡马尔多利之争》是 Urb. lat. 508 (BAV)；关于费代里科的回复，参见 *Lettere di stato*, pp. 102–103。

14 Corio 1369："如果奇科不在了，那么有必要用蜡再做一个出来。"

15 R. Valentini, *Uno scritto ignorato del duca Federico*, «Urbinum», 1914, pp. 11–14. 《秘密信件》的原稿如今在古比奥的国家档案馆中，作者希望它能被完整地公布。也可见即将发表在 «Rivista di Studi Montefeltrani» 上的文章 *Nuove riflessioni sulla figura di Federico da Montefeltro fra storia e storiografia (con una lettera cifrata del 1472)*。

第四章

1 巴乔·乌戈利尼写给尼科洛·米凯洛齐的信，罗马，1477 年 1 月 16 日（BNCF, Ginori Conti, 29, 18）。

2 洛伦佐·德·美第奇写给巴乔·乌戈利尼的信，佛罗伦萨，1477 年 2 月 1 日（*Lettere* II, 269）。

3 关于西克斯图斯四世和德拉·罗韦雷家族的背景，至少可以参见 *Un pontificato ed una città: Sisto IV (1471—1484)*, a cura di M. Miglio et al., Roma 1986 ; G. Lombardi, *Sisto IV*, in *Enciclopedia dei Papi*, vol. II, pp. 701–717, Roma 2000 ; 也可参见 N. Clark, *Melozzo da Forlì. Pictor Papalis*, London 1990。

4 彼得罗·里亚里奥写给洛伦佐·德·美第奇的信，罗马，1472 年 8 月 14 日（MAP XLVI 184; citata in *Lettere* I, 392）。关于彼得罗·里亚里奥，参见 Santi 425–428 ; Pasolini, *Caterina Sforza*, cit., vol. I, pp. 47–50。

5 萨克拉莫罗·达·里米尼写给加莱亚佐·马里亚·斯福尔扎的信，罗马，1473 年 11 月 9 日（ASMi PE Roma 73）。关于伊莫拉，见 Pasolini e Breisach, *Caterina Sforza*, cit. ; S. Zaggia, *Una Piazza per la Città del Principe. Strategie Urbane e Architettura a Imola durante la Signoria di Girolamo Riario (1473–1488)*, Roma 1999。关于卡泰丽娜在米兰的婚礼仪式（1473 年 1 月 14 日），参见奇科的《日记》。

6 费代里科·达·蒙泰费尔特罗写给洛伦佐·德·美第奇的信，那不勒斯，1474 年 7 月 29 日（MAP LXI 155）。洛伦佐的秘书尼科洛·米凯洛齐于 1474 年 8 月 8 日在佛罗伦萨写给真蒂莱·贝基的信中对前文所述的信评价道："他前往罗马，相信在那里将会缔结协议。伯爵亲自肯定了主人（洛伦佐），并对我们的委托表示极其高兴，承诺将尊重我们及我们的名誉。"（BNCF, Ginori Conti, 29, 67）；在随后几天的几封信中米凯洛齐提到了费代里科的可疑活动，后者的行动像一名"狡猾且背信弃义的叛徒"。

7 吉安·彼得罗·阿里瓦贝内（Gian Pietro Arrivabene）写给费代里科·贡扎加的信，罗马，8 月 13 日和 21 日（ASMa b. 845）。关于罗马的仪式，见 Baldi III, 234–235 以及 *addenda* P-Q-R, 278–281 ; 参见 Dennistoun I, 209–211。

8 关于费代里科在卡斯泰洛城，见 Santi 440–444。

9 W. Tommasoli, *La vita di Federico da Montefeltro (1422-82)*, Urbino 1978, pp. 159–160 ; Santi 446, 449–450 ; 关于皮耶罗·费利奇在佛罗伦萨的最后一次任务，参见菲利波·萨克拉莫罗写给加莱亚佐·马里亚·斯福尔扎的信，佛罗伦萨，1474 年 10 月 10 日（ASMi PE Firenze 288）。

10 吉安·彼得罗·阿里瓦贝内写给费代里科·贡扎加的信，罗马，1474 年 10 月 1 日（ASMa b. 845）。由于不确定仪式礼仪是否恰当，他写信给那不勒斯请求指示如何在圣宗徒堂做弥撒。

11 Santi 453–457.

12 费代里科·达·蒙泰费尔特罗写给洛伦佐·德·美第奇的信，乌尔比诺，1474年12月30日（MAP XXX 1079；*Lettere* II, 123）。

13 Parenti 12,17. 关于弗朗切斯科·帕齐，见 Poliziano, *Congiura* 12–16，以及 Santi 493。

14 关于弗朗切斯科·萨尔维亚蒂，见 Poliziano, *Congiura* 10–12 以及其保存在 MAP 中的许多信件。

15 弗朗切斯科·诺里写给洛伦佐·德·美第奇的信，罗马，1475年1月19日（MAP LXI 98；部分经过加密）。

16 弗朗切斯科·马莱塔（Francesco Maletta）写给加莱亚佐·马里亚·斯福尔扎的信中汇报了费代里科·达·蒙泰费尔特罗对于洛伦佐·德·美第奇的抱怨，那不勒斯，1475年7月13日（ASMi PE Napoli 227; *Lettere* II, 117）。

17 洛伦佐·德·美第奇写给加莱亚佐·马里亚·斯福尔扎的信，佛罗伦萨，1475年9月7日（*Lettere* II, 121–127）。

18 弗朗切斯科·萨尔维亚蒂写给洛伦佐·德·美第奇的信，比萨，1476年6月20日（MAP XXXIII 479）。

19 蒙泰塞科的"供词"于1478年5月4日公开，于8月4日在佛罗伦萨发表（许多其他的历史学家都对此有所研究，包括 L. Martines, *La congiura dei Pazzi. Intrighi politici, sangue e vendetta nella Firenze dei Medici*, Milano 2004，但是这里是第一次按照事件发生的"时间"顺序尝试进行重构）。

20 弗朗切斯科·萨尔维亚蒂写给尼科洛·巴尔多维尼的信，罗马，1477年7月11日（BL Add. 24.213, 40）。

21 Machiavelli, *Principe* XVII 及 XI.

22 Machiavelli, *Istorie fiorentine* VII, 6.

23 吉罗拉莫·里亚里奥写给洛伦佐·德·美第奇的信，罗马，1477年9月1日（BNP It. 2033, 36）。

24 萨克拉莫罗·达·里米尼写给米兰公爵的信，罗马，1477年9月14日（ASMi PE Roma 84）。

25 在自己亲自写的附言中，萨克拉莫罗提到了身为洛伦佐小舅子的佛罗伦萨大主教里纳尔多·奥尔西尼和他说了另一次试图谋害美第奇家族的阴谋，时间大约在1476年9月；参见 Fubini, *Federico da Montefeltro e la congiura dei Pazzi*, cit., p. 405。像往常一样，在上述的这场被指控的阴谋背后，费代里科的影子——皮耶罗·费利奇已经动身，他将前往诺瓦拉拜访加莱亚佐·斯福尔扎，然后前往那不勒斯拜访费兰特国王。

26 Tommasoli, *La vita di Federico da Montefeltro (1422–1482)*, cit., p.274，引用自

《梵蒂冈秘密档案》。

27 萨克拉莫罗·达·里米尼写给米兰公爵的信，罗马，1477 年 9 月 16 日（ASMi PE Roma 84）。

28 洛伦佐·德·美第奇和一些佛罗伦萨公民商议写给弗朗切斯科·萨尔维亚蒂的信，佛罗伦萨，1477 年 9 月 18 日（*Lettere* II, 416）。

29 费代里科·达·蒙泰费尔特罗写给占星学家安东纽奇奥·达·古比奥的信，收录于 *Lettere di stato*, p. 113。

30 巴乔·乌戈利尼写给洛伦佐·德·美第奇的信，罗马，1477 年 10 月 6 日（MAP XXVI 189）："如果能够让**教皇**相信，在**卡斯泰洛城**的阴谋中并非没有他（费代里科）的过错，并且相信这确实是后续所有愤怒的根源，那么他们就会打成一团，而您肩上的重量将会减轻，由其他人来承受。"乌戈利尼在信的结尾处写了一个半加密的附言："您有意从里多尔福·贡扎加（一名忠于洛伦佐的雇佣兵）阁下那里了解**教皇对曼托瓦**（弗朗切斯科·贡扎加，里多尔福的兄弟）、**费兰特国王**以及**乌尔比诺公爵**说过的一些话，但是我并不想将您的话写给他们。"加粗部分是加密的。

31 巴乔·乌戈利尼写给洛伦佐·德·美第奇的信，罗马，1477 年 10 月 25 日（MAP XXVI 388）："他补充了存在敌意的另一个原因，就是**米兰公爵**在世时将所有军事管理上的付款和改革委托给**伯爵**，而不愿委托给**乌尔比诺公爵**，他做到了，而公爵也隐隐感觉到了一种悬殊差别。这样他就完全相信可以从我们那里得到它，并且会像他们彼此之前那样亲近地谈论这件事。无论如何，这应该是有用的。如果需要帮助的话，就提供有用的帮助。如果他退出，我们很清楚他给我们的承诺，我们可以一字不差地讲出来，关于**曼托瓦**我毫不怀疑，他会告诉我们从别人口中得到或他知晓的真相。说起他们在一起，我很快就会告诉您其中的缘由。"加粗部分是加密的。

第五章

1 Castiglione, *Cortegiano* I, 2.

2 Santi 423；关于书房和图书馆，见 *Federico da Montefeltro and His Library*, cit.。

3 关于费代里科军队的动向，参见雅各布·阿马纳蒂（Iacopo Ammannati）写给洛伦佐·德·美第奇的信，锡耶纳，1477 年 10 月 9 日［MAP XXXIV 206，收录于 I. Ammannati Piccolomini, *Lettere (1444–1479)*, a cura di P. Cherubini, Roma 1997, 3 voll., p. 2158］。

4 Santi 489ss. 参见 Tommasoli, *La vita di Federico da Montefeltro (1422-82)*, cit., p. 275。

5 Santi 491；关于夸张地接待斯福尔扎家族派来的医生及手术细节，参见彼得吕斯·保卢斯·佩尼斯（Petrus Paulus Pegnis）写给米兰公爵的信，乌尔比诺，1478 年 1 月 31 日（ASMi PE Marca 149）。参见彼得罗·斯帕尼奥利（Pietro Spagnoli）

写给卢多维科·贡扎加的信，米兰，1478 年 2 月 11 日："据说乌尔比诺公爵的腿又被砍了四五刀。这是这些领主从他们派来探望的人中了解到的。"（ASMa b. 1626）。

6　*Lettere* II, 456. 关于洛伦佐·朱斯蒂尼，见 *Dizionario biografico degli Italiani*, Roma 2001, vol. 57, pp. 203–208 中的词条。

7　*Lettere* II, 456. 见 1478 年 2 月 11 日费代里科·达·蒙泰费尔特罗写给皮耶罗·费利奇的信，被引用于 *Lettere* II, 463，是回复给乌尔比诺公爵及其在教皇身边的大使们的加密信件，罗马，1478 年 2 月 6 日（收录于 Fubini, *Federico da Montefeltro e la congiura dei Pazzi*, cit., pp. 462–472）。参见费代里科·达·蒙泰费尔特罗写给皮耶罗·费利奇的信，乌尔比诺，1478 年 2 月 7 日（PML, MA 4338），在这封信中，他感谢皮耶罗告诉自己米兰公爵夫人（即奇科）对自己的"荣誉"，也就是对雇佣他一事的支持。这封信被转载并评论于 *Federico da Montefeltro and His Library*, cit. (cat. n. 12)。

8　费代里科·达·蒙泰费尔特罗写给皮耶罗·费利奇和阿戈斯蒂诺·斯塔科利的信，乌尔比诺，1478 年 2 月 14 日（Ubaldini；几乎整封信都被加密了）。这封信也于 2003 年首次于《意大利历史档案》上发表，被转载和评论于 *Federico da Montefeltro and His Library*, cit. (cat. n. 13)。

9　对于此次发现的详细叙述见"后记"。

10　这本工具书被认为是奇科所作，这几页纸从他的《日记》中被截取下来，帕维亚，1474 年 7 月 4 日（BNP It. 1595, 441r e ss.）。

11　Vat. lat. 998 (BAV). 感谢尼克·佩林（Nick Pelling）告诉我这个乌尔比诺密码的小规则。

12　Clark, *Melozzo da Forlì*, cit., 他认为圭多巴尔多的肖像画可能是梅洛佐画的，但是最近的一次重新认定作者的工作将这幅画归为巴尔托洛梅奥·德拉·加塔的作品。Simonetta, *Federico da Montefeltro architetto della Congiura dei Pazzi e del Palazzo di Urbino, Atti del Convegno Internazionale di Studi «Francesco di Giorgio alla Corte di Federico da Montefeltro»*, Firenze 2004, pp. 81–101 及 *Federico da Montefeltro contro Firenze. Retroscena inediti della Congiura dei Pazzi*, «Archivio storico italiano», CLXI (2003), pp. 261–284。

13　奥塔维亚诺·乌巴尔迪尼写给皮耶罗·费利奇的信，乌尔比诺，1478 年 2 月 15 日（Ubaldini）。

14　吉罗拉莫·里亚里奥写给洛伦佐·德·美第奇的信，罗马，1477 年 12 月 10 日："出于共同的爱，我认为我有责任告知您这些，我确定您会感到欣喜，教皇陛下已降格提拔书记教士、我的侄子为高贵的红衣主教，对于您来说，他在各个方面都不会亚于我。"（苏富比拍卖行 2007 年 11 月 29 日在巴黎拍卖前审查的信件）

15　Simonetta, *Rinascimento segreto*, cit., pp. 181ss.；关于菲奇诺在此次阴谋中的参

与，R. Fubini, *Quattrocento fiorentino: politica, diplomazia, cultura*, Pisa 1996, pp. 235–301（*Ficino e i Medici all'avvento di Lorenzo il Magnifico* 和 *Ancora su Ficino e i Medici*）。

16 吉罗拉莫·里亚里奥在同一时间写了两封支持雅各布·布拉乔利尼的信给洛伦佐·德·美第奇，罗马，1478 年 1 月 15 日（MAP XXXIV 49 及 275；参见 *Lettere* II, 468 和 Simonetta, *Rinascimento segreto*, cit., p. 185："这会是消除因任何原因产生的任何疑问的理由"，正如他在由雅各布本人投送的第二封信中坚持认为的那样）。

17 据菲利波·萨克拉莫罗所说，拉法埃莱于 1478 年 3 月 5 日到达了帕奇家族的别墅；见拉法埃莱·里亚里奥 1478 年 3 月 30 日在蒙图吉写的信（MAP XXXVI 392；参见 Fubini, *Federico da Montefeltro e la congiura dei Pazzi*, cit., p. 432）。

18 见阿拉贡的费兰特国王的官方信件，萨尔诺，1478 年 4 月 1 日，关于 3 月 27 日的秘密会面，记录于 Fubini, *Federico da Montefeltro e la congiura dei Pazzi*, cit., pp. 467–468。

19 马泰奥·孔图吉写给费代里科·贡扎加的信，乌尔比诺，1478 年 4 月 1 日（ASMa b. 846）。

20 乔瓦尼·兰弗雷迪尼写给洛伦佐·德·美第奇的信，威尼斯，1478 年 1 月 3 日（*Lettere* II, 468）；参见莱奥纳尔多·博塔(Leonardo Botta)写给米兰公爵的信，威尼斯，1478 年 1 月 18 日（ASMi PE Venezia 363；见 Ilardi, *The Assassination of Galeazzo Maria Sforza and the Reaction of Italian Diplomacy*, ora in *Studies in Italian Renaissance Diplomatic History*, cit., p. 100）。

21 菲利波·萨克拉莫罗写给米兰公爵的信，佛罗伦萨，1477 年 9 月 13 日（ASMi PE Firenze 293；*Lettere* II, 413）。关于"乌尔比诺公爵的行为几乎令人绝望"，参见 *Lettere* II, 464；洛伦佐·德·美第奇写给托马索·索代里尼的信，佛罗伦萨，1478 年 2 月 23 日："恐怕所有的损失都不是我们的，因为它们的威力更小，而且就在我们眼皮子底下！"

22 萨克拉莫罗·达·里米尼写给奇科·西莫内塔的信，1478 年 4 月 2 日和 24 日(ASMi PE Roma 85)。

23 Simonetta, *Rinascimento segreto*, cit., p. 158; Frazier, *Possible Lives: Authors and Saints in Renaissance Italy*, cit., p. 156.

第二部分
第六章

1 本章来源多样，必然相互交织：关于蒙泰塞科的供词，见 Poliziano, *Congiura*；Strozzi, *Ricordo*；Landucci 17ss.；Parenti 12–20；S. de' Conti, *Le storie de' suoi tempi, dal 1475 al 1510*, Roma 1883, pp. 22ss.；Machiavelli, *Istorie fiorentine* VIII, 1–9, 部分

取自 Giovanni di Carlo 136r e ss。

2　Parenti 14, 81.

3　Parenti 15, 84.

4　Giovanni di Carlo 136r 使用了拉丁文单词 "stomacans"。

5　Machiavelli, *Istorie fiorentine* VIII, 2 ; 参见 Giovanni di Carlo 136v。

6　关于美第奇宫的描述和维吉尔的引用（*Aen.* II, 248–249）, Giovanni di Carlo 140v–141r: "这是最后一天，而我们这些可怜的人要用花彩装饰我们的城市。"（Nos miseri, quibus esset ultimus ille dies, festa velamus fronde per urbem）

7　Machiavelli, *Istorie fiorentine* VIII, 6.

8　Parenti 17, 166.

9　Parenti 18, 182. Machiavelli, *Discorsi* III, 6 认为弗朗切斯科·帕齐喊了一声，给了洛伦佐逃离袭击的可能。

10　Giovanni di Carlo 142r.

11　Scarton, *Giovanni Lanfredini. Uomo d'affari e diplomatico nell'Italia del Quattrocento*, cit., p. 111 中提到刚一听说洛伦佐受伤，热情的大使和 "洛伦佐的人" 就送来了 "一点" 苏丹的 "香膏"，"一种被认为能治愈'豪华者'的神奇药物"。

12　Strozzi, *Ricordo* 521.

13　Parenti 17, 152.

14　Poliziano, *Congiura* 38 ; Machiavelli, *Istorie fiorentine* VIII, 7 ; 关于另一个让切萨雷·彼得鲁奇的大胆行径出名的阴谋，参见 VII, 26（也可见 Simonetta, *Rinascimento segreto*, cit., p. 187）。

15　参见 Giovanni di Carlo 140r. 也可参见 Parenti 12 中页边的注释: "之前在米兰发生的事情让我们佛罗伦萨人激动起来。"

16　Giovanni di Carlo 140v ; Machiavelli, *Istorie fiorentine* VIII, 6 ; 以及 Parenti 18, 205–210，猜测阻止蒙泰塞科对洛伦佐采取行动的 "隐藏原因"。

17　菲利波·萨克拉莫罗写给奇科·西莫内塔的信, 佛罗伦萨, 1478 年 4 月 27 和 28 日（ASMi PE Firenze 294）；参见奇科的《日记》第 237—239 页。

18　Giovanni di Carlo 143v ; 有好几处关于 "复仇" 的各种细节。

19　菲利波·萨克拉莫罗, 1478 年 4 月 27 日, 前文援引过。

20　*Ibid.*

21　Giovanni di Carlo 144v.

22　Landucci 22.

23　见 A. Wright, *The Pollaiuolo Brothers: the Arts of Florence and Rome*, New Haven 2004, p. 136. *Eredità del Magnifico*, Museo Nazionale del Bargello, a cura di P. Barocchi e F. Caglioti, Firenze 1992, pp. 62ss。

24 *Eredità del Magnifico*, Museo Nazionale del Bargello, a cura di P. Barocchi e F. Caglioti, Firenze 1992, pp. 62ss.

第七章

1 Rubinstein, *Il governo di Firenze sotto i Medici (1434–1494)*, cit., p. V. Cfr. p. 220.

2 Landucci 20.

3 费代里科·达·蒙泰费尔特罗写给洛伦佐·德·美第奇的信，乌尔比诺，1478 年 5 月 1 日（MAP XLV 284 ；发表于 P. Viti, *Lettere familiari di Federico da Montefeltro ai Medici*, cit., pp. 484–485，日期错写为 5 月 11 日）。

4 菲利波·萨克拉莫罗写给奇科·西莫内塔的信，佛罗伦萨，1478 年 4 月 27 日和 28 日、1478 年 5 月 3 日；以及奇科·西莫内塔写给菲利波·萨克拉莫罗的信，米兰，1478 年 4 月 30 日（ASMi PE Firenze 294 ）。

5 F. Flamini, *Versi in morte di Giuliano de' Medici, 1478*, «Il Propugnatore», 1889, pp. 321 e 330–334.

6 费代里科·达·蒙泰费尔特罗写给奇科·西莫内塔的信，乌尔比诺，1478 年 5 月 8 日（ASMi PE Marca 149 ）。

7 ［费代里科·加利］写给吉安·贾科莫·西莫内塔的信，乌尔比诺，1478 年 5 月 13 日（ASMi PE Marca 149 ）。

8 米兰公爵写给洛伦佐·德·美第奇的信，米兰，1478 年 5 月 9 日（ASMi PE Firenze 294 ；奇科·西莫内塔亲笔修改 ）。

9 菲利波·萨克拉莫罗写给米兰公爵的信，佛罗伦萨，1478 年 5 月 12 日（ASMi PE Firenze 294 ）。

10 洛伦佐·德·美第奇写给米兰公爵的信，佛罗伦萨，1478 年 5 月 12 日（*Lettere* III, 21–23 ）。

11 Landucci 23.

12 关于洛伦佐的演讲，Giovanni di Carlo 148v–153v ；Machiavelli, *Istorie fiorentine* VIII, 10–11。参见 N. Rubinstein, *Lorenzo de' Medici. The Formation of his Statecraft*, «Proceedings of the British Academy», 63 (1977), p. 86 (ASFi 引用 , Consulte e pratiche, 60, ff. 159r–160r, 之后于 N. Rubinstein, *Il discorso di Lorenzo de' Medici dopo la congiura dei Pazzi: versioni fittizie e il verbale della Cancelleria fiorentina*, in *Laurentia Laurus. Per Mario Martelli*, a cura di F. Bausi e V. Fera, Messina 2006, pp. 3–10 被发表和评论 ）。

13 关于洛伦佐和西克斯图斯四世之间的法律之战，见 A. De Benedictis, *Una guerra d'Italia, una resistenza di popolo. Bologna 1506*, Bologna 2004, pp. 37–40 ； Ead. *Abbattere i tiranni, punire i ribelli. Diritto e violenza negli interdetti del Rinascimento*, in

«Rechtsgeschichte» 11 (2007), pp. 78–81。

14 《佛罗伦萨主教会议》的手稿在 ASFi, Miscell. Repubblicana, n. 264；在 BE 中找到了唯一幸存的古版书；参见 Simonetta, *Rinascimento segreto*, cit., pp. 193-194，以及 *Dissentio* (Bein.)。

15 乔瓦尼·兰弗雷迪尼写给佛罗伦萨十人军事委员会（Dieci di Balia）的信，福贾，1485 年 9 月 28 日［E. Scarton, *Corrispondenza dell'ambasciatore Giovanni Lanfredini, I (13 aprile 1484-9 maggio 1485)*，Salerno 2005, p. 320：有趣的是精于世故的佛罗伦萨大使时隔很多年之后仍旧记得这个细节，斥责"神甫的野心"］。

16 真蒂莱·贝基写给费代里科·加利的信，［卡法焦洛］，1478 年 11 月 4 日（收录于 Fubini, *Federico da Montefeltro e la congiura dei Pazzi*, cit., pp. 469-470）。

17 费代里科·达·蒙泰费尔特罗写给洛伦佐·德·美第奇的信，乌尔比诺，1478 年 6 月 21（MAP XXXVI 824, in Viti, *Lettere familiari*, cit., pp. 485-486）。见《蒙泰费尔特罗的〈圣经〉》，Urb. lat. 2 (BAV)；参见 *La Bibbia di Federico; Federico da Montefeltro and His Library*, cit., *passim*。

18 乔瓦尼·安杰洛·塔伦蒂（Giovanni Angelo Talenti）和菲利波·萨克拉莫罗写给米兰公爵的信，佛罗伦萨，1478 年 6 月 25 日（ASMi PE Firenze 295）；斯福尔扎·贝蒂尼写给洛伦佐·德·美第奇的信，卡姆西亚，1478 年 6 月 28 日（MAP XXXIV 171）。

19 Santi 504ss.

20 孔图吉是曼托瓦侯爵费代里科·贡扎加派驻在乌尔比诺的间谍，贡扎加是蒙泰费尔特罗的对手。

21 关于同样用这种巧妙的方法送给费代里科的礼物，见洛伦佐·达·列蒂（Lorenzo da Rieti）写给卢多维科·贡扎加的信，米兰，1478 年 2 月 25 日（ASMa b. 1626）；亦可参见一位来自博洛尼亚的巴尔德萨写的关于奇科倒台的诗，收录于 Marc., misc. 1945, 48（见 Simonetta, *Rinascimento segreto*, cit., p. 163）。

22 奇科·西莫内塔写给洛伦佐·德·美第奇的信，米兰，1478 年 7 月 3 日（MAP XLV 188）。

23 Landucci 23.

24 这封写于 1478 年 7 月 21 日的信收录于 A. Gallo, *Commentarii de rebus Genuensium et de navigatione Columbi*, a cura di E. Pandiani, in *Rerum Italicarum Scriptores*, XXIII, 1, Città di Castello 1910-1911, pp. 71-72。它是对 1478 年 7 月 7 日教皇敕书的回复，敕书于 7 月 13 日到达佛罗伦萨［F. Di Benedetto, *Un breve di Sisto IV contro Lorenzo*, «Archivio storico italiano», CL (1992), pp. 371-384］。

第八章

1 Santi 505ss.; Conti, *Le storie de' suoi tempi, dal 1475 al 1510*, cit., pp. 41ss.; Baldi III, 246–257.

2 Allegretti, *Diari Senesi, in Rerum Italicarum Scriptores* XXIII, 794ss. 费代里科·达·蒙泰费尔特罗写给匈牙利国王马加什一世的信中回忆了战争第一年的情况，收录于 *Lettere di stato*, pp. 51–52。

3 西克斯图斯四世写给费代里科·达·蒙泰费尔特罗的信，罗马，1478 年 7 月 25 日（MAP LXXXIX 247）。

4 Santi 516–517.

5 F. Storti, *L'esercito napoletano nella seconda metà del Quattrocento*, Salerno 2007, *passim*.

6 关于 1478 年卡斯特利纳围困的事件在《廷臣论》(II, 52) 中被引用。

7 马泰奥·孔图吉写给费代里科·贡扎加的信，费拉拉，1478 年 10 月 16 日（ASMa b. 1229）。

8 Santi 521–556.

9 Santi 554.

10 奇科·西莫内塔的《日记》，252ss.；Gallo, *Commentarii de rebus Genuensium et de navigatione Columbi*, cit., pp. 67ss.；扎卡伊亚·萨吉写给费代里科·贡扎加的信，米兰，1478 年 8 月 9 日（ASMa b. 1626, in *Carteggio* XI, pp. 100ss.）。

11 奇科·西莫内塔写给洛伦佐·德·美第奇的信，米兰，1478 年 12 月 16 日（MAP XLVII 273）。

12 奇科·西莫内塔写给洛伦佐·德·美第奇的信，米兰，1478 年 12 月 29 日（MAP LXXXVIII 281）。关于奇科的图书馆，见 Simonetta, *Rinascimento segreto*, cit., pp. 131ss。

13 吉安·贾科莫·西莫内塔写给洛伦佐的信，米兰，1479 年 1 月 9 日和 22 日（MAP XXXIV 274–275 和 433）。

14 参见 *Lettere* IV, 355–357 中 1479 年 5 月至 6 月的关于和平协定的草案；在 1479 年 7 月的文本（*ibid.* 359–361）中，关于维持奇科的"身份和较高地位"的条款就已经被废除。

15 阿拉贡的费兰特写给米兰公爵的信，那不勒斯，1478 年 8 月 15 日，收录于 G.C. Zimolo, *Le relazioni fra Milano e Napoli e la politica italiana in due lettere del 1478*, «Archivio storico lombardo», 1937, pp. 403–434；参见 Simonetta, *Rinascimento segreto*, cit., p. 219。

16 阿拉贡的费兰特写给米兰公爵的信，那不勒斯，1479 年 1 月 12 日（收录于 C. Magenta, *I Visconti e gli Sforza nel Castello di Pavia e le loro attinenze con la Certosa e*

la storia cittadina, Milano 1883, vol. II, p. 399)。

17 Corio 1422.

18 扎卡伊亚·萨吉写给费代里科·贡扎加的信，米兰，1479 年 9 月 7 日（ASMa b. 1626, in *Carteggio* XI, pp. 433ss.)。关于这部分的很多信息都来自曼托瓦的信件。

19 扎卡伊亚·萨吉写给费代里科·贡扎加的信，米兰，1479 年 9 月 28 日（ASMa b. 1626)。

20 Corio 1423; Machiavelli, *Istorie fiorentine* VIII, 18（关于塔西诺，见 Simonetta, *Rinascimento segreto*, cit., pp. 161ss.)。

21 扎卡伊亚·萨吉写给费代里科·贡扎加的信，米兰，1479 年 12 月 14 日（ASMa b. 1626)。

22 洛伦佐·德·美第奇写给吉罗拉莫·莫雷利（Girolamo Morelli）的信，佛罗伦萨，1479 年 9 月 11 日和 18 日（*Lettere* IV, 190 和 200ss.)。

23 扎卡伊亚·萨吉写给马尔西利奥·安德烈亚斯（Marsilio Andreasi）的信，米兰，1479 年 9 月 29 日（ASMa b. 1626)。

24 扎卡伊亚·萨吉写给费代里科·贡扎加的信，米兰，1479 年 11 月 30 日（ASMa b. 1626)。

25 吉安·弗朗切斯科·毛鲁齐·达·托伦蒂诺写给吉罗拉莫·里亚里奥的信，米兰，1479 年 10 月 13 日、14 日和 18 日（MAP LXXXIX 300, 185 和 350)。

26 Baldi III, 254–256.

27 De' Rossi, *Vita di Federico di Montefeltro*, cit., p. 74.

28 关于他的供词，见 G. Lorenzi, *Cola Montano. Studio storico*, Milano 1875, pp. 56, 76–77。

第九章

1 洛伦佐·德·美第奇写给吉罗拉莫·莫雷利的信，佛罗伦萨，1479 年 9 月 25 日（*Lettere* IV, 215)；关于他去那不勒斯的行程，参见 L. De Angelis, *Lorenzo a Napoli: progetti di pace e conflitti politici dopo la congiura dei Pazzi*, «Archivio storico italiano», CL (1992), pp. 385–421。

2 马泰奥·孔图吉写给费代里科·贡扎加的信，乌尔比诺，1479 年 2 月 5 日（ASMa b. 846)。

3 Giovanni di Carlo 171r：这一讽刺的、虚构的讲话被认为是尼科洛·朱尼（Niccolò Giugni）说的。

4 Santi 517.

5 Santi 615–616："剥夺了佛罗伦萨人民的自由，这意味着挖去了意大利的一只眼睛，让它走向衰落。"

6 阿拉贡的阿方索写给洛伦佐·德·美第奇的信，比萨，1479 年 12 月 4 日（MAP XLV 224）；洛伦佐·德·美第奇写给阿拉贡的阿方索和费代里科·达·蒙泰费尔特罗的信，佛罗伦萨，1479 年 12 月 6 日（*Lettere* IV, 249–252）。

7 洛伦佐·德·美第奇写给佛罗伦萨领主国的信，圣米尼亚托，1479 年 12 月 7 日（*Lettere* IV, 265–270）。

8 据 Machiavelli, *Istorie fiorentine* VII, 8 记录，雅各布·皮奇尼诺被逮捕后被杀；洛伦佐到达那不勒斯（VIII, 19）。

9 "不朽的"弗朗切斯科·斯福尔扎于 1466 年 3 月 8 日去世；参见路易吉·浦尔契写给洛伦佐·德·美第奇的信，佛罗伦萨，1466 年 3 月 12 日（PML, MA 1390 Auto. Misc. Ital.）；皮耶罗·德·美第奇写给洛伦佐·德·美第奇的信，佛罗伦萨，1466 年 3 月 15 日（MAP XX 142）；真蒂莱·贝基写给皮耶罗·德·美第奇的信，那不勒斯，1466 年 4 月 14 日（MAP XVI 191），最后一封信的反面有洛伦佐父亲加的注："我因为高兴读了三遍！"

10 Machiavelli, *Istorie fiorentine VIII*, 19.

11 科拉·蒙塔诺的供词，p. 62。

12 参见 Simonetta, *Rinascimento segreto*, cit., pp. 211ss。关于伊波利塔，参见现在一本有事实可考的历史小说：Laura Malinverni, *Il ramo di biancospino. Storie di donne del Quattrocento*, Roma 2006。

13 *Ficino*, vol. 5, pp. 23–30.

14 关于洛伦佐离开那不勒斯、朱斯蒂尼和代替洛伦佐的米凯洛齐，*Lettere* IV, 321–340；尤其是洛伦佐·德·美第奇写给尼科洛·米凯洛齐的信，佛罗伦萨，1480 年 3 月 16 日。信中表示，如果乌尔比诺公爵不坚持将罗马之行纳入和平的条款的话，洛伦佐会十分感谢他。

15 关于洛伦佐回到佛罗伦萨及和平的条款，见 Giovanni di Carlo 173v；关于 1480 年 3 月 16 日的"充满着烟火和钟声的庆祝会"，参见 Landucci 34；关于佛罗伦萨成立亲美第奇派的喜悦，见弗朗切斯科·加迪（Francesco Gaddi）写给洛伦佐的信，罗马，1480 年 3 月 18 日（MAP XXXVII 26）。

16 关于如同"有权势者真正的暴政"的"七十人学院"的成立，见 Giovanni di Carlo 174v。

17 伊丽莎白·维斯孔蒂写给洛伦佐·德·美第奇的信，米兰，1480 年 1 月 19 日（MAP LI 4）。

18 Santi 618.

19 马泰奥·孔图吉写给费代里科·贡扎加的信，乌尔比诺，1480 年 5 月 18 日和 22 日（ASMa b. 846）。

20 *Diarium Parmense*, in *Rerum Italicarum Scriptores*, XXII, p. 323.

21 对奇科的审判公布于 Rosmini, *Dell'istoria di Milano*, cit., vol. IV, pp. 190–215（参见 Simonetta, *Rinascimento segreto*, cit., p. 162）

第十章

1 *Diarium Parmense*, in *Rerum Italicarum Scriptores*, XXII, p. 354.

2 Frazier, *Possible Lives*, cit., cap. III.

3 这里很可能指的是维罗纳的切尔索·马费伊，这位修士也作为中间人在加莱亚佐·马里亚·斯福尔扎死后为其赦免罪行。

4 Corio 1429.

5 Corio 1430.

6 关于西克斯图斯四世对佛罗伦萨大使们冗长的回答，见 Giovanni di Carlo 183v–187v。

7 关于正式的赦免书，见 E. Carusi, *L'istrumento di assoluzione dei Fiorentini dalle censure di Sisto IV*, «Archivio Muratoriano», 16 (1915), p. 290。未被授权交易的只有木材和钢铁，因为它们非常容易被用来制造战争武器。

8 马泰奥·孔图吉写给费代里科·贡扎加的信，乌尔比诺，1481 年 11 月 28 日（ASMa b. 846；参见 *Lettere* VI, 74）。

9 费代里科·达·蒙泰费尔特罗写给洛伦佐·德·美第奇的信，福松布罗内，1481 年 11 月 29 日（MAP XLV 285）。

10 马泰奥·孔图吉写给费代里科·贡扎加的信，乌尔比诺，1481 年 12 月 13 日（ASMa b. 846）；但丁，《神曲·地狱篇》，第三十一首，55–57。

11 萨克拉莫罗·达·里米尼写给米兰公爵的信，罗马，1482 年 3 月 6 日；阿内洛·阿尔卡莫内（Anello Arcamone）写给那不勒斯国王和米兰公爵的信，罗马，1482 年 3 月 12 日（ASMi PE Roma 91）。

12 马泰奥·孔图吉写给费代里科·贡扎加的信，乌尔比诺，1482 年 2 月 18 日至 3 月 9 日之间（ASMa b. 846）；参见 *Lettere* VI, 274。

13 关于费拉拉战争，见 Conti, *Le storie de' suoi tempi, dal 1475 al 1510*, cit., pp. 120–121ss。

14 关于费代里科被雇佣的细节，参见引用的孔图吉的信件（见 *Lettere* VI, 339）。

15 关于费代里科的计划和他对于占星结果的担忧，见以下几封信：圭丹托尼奥·韦斯普奇（Guidantonio Vespucci）写给洛伦佐的信，罗马，1482 年 3 月 9 日（MAP XXXVIII 109）；皮耶尔·菲利波·潘多尔菲尼（Pier Filippo Pandolfini）写给洛伦佐的信，乌尔比诺，1482 年 3 月 31 日（MAP LI 103）；皮耶尔·菲利波·潘多尔菲尼写给洛伦佐的信，乌尔比诺，1482 年 4 月 12 日（MAP LI 117, 161r）。

16 关于费拉拉战争，亦可见 *Lettere* VI, 265–341, Dennistoun I, 247–256, Santi

644ss.（662 是关于费代里科访问佛罗伦萨及其与洛伦佐的会面），Baldi III, 262–266。

17 费代里科·达·蒙泰费尔特罗写给洛伦佐·德·美第奇的信，雷韦雷，1482 年 5 月 4 日（MAP XXXVIII 444）。

18 Dennistoun I, 253–254，来源于 Marin Sanudo, *Diari*。

19 Landucci 42–43.

20 关于费代里科的死以及罗伯托·马拉泰斯塔的坟墓，见 Baldi III, 267–272 e 283; Santi 740–743; Conti, *Le storie de'suoi tempi, dal 1475 al 1510*, cit., p. 145。

21 这是巴尔德萨·卡斯蒂廖内在其《廷臣论》(I, 2) 的开篇使用的形容词。

22 G. De' Rossi, *Vita di Federico di Montefeltro*, cit., pp. 76–77.

23 Baldi III, 271; Dennistoun I, 271.

第三部分

第十一章

1 H. Bredekamp, *The Medici, Sixtus IV and Savonarola: Conflicting Strands in Botticelli's Life and Work*, in *Sandro Botticelli. The Drawings for Dante's* Divine Comedy, London 2000, pp. 293ss. 1480 年 4 月，佛罗伦萨当局告知罗马，表示同意他们的要求："我们将比萨大主教的形象从画中抹去了，并且消除了任何可能以某种方式宣告大主教身份的缘由。"（引用自 G.B. Uccelli, *Il Palazzo del Podestà*, Firenze 1865, p. 173）

2 见 *Work Begins on the Sistine Chapel (1477–1482)*, in *Great Events from History, 1454–1600*, Pasadena CA 2005, pp. 104–106 中的内容，含文献。L.D. Ettlinger, *The Sistine Chapel before Michelangelo. Religious Imagery and Papal Primacy*, Oxford 1965 一书仍是关于这个问题的最严谨的研究。

3 R. Goffen, *Friar Sisto IV and The Sistine Chapel*, «Renaissance Quarterly», 39 (1986), pp. 218–262 在标题——壁画上方最初使用的拉丁碑文——的基础上，提出了用方济各会的象征对组图进行神学方面的解读。大致参见 J. Shearman, *La storia della cappella Sistina*, in *Michelangelo e la Sistina*, Roma 1990, pp. 19–28；最后，从 a cura di A. Nesselrath, *Gli affreschi dei Quattrocentisti nella Cappella sistina. Restauri Recenti dei Musei Vaticani*, Città del Vaticano 2004 中也能找到关于下文引用的佛罗伦萨三角旗的信息。

4 埃特林格（Ettlinger）提到了关于贾莫梅蒂奇的推测，但是在他试图组织一场反对教皇的会议的时候，洛伦佐还没有将自己的代理人巴乔·乌戈利尼派去巴塞尔：见巴乔·乌戈利尼写给洛伦佐·德·美第奇的信，巴塞尔，1482 年 9 月 20 日、30 日和 10 月 25 日（MAP XXXVIII 490, 493 e 519; 见 *Lettere* VII, 116；带有变体签名的 9 月 30 日的信的副本保存于 BNCF, Ginori Conti, 29, 97，那里还能找到关于巴乔·乌戈利尼写给佛罗伦萨十人军事委员会的另一封信，巴塞尔，1482 年 10 月 2 日）。

5　关于壁画的完成，J. Monfasani, *A description of the Sistine Chapel under Pope Sixtus IV*, «Artibus e Historiae», VII (1983), pp. 9–16 中有安德烈亚·特拉布宗（Andrea Trapezunzio）的叙述，礼拜堂已于 1482 年 5 月完成了装饰。夏季的落成仪式可能由于阿拉贡对罗马的威胁而被推迟，而罗伯托·马拉泰斯塔消除了这一威胁，他在死前击退了对坎波莫尔托的袭击（他的死有可能是吉罗拉莫·里亚里奥放毒所致）。鉴于次年费拉拉战争的军事任务，西克斯图斯四世更愿意在 1483 年的圣母升天节为礼拜堂举行落成典礼也就不足为奇了。

6　De Benedictis, *Abbattere i tiranni, punire i ribelli*, cit., pp. 76–78 以波提切利的《可拉的惩罚》作为开篇，然而它被看作"和平的标志"，尽管是在法律而非艺术领域；但是"洛伦佐·德·美第奇和佛罗伦萨人不想让自己因被教皇作为暴君和反叛者而投来的怒火烧伤"。

7　San Paolo, *Epistola agli Ebrei*, 5, 4.

8　关于波提切利未取得的报酬，见 D. Covi, *Botticelli e Sisto IV*, «Burlington Magazine», 111 (ottobre-dicembre 1969), pp. 616–617。

9　关于《春》这幅画的参考文献数不胜数。参见 C. Acidini Luchinat, *Botticelli. Allegorie mitologiche*, Milano 2001，以及最近的 A. Nova, *Il libro del vento. Rappresentare l'invisibile*, Genova-Milano 2007, pp. 87ss。这里我只提一些挑选出来的书目：M. Levi D'Ancona, *Botticelli's* Primavera*: A Botanical Interpretation Including Astrology, Alchemy and the Medici*, Firenze 1983（而不是她的另一本不那么有说服力的 *Due quadri del Botticelli eseguiti per nascite in Casa Medici: nuova intepretazione della* Primavera *e della* Nascita di Venere, Firenze 1992 一书）；尤其是 C. La Malfa, *Firenze e l'allegoria dell'eloquena: una nuova interpretazione della Primavera di Botticelli*, «Storia dell'arte», 97, settembre-dicembre 1999, pp. 249–293 和 C. Villa, *Per una lettura della* Primavera*. Mercurio* retrogrado *e la Retorica nella bottega di Botticelli*, «Strumenti critici», 86, XIII, 1998, n.1, pp. 1–28 都得出了令人信服的结论，即马尔齐亚诺·卡佩拉的文章是《春》的主要原始资料，尽管拉马尔法（La Malfa）遵循的是一种图像学推理而不是语文学推理。

10　关于波提切利的讽刺和惹人厌的幽默，见乔治·瓦萨里的《名人传》："据说桑德罗是一个非常和蔼且爱开玩笑的人，总是在自己的画室里开玩笑，画室里一直有无数想学习的年轻人，他喜欢拿他们开玩笑。"（Firenze 1568, p. 517）

11　关于吉罗拉莫·里亚里奥被谋杀一事，见 Pasolini, *Caterina Sforza*, cit., vol. I, pp. 217 ss.; vol. III, pp. 107ss.；M. Pellegrini, *Congiure di Romagna. Lorenzo de' Medici e il duplice tirannicidio a Forlì e a Faenza nel 1488*, Firenze 1999, p. 40 中表示洛伦佐·德·美第奇与此事无关；*Lettere* XII, 195 ss.

12　马泰奥·孔图吉写给费代里科·贡扎加的信，乌尔比诺，1482 年 2 月 18 日至 3 月 9 日之间（ASMa b. 846），被评注于 M. Simonetta, *Federico da Montefeltro architetto della Congiura dei Pazzi e del Palazzo di Urbino*, cit., pp. 97–98。

13　关于 1481 年 7 月 8 日至 12 日里亚里奥访问乌尔比诺一事，参见 *Lettere* V 263；Zaggia, *Una Piazza per la Città del Principe*, cit., p. 38。

14　关于《双联画》，见 *Federico da Montefeltro and His Library*, cit., (cat. n. 1)。

15　Santi 420.

16　Machiavelli, *Istorie fiorentine* VIII, 36.

17　这句话引自马基雅维利（*Discorsi* III, 29），来源于洛伦佐·德·美第奇的《圣约翰和圣保罗的复现》（*Rappresentazione di San Giovanni e Paolo*）。

18　洛伦佐·德·美第奇写给乔瓦尼·德·美第奇的信，佛罗伦萨，1492 年 3 月初，收录于 G. Capponi, *Storia della Repubblica fiorentina*, Firenze 1875, pp. 528–530。

2017 版附录：蒙泰塞科之谜

1　这个附录的完整版可以在如下文章中找到：M. Simonetta, *L'enigma Montesecco: una nuova scoperta sulla congiura dei Pazzi, Sisto IV e i «novi tyranni»*, in «Roma nel Rinascimento», 2014, pp. 279–298。这封信的原稿被精心保存在佛罗伦萨国立中央图书馆中（Fondo Ginori Conti, 29/27, c. 32/63）。为了便于理解，其中的部分内容被意译了。

2　《免除佛罗伦萨责任的理由》的手稿保存于 ASFi（Miscell. Repubblicana, nr. 4）。参见 A. Brown, *Bartolomeo Scala (1430–1497) Chancellor of Florence. The Humanist as Bureaucrat*, Princeton 1979, pp. 84–86，以及 B. Scala, *Humanistic and Political Writings*, a cura di A. Brown, Tempe 1997, pp. 199–202。

3　参见供词开头的声明："我没有遗漏任何东西，而是在讲述所有与他交谈过的人，尤其是讲述他与所有与他交谈过的人所说的准确的话。"

4　参见 *Oratio in funere reverendi d. Petri card. S. Sixti habita Romae* e Vat. lat. 8750, cc. 152–162。

5　*Lettere* II, p. 378：佩罗蒂在佛罗伦萨先是被列蒂主教取代，后来又被"莫德鲁斯主教尼科洛取代，他忠于教皇和吉罗拉莫·里亚里奥，后来继任副总督"。见 1477 年 1 月 30 日佩罗蒂给西克图斯四世的信，收录于 R. Cessi, *Tra Niccol NPerotto e Poggio Bracciolini*, in «Giornale storico della letteratura italiana», 60, 1912, pp. 108–111（再版于 Fubini, *Federico da Montefeltro e la congiura dei Pazzi*, cit., pp. 446–448）。

6　也可见 Angelo Poliziano, Gentile Becchi, *La congiura della veritc*, introduzione, commento e cura di M. Simonetta, traduzione di G. Fortunato, Napoli 2012, pp. 123ss。

7　莫德鲁斯主教尼科洛·达·卡塔罗（Niccolò da Cattaro）写给洛伦佐·德·美第

奇的信，佩鲁贾，1478 年 5 月 2 日（MAP XXXVI 537）。

8 焦万·巴蒂斯塔·本蒂沃利奥是著名法学家巴托鲁斯（Bartolo da Sassoferrato）的外甥，他是西克斯图斯四世和费兰特在热那亚争端中的法律仲裁人（Vat. lat. 6954）。此外，本蒂沃利奥还是皮罗的舅公，因为他的姐姐（或妹妹）嫁给了一位来自马丁诺奇家族的人，他们的女儿埃莉萨（Elisa）嫁给了皮罗的父亲塞韦罗·佩罗蒂。关于本蒂沃利奥，参见 M. Simonetta, *Nuove riflessioni sulla figura di Federico da Montefeltro fra storia e storiografia (con una lettera cifrata del 1472)*, in «Rivista di Studi Montefeltrani», 32, 2010, pp. 203-233。

9 尼科洛·佩罗蒂写给执政官安东尼奥·德·美第奇（Antonio de' Medici）的信，蒙特菲亚斯科内，1468 年 7 月 20 日（MAP IV 381），支持乔瓦尼·佩罗蒂，"我的兄弟" «fratrem meum», cit. in G. Mercati, *Per la cronologia della vita e degli scritti di Niccoll Perotti Arcivescovo di Siponto*, Roma 1925, p. 12。在 1462 年佩罗蒂就已经写信给乔瓦尼·迪·科西莫（Giovanni di Cosimo），向佛罗伦萨最高行政长官办公室推荐自己的另一个亲戚亚历山德罗·德利·亚历山德里（罗马，1462 年 6 月 25 日，MAP VI 673；格罗塔费拉塔，1462 年 8 月 15 日，MAP X 405）。亚历山德罗（Alessandro degli Alessandri）在 1463 年得到了从路易吉·德利·阿蒂（Luigi degli Atti）那里没收的土地。

10 关于《佛罗伦萨主教会议》的时间线，见 Poliziano, Becchi, *La congiura della verità*, cit.。

11 引号中的这段话是我写的。

12 Parenti, p. 18；也可参见 p. 16："据说吉安·巴蒂斯塔阁下与洛伦佐同行，'他肯定了洛伦佐向其透露条约的理由，因为之前洛伦佐向他展现出了友谊'"。单引号内是我写的内容。

13 *Dissentio*, c. 1v. 关于蒙泰塞科在宗座宫卫队的头衔，参见 G. Holmes, *The Pazzi Conspiracy seen from the Apostolic Chamber*, in *Mosaics of friendship. Studies in Art and History for E. Borsook*, a cura di F. Osti, Firenze 1999, pp. 163-173。

14 *Breve racconto della Congiura de' Pazzi di Carlo di Pietro de' Giovannini da Firenzuola*, in *Congiura dei Pazzi narrata in latino da Agnolo Poliziano e volgarizzata con sue note e illustrazioni da Anicio Bonucci*, Firenze 1856, p. 108. 参见 N. Capponi, *Al traditor s'uccida. La congiura dei Pazzi, un dramma italiano*, Milano 2014, p. 204；据推测，"蒙特塞科因被逼招供而遭受酷刑"，尽管这句话可以简单指明他即将死亡的确定性，以及在意识到这一点的情况下仍表现出的清醒。

15 *Ricordo della congiura de' Pazzi scritto da Antonio di Antonio da San Gallo*, in *Congiura dei Pazzi*, cit., p. 96："5 月 1 日是蒙泰塞科的吉安·巴蒂斯塔阁下成为吉罗拉莫伯爵的雇佣兵队长的日子，也是上述事件的主人公；之后在 5 月 4 日，在一

切尚未调查清楚之前，他就在波德斯塔门被斩首了"。*Ricordo del Priorista copiato da Stefano Rosselli* (*ibid.*, p. 100) 证实了斩首的时间："那天晚上，他们在波德斯塔门前砍掉了吉安·巴蒂斯塔的头，他是吉罗拉莫伯爵的骑士，在上述的背叛事件中参与很多。"兰杜奇并没有补充更多的细节。

16　洛伦佐·德·美第奇写给多纳托·阿恰约利的信，佛罗伦萨，1478 年 5 月 12 日（*Lettere III*, 19 ss.）。

17　多纳托·阿恰约利写给洛伦佐·德·美第奇的信，罗马，1478 年 5 月 11 日（MAP, XXXVI 543）。他推荐的调解人是已经年老的雇佣兵队长纳波莱奥内·奥尔西尼（Napoleone Orsini）。

18　*Lettere III*, p. 24；蒙泰塞科的供词已于 5 月 6 日送去给了米兰的托马索·索代里尼。

19　*Lettere III*, pp. 40–41. 参见 Giovanni di Carlo 154r。

20　驻扎在罗马的斯福尔扎家族大使写给米兰公爵的信，1478 年 5 月 22 日，被引用于 *Lettere III*, p. 41。

21　*Ibid.*, pp. 39ss.

22　乔瓦尼·兰弗雷迪尼写给洛伦佐·德·美第奇的信，威尼斯，1478 年 5 月 28 日（BNCF, II.V.16, 47r; cfr. ff. 49v, 52v, 53r e 53v：1478 年 6 月 2 日、6 日、8 日和 10 日的信被引用于 E. Scarton, *Giovanni Lanfredini*. cit., p. 113）。

23　乔瓦尼·埃莫写给洛伦佐·德·美第奇的信，蓬泰圣彼得罗，1478 年 5 月 14 日（MAP XXXVI 555，包含请求进入佛罗伦萨的许可）。参见他从普拉托和皮斯托亚寄出的自辩信，1478 年 7 月 23 日和 24 日（MAP XXXVI 1027 e 1032）。前一封信提到了"给特雷维索主教的第二次回信"。

24　教皇派往威尼斯的特雷维索主教乔瓦尼·达克里（Giovanni d'Acri）在"两个小时的布道中……他们做了无数可耻之事，进行侮辱和破坏，并制造阴谋，教皇陛下称"豪华者"洛伦佐及其追随者所做的违背了主教的利益，也违背了教皇国的利益"（1478 年 6 月 19 日，收录于 *Lettere III*, p. 86）。

25　洛伦佐·德·美第奇写给皮埃尔·菲利波·潘多尔菲尼的信，佛罗伦萨，1478 年 6 月 21 日。单引号中的词是我写的。

26　S. Infessura, *Il Diario della Città di Roma*, a cura di O. Tommasini, Roma 1890, p. 99.

27　参见 G. Mercati, *Opere minori*, Città del Vaticano 1937, IV, pp. 205–267。

28　参见 Poliziano, Becchi, *Congiura della verità*, cit., pp. 127, 167 e 182。

29　*Cronache e statuti della città di Viterbo*, a cura di I. Ciampi, Firenze 1872, p. 419.

主要人物简介

（根据人物出场顺序排列）

洛伦佐·德·美第奇　意大利文艺复兴时期佛罗伦萨的实际统治者，又称"豪华者洛伦佐"

朱利亚诺·德·美第奇　洛伦佐的弟弟，死于帕齐阴谋

费代里科·达·蒙泰费尔特罗　古比奥领主圭丹托尼奥的私生子，乌尔比诺公爵，意大利文艺复兴时期最成功的雇佣兵队长，帕齐阴谋中的核心角色

奇科·西莫内塔　多年服务于米兰的斯福尔扎家族，米兰公爵加莱亚佐·马里亚·斯福尔扎死后，他是米兰公国的实际掌权者

尼科洛·马基雅维利　时任佛罗伦萨共和国第二国务厅长官，兼任共和国执政委员会秘书，负责外交和国防，著有《君主论》《佛罗伦萨史》等

加莱亚佐·马里亚·斯福尔扎　米兰公爵，弗朗切斯科·斯福尔扎的儿子，以"淫荡、残暴和专横"闻名，于1476年12月26日圣诞节后的第二天在圣斯德望圣殿被阴谋分子刺杀而亡

教皇西克斯图斯四世　原名为弗朗切斯科·德拉·罗韦雷，默许了帕齐阴谋的发生

弗朗切斯科·斯福尔扎　米兰公爵，加莱亚佐·马里亚·斯福尔扎的父亲

科西莫·德·美第奇　洛伦佐的祖父，被尊称为"国父"，与弗朗切斯科·斯

福尔扎是同盟

贝尔纳迪诺·科里奥 加莱亚佐的男仆，是这些事件的证人和记录者

斯福尔扎·马里亚 巴里公爵，加莱亚佐的弟弟，和卢多维科共同发动反对奇科摄政的军事政变，未遂，两人均被流放

卢多维科 加莱亚佐的弟弟，被流放后使用手段使公爵夫人博纳再次接纳他，重返米兰后从奇科手中夺取了摄政权，而后毒死侄子吉安·加莱亚佐，顺利登上米兰公爵之位

萨伏依的博纳 米兰公爵夫人，加莱亚佐的妻子

吉安·加莱亚佐 加莱亚佐和博纳的长子

扎卡伊亚·萨吉 米兰公国驻曼托瓦大使

奥塔维亚诺 加莱亚佐最小的弟弟，在斯福尔扎·马里亚和卢多维科被流放后，因为害怕惩罚而逃往威尼斯，在夜晚横渡阿达河时溺亡

乔瓦尼·西莫内塔 奇科的弟弟，公爵秘书

奥尔费奥·达·里卡沃 奇科的军事顾问

吉罗拉莫·奥尔贾蒂 刺杀加莱亚佐的三刺客之一

科拉·蒙塔诺 人文主义者，阴谋家，也是一名"邪恶的老师"，他曾教过刺杀米兰公爵的刺客们；多年后，蒙塔诺在组织另一场针对洛伦佐的阴谋时被逮捕，随后被处以绞刑

乔瓦尼·安德烈亚·兰普尼亚尼 谋杀加莱亚佐事件中三刺客的头目，当场被杀

卡洛·维斯孔蒂　刺杀加莱亚佐的三刺客之一

安东尼奥·塔西诺　公爵夫人博纳的情人

吉安·贾科莫　奇科的长子，教父为费代里科

罗伯托·达·圣塞韦里诺　加莱亚佐的表兄，雇佣兵队长，斯福尔扎宫廷中最有威望的人物之一，参与了推翻奇科和公爵夫人博纳的斯福尔扎政变

伊丽莎白·维斯孔蒂　米兰贵族，奇科的妻子，他们共育有七名子女

伊波利塔·马里亚·斯福尔扎　弗朗切斯科·斯福尔扎公爵的女儿，卡拉布里亚王后

阿拉贡的阿方索　那不勒斯国王阿拉贡的费兰特的儿子，伊波利塔的丈夫

乔瓦尼·桑蒂　蒙泰费尔特罗宫廷画家，诗人，传记作者

真蒂莱·贝基　洛伦佐的老师，美第奇家族在罗马的代理人，阿雷佐主教

路易吉·浦尔契　诗人，洛伦佐儿时的同伴，在洛伦佐的介绍下与罗伯托·达·圣塞韦里诺成为好友，并借此为洛伦佐提供信息、传递消息

阿斯卡尼奥　加莱亚佐的弟弟，被流放至佩鲁贾

圭多巴尔多　费代里科的儿子

皮耶罗·费利奇　费代里科信任的大使

巴乔·乌戈利尼　诗人、演员，也是洛伦佐在罗马的秘密代理人

朱利亚诺·德拉·罗韦雷　红衣主教，之后以尤利乌斯二世之名登上了教皇之位，死后被称为"战争教皇"

拉法埃莱·里亚里奥　教皇西克斯图斯四世的甥孙，17 岁时被任命为红衣主教

吉罗拉莫·里亚里奥　伊莫拉伯爵，贪得无厌，野心极大，是帕齐阴谋的幕后黑手

乔瓦尼·德拉·罗韦雷　罗马地方行政长官，费代里科嫡出女儿焦万纳·达·蒙泰费尔特罗的丈夫

彼得罗·里亚里奥　吉罗拉莫·里亚里奥的弟弟，教皇西克斯图斯四世最喜爱的外甥

卡泰丽娜·斯福尔扎　加莱亚佐的私生女，吉罗拉莫·里亚里奥伯爵的妻子

雅各布·帕齐　帕齐家族中最富有的成员，帕齐阴谋的参与者

弗朗切斯科·萨尔维亚蒂　比萨大主教，帕齐家族的亲戚，与教皇的亲戚里亚里奥家族有着政治方面的往来，也是帕齐阴谋的主谋之一

弗兰切斯基诺·诺里　洛伦佐忠诚的代理人兼好友，帕齐阴谋发生时，因保护洛伦佐而亡

弗朗切斯科·帕齐　雅各布·帕齐的侄子，帕齐阴谋的参与者，刺杀朱利亚诺的凶手之一

吉安·巴蒂斯塔·达·蒙泰塞科　蒙泰塞科伯爵，被选为刺杀"豪华者"洛伦佐的刺客，但在最后时刻他却拒绝参与这场阴谋，致其失败

卡洛·迪·蒙托内　蒙托内伯爵，反教会的叛乱分子，同时也是洛伦佐的亲密盟友

乔瓦尼·托尔纳博尼　洛伦佐的舅舅，美第奇家族银行在罗马的代理人

萨克拉莫罗·达·里米尼　斯福尔扎家族在罗马的代理人

阿戈斯蒂诺·斯塔科利　乌尔比诺大使，多嘴之人

西吉斯蒙多·马拉泰斯塔　里米尼领主，费代里科的死敌

洛伦佐·朱斯蒂尼　卡斯泰洛城领主，里亚里奥伯爵信任的助手，是罗马的阴谋者们和费代里科之间联系的纽带

奥塔维亚诺·乌巴尔迪尼　费代里科同母异父的兄弟，对炼金术和占星术十分感兴趣，在费代里科死后他成为圭多巴尔多的监护人，替他管理国家事务

雅各布·布拉乔利尼　佛罗伦萨的人文主义者，红衣主教拉法埃莱的私人导师兼秘书，与乌尔比诺公爵交好

吉安·弗朗切斯科·达·托伦蒂诺　里亚里奥伯爵的军事总管

安杰洛·波利齐亚诺　诗人，在朱利亚诺被刺杀的那天曾走近其尸体，数其身上被刺伤的次数，以便将事件真实地记录在有关帕齐阴谋的叙述中

贝尔纳多·班迪尼　刺杀朱利亚诺的凶手之一

斯特凡诺·达·巴尼奥内　雅各布·帕齐的神甫兼秘书，被临时雇佣刺杀洛伦佐的两名刺客之一

安东尼奥·马费伊·达·沃尔泰拉　教皇的秘书，被临时雇佣刺杀洛伦佐的两名刺客之一

菲利波·萨克拉莫罗　斯福尔扎家族驻佛罗伦萨大使

朱利奥·德·美第奇　朱利亚诺·德·美第奇的遗腹子，后成为红衣主教，后以克莱门特七世之名登上了教皇之位

卢卡·兰杜奇　佛罗伦萨当时的日记作者

马泰奥·孔图吉　来自沃尔泰拉的书法家，一直活跃在乌尔比诺，贡扎加家族的间谍

埃尔科莱·德斯特　费拉拉公爵，洛伦佐和奇科高价雇佣的雇佣兵队长

费代里科·贡扎加　曼托瓦侯爵，洛伦佐和奇科高价雇佣的雇佣兵队长

焦万·吉罗拉莫·德·罗西　蒙泰费尔特罗的传记作者

尼科洛·米凯洛齐　洛伦佐忠诚的秘书

罗伯托·马拉泰斯塔　里米尼领主，后成为教会雇佣兵队长，费代里科的女婿

桑德罗·波提切利　原名亚历山德罗·菲利佩皮，佛罗伦萨著名画家，为美第奇家族服务多年，他在佛罗伦萨旧宫多加纳门上描绘了帕齐家族被处刑的成员和所有背叛共和国的人，后被教皇召到罗马参与装饰西斯廷礼拜堂的墙面，并接受委托创作画作，在这些作品中都能看到他对教皇的秘密复仇

皮耶尔弗朗切斯科·德·美第奇　朱利亚诺的堂弟

小洛伦佐　"豪华者"洛伦佐的孙子，后取代弗朗切斯科·马里亚·德拉·罗韦雷成为乌尔比诺公爵

弗朗切斯科·马里亚·德拉·罗韦雷　西克斯图斯四世的孙子，费代里科的女儿焦万纳·达·蒙泰费尔特罗的儿子

琼蒂诺·科卢奇·达·皮斯托亚　精通民法和教会法，帕齐阴谋发生后揭露了包括教皇在内的一些阴谋者的犯罪行为，并与洛伦佐通信传递消息

尼科洛·佩罗蒂　佩鲁贾主教，后被莫德鲁斯主教取代

乔瓦尼·兰弗雷迪尼　美第奇家族在威尼斯的代理人

参考文献和文献来源

文中提到的一些档案馆和图书馆的缩写

ASFi   Archivio di stato di Firenze
ASMa Archivio Gonzaga, Archivio di stato di Mantova
ASMi Archivio sforzesco, Archivio di stato di Milano
BAV   Biblioteca apostolica vaticana, Città del Vaticano
BE   Biblioteca estense, Modena
Bein.   Beinecke Library, New Haven
BL   British Library, London
BNP   Bibliothèque Nationale, Paris
BNCF Biblioteca nazionale centrale, Firenze
MAP   Archivio mediceo avanti Principato, ASFi
Marc. Biblioteca nazionale marciana, Venezia
PE   Potenze Estere, ASMi
PML   Pierpont Morgan Library, New York
Triv.   Biblioteca trivulziana, Milano
Ubaldini Archivio privato della famiglia Ubaldini, Urbino

主要手稿来源

Giovanni di Carlo = Giovanni di Carlo, *Libri de temporibus suis*
(BAV, Vat. lat. 5878)

供词

Cola Montano (ASFi, Carte Strozziane, III Serie, n. 379); 由 G. Lorenzi 翻译为意大利语，
Cola Montano. Studio storico, Milano 1875。
Gian Battista Montesecco, 存在很多手稿；发表于 W. Roscoe, *Life of Lorenzo de'*
Medici, called the Magnificent, Philadelphia 1803 和 G. Capponi, *Storia della epubblica*

fiorentina, Firenze 1875, 2 voll。

文中经常出现的文献来源

Acta = *Acta in Consilio Secreto in Castello Portae Jovis Mediolani*, a cura di A.R. Natale, Milano 1963-69, 3 voll.

Baldi = B. Baldi, *Vita e Fatti di Federigo di Montefeltro Duca di Urbino*, Roma 1824, 3 voll.

Carteggio = *Carteggio degli oratori mantovani alla corte sforzesca (1450-1500)*, coordinato e diretto da F. Leverotti, Milano 2001, 16 voll.

Castiglione, *Cortegiano* = B. Castiglione, *Il libro del Cortegiano*, a cura di W. Barberis, Torino 1998 (con l' indicazione dei capitoli).

Corio = B. Corio, *Storia di Milano*, Torino 1978.

Dennistoun = J. Dennistoun, *Memoirs of the dukes of Urbino, illustrating the arms, arts, and literature of Italy, from 1440 to 1630*, London 1851, 3 voll.

Diari = *Diari di Cicco Simonetta*, a cura di A.R. Natale, Milano 1962.

Federico di Montefeltro = *Federico di Montefeltro. Lo stato. Le arti. La cultura*, a cura di G. Cerboni Baiardi – G. Chittolini – P. Floriani, Roma 1986, 3 voll.

Ficino = *The Letters of Marsilio Ficino*, London 1994, 7 voll.

Landucci = L. Landucci, *Diario fiorentino dal 1450 al 1516*, Firenze 1883.

Lettere = Lorenzo De' Medici, *Lettere*, a cura di R. Fubini, I (1460-74); II (1474-1478); a cura di N. Rubinstein, III (1478-1479); IV (1479-1480); a cura di M. Mallett, V (1480-1481); VI (1481-82); VII (1482-1484); a cura di M. Pellegrini, XII (febbraio-luglio 1488), Firenze 1977-.

Lettere di stato = *Federico Da Montefeltro, Lettere di stato e d'arte (1470-1480)*, a cura di P. ALATRI, Roma 1949.

Machiavelli, *Discorsi* = N. Machiavelli, *Discorsi sulla prima Deca di Livio*, da *Tutte le Opere*, a cura di M. Martelli, Firenze 1971 (con l'indicazione dei capitoli).

Machiavelli, *Istorie fiorentine* = N. Machiavelli, *Istorie fiorentine* (vedi *supra*).

Machiavelli, *Principe* = N. Machiavelli *Il Principe* (vedi *supra*).

Morgante e Lettere = L. Pulci, *Morgante e Lettere*, a cura di D. De Robertis, Firenze 1984.

Paltroni = P. Paltroni, *Commentarii della vita et gesti dell'illustrissimo Federico Duca d'Urbino*, a cura di W. Tommasoli, Urbino 1966.

Parenti = P. Parenti, *Storia fiorentina 1476-78 – 1492-96*, a cura di A. Matucci, Firenze 1994.

Poliziano, *Congiura* = A. Poliziano, *Della congiura dei Pazzi*, a cura di S. Perosa, Padova

1958.

Santi = G. Santi, *La vita e le gesta di Federico di Montefeltro duca d'Urbino*, a cura di L. Michelini Tocci, Città del Vaticano 1985.

Strozzi, *Ricordo* = F. Strozzi, *Ricordo*, in Capponi, *Storia della Repubblica fiorentina*, cit., II, pp. 520-23.

Valori = N. Valori (ma da attribuirsi a suo figlio Filippo), *Vita di Lorenzo de' Medici*, a cura di E. Niccolini, Vicenza 1991.

Vespasiano = Vespasiano Da Bisticci, *Commentario de la vita del signore Federico duca d'Urbino*, in *Vite*, a cura di A. Greco, Firenze 1970, pp. 355-416.

参考文献

[1] Acidini Luchinat, C., *Botticelli. Allegorie mitologiche*, Milano 2001.

[2] Acton, H., *The Pazzi Conspiracy: The Plot against the Medici*, London 1979.

[3] Ammannati Piccolomini, I., *Lettere (1444-1479)*, a cura di P. Cherubini, Roma 1997, 3 voll.

[4] Baron, H., *La crisi del primo Rinascimento italiano. Umanesimo civile e libertà repubblicana in un'età di classicismo e di tirannide*, Firenze 1970.

[5] Belotti, B., *Il dramma di Girolamo Olgiati*, Milano 1929.

[6] Bonvini Mazzanti M., *Battista Sforza Montefeltro. Una «principessa» nel Rinascimento italiano*, Urbino 1993.

[7] Bredekamp, H., *The Medici, Sixtus IV and Savonarola: Conflicting Strands in Botticelli's Life and Work*, in *Sandro Botticelli. The Drawings for Dante's Divine Comedy*, London 2000, pp. 292-297.

[8] Breisach, E., *Caterina Sforza: A Renaissance Virago*, Chicago 1967.

[9] Bryce, J., *Between friends? Two letters of Ippolita Sforza to Lorenzo de' Medici*, «Renaissance studies», vol. 21, n. 3, giugno 2007, pp. 340-365.

[10] Burckhardt, J., *La civiltà del Rinascimento in Italia*, Firenze 1953.

[11] Capponi, G., *Storia della Repubblica fiorentina*, Firenze 1875, 2 voll.

[12] Carusi, E., *L'istrumento di assoluzione dei Fiorentini dalle censure di Sisto IV*, «Archivio Muratoriano», 16 (1915), pp. 286-292.

[13] Casanova, E., *L'uccisione di Galeazzo Maria Sforza e alcuni documenti fiorentini*, «Archivio storico lombardo», ser. 3, 12, 1899, pp. 299-332.

[14] Cerioni, L., *La politica italiana di Luigi XI e la missione di Filippo di Commines (giugno-settembre 1478)*, «Archivio storico lombardo», 1950, pp. 58-143.

[15] –, *La diplomazia sforzesca nella seconda metà del Quattrocento e I suoi cifrari*

segreti, Roma 1970, 2 voll.

[16] Chambers, D.S., *The Visit a Mantua of Federico da Montefeltro in 1482*, «Civiltà mantovana», XXVIII (1993), pp. 5-15.

[17] –, *Popes, Cardinals and War: The Military Church in Renaissance and Early Modern Europe*, London-New York 2006.

[18] Clark, N., *Melozzo da Forlì. Pictor Papalis*, London 1990.

[19] Conti, S. De', *Le storie de' suoi tempi, dal 1475 al 1510*, Roma 1883.

[20] Covi, D., *Botticelli e Sisto IV*, «Burlington Magazine», 111 (ottobre-dicembre 1969), pp. 616-617.

[21] D'Adda, G., *La morte di Galeazzo Maria Sforza*, «Archivio storico lombardo», 1875, pp. 284-294.

[22] –, *Indagini storiche, artistiche e bibliografiche sulla Libreria visconteo-sforzesca del Castello di Pavia*, Milano 1875.

[23] De Angelis, L., *Lorenzo a Napoli: progetti di pace e conflitti politici dopo la congiura dei Pazzi*, «Archivio storico italiano», CL (1992), pp. 385-421.

[24] De Benedictis, A., *Una guerra d'Italia, una resistenza di popolo. Bologna 1506*, Bologna 2004.

[25] –, *Abbattere i tiranni, punire i ribelli. Diritto e violenza negli interdetti del Rinascimento*, «Rechtsgeschichte» 11 (2007), pp. 76-93.

[26] De Roover, R., *Il Banco Medici dalle origini al declino: 1397- 1494*, Firenze 1970.

[27] De' Rossi, G., *Vita di Federico di Montefeltro*, a cura di V. Bramanti, Firenze 1995.

[28] *Eredità del Magnifico*, Museo Nazionale del Bargello, a cura di P. Barocchi e F. Caglioti, Firenze 1992.

[29] Di Benedetto, F., *Un breve di Sisto IV contro Lorenzo*, «Archivio storico italiano», CL (1992), pp. 371-84,

[30] Ettlinger, L.D., *The Sistine Chapel before Michelangelo. Religious Imagery and Papal Primacy*, Oxford 1965.

[31] Flamini, F., *Versi in morte di Giuliano de' Medici, 1478*, «Il Propugnatore», 1889, pp. 315-334.

[32] Frazier, A., *Possible Lives: Authors and Saints in Renaissance Italy*, New York 2005.

[33] Fubini, R., *Osservazioni e documenti sulla crisi del ducato di Milano nel 1477, e sulla riforma del Consiglio Segreto ducale di Bona Sforza*, in *Essays presented to Myron P. Gilmore*, Firenze 1977, vol. I, pp. 47-103.

[34] –, *Federico da Montefeltro e la congiura dei Pazzi: politica e propaganda alla luce di nuovi documenti*, in *Federico di Montefeltro*, vol. I, pp. 355-470.

[35] –, *Italia quattrocentesca: politica e diplomazia nell'età di Lorenzo il Magnifico*, Milano 1994.

[36] –, *Quattrocento fiorentino: politica, diplomazia, cultura*, Pisa 1996.

[37] Gallo, A., *Commentarii de rebus Genuensium et de navigatione Columbi*, a cura di E. Pandiani, in *Rerum Italicarum Scriptores*, XXIII, 1, Città di Castello 1910-1911.

[38] Goffen, R., *Friar Sisto IV and The Sistine Chapel*, «Renaissance Quarterly», 39 (1986), pp. 218-262.

[39] Ilardi, V., *The Italian League, Francesco Sforza, and Charles VII (1454-1461)*, «Studies in the Renaissance», 1959, pp. 129-166.

[40] –, *The Assassination of Galeazzo Maria Sforza and the Reaction of Italian Diplomacy*, ora in *Studies in Italian Renaissance Diplomatic History*, London 1986.

[41] –, *The First Permanent Embassy outside Italy: The Milanese Embassy at the French Court, 1464-1483*, in *Politics, Religion and Diplomacy in Early Modern Europe. Essay in Honor of De Lamar Jensen*, Kirksville 1994, pp. 1-18.

[42] Ivani Da Sarzana, A., *Opere storiche*, a cura di P. Pontari e S. Marcucci, Firenze 2006.

[43] La Malfa, C., *Firenze e l'allegoria dell'eloquenza: una nuova interpretazione della Primavera di Botticelli*, «Storia dell'arte», 97, settembre-dicembre 1999, pp. 249-293.

[44] Levi D'Ancona, M., *Botticelli's Primavera: A Botanical Interpretation including Astrology, Alchemy and the Medici*, Firenze 1983.

[45] –, *Due quadri del Botticelli eseguiti per nascite in Casa Medici: nuova intepretazione della Primavera e della Nascita di Venere*, Firenze 1992.

[46] Lombardi, G., *Sisto IV*, in *Enciclopedia dei Papi*, Roma 2000, vol. II, pp. 701-717.

[47] Lorenzi, G., *Cola Montano. Studio storico*, Milano 1875.

[48] Lubkin, G., *A Renaissance Court. Milan under Galeazzo Maria Sforza*, Berkeley 1994.

[49] Magenta, C., *I Visconti e gli Sforza nel Castello di Pavia e le loro attinenze con la Certosa e la storia cittadina*, Milano 1883, 2 voll.

[50] Malinverni, L., *Una storia del Quattrocento. Misteri, ambizioni e conflitti nel Ducato di Milano. L'amore tra Lucia Marliani e Galeazzo Maria Sforza*, Firenze 2000.

[51] –, *Il ramo di biancospino. Storie di donne del Quattrocento*, Roma 2006.

[52] Martines, L., *La congiura dei Pazzi. Intrighi politici, sangue e vendetta nella Firenze dei Medici*, Milano 2004.

[53] Monfasani, J., *A description of the Sistine Chapel under Pope Sixtus IV*, «Artibus e Historiae», VII (1983), pp. 9-16.

[54] Nesselrath, A. (a cura di), *Gli affreschi dei Quattrocentisti nella Cappella sistina. Restauri Recenti dei Musei Vaticani*, Città del Vaticano 2004.

[55] Nova, A., *Il libro del vento. Rappresentare l'invisibile*, Genova-Milano 2007.

[56] Parks, T., *La fortuna dei Medici. Finanza, teologia e arte nella Firenze del Quattrocento*, Milano 2006.

[57] Pasolini, P.D., *Caterina Sforza*, Roma 1893, 3 voll.

[58] Pecchiai, P., *Il cuoco di Cicco Simonetta*, «Archivio storico lombardo», 1923, pp. 502-503.

[59] Pellegrini, M., *Congiure di Romagna. Lorenzo de' Medici e il duplice tirannicidio a Forlì e a Faenza nel 1488*, Firenze 1999.

[60] Pelling, N., *The Curse of the Voynich. The Secret History of the World's Most Mysterious Manuscript*, Surbiton 2006.

[61] Piazzoni A.M. (a cura di), *La Bibbia di Federico da Montefeltro. Commentario al codice*, Modena 2005, 2 voll.

[62] Poliziano, A., *Stanze e Fabula di Orfeo*, a cura di S. Carrai, Milano 1988.

[63] *Un pontificato ed una città: Sisto IV (1471-1484)*, a cura di M. Miglio et al., Roma 1986.

[64] Raggio, O., *The Gubbio Studiolo and Its Conservation*, The Metropolitan Museum of Art, New York 1999.

[65] Roeck B., *Piero della Francesca e l'assassino*, Torino 2007.

[66] Roeck, B. – Tönnesmann, A., *Nase Italiens: Federico da Montefeltro, Herzog von Urbino*, Berlin 2005.

[67] Roscoe, W., *Life of Lorenzo de' Medici, called the Magnificent*, Philadelphia 1803.

[68] Rosmini, C., *Dell'istoria intorno alle militari imprese e alla vita di Gian-Jacopo Trivulzio detto il Magno*, Milano 1815, 2 voll.

[69] –, *Dell'istoria di Milano*, Milano 1820, 4 voll.

[70] Rubinstein, N., *Lorenzo de' Medici. The Formation of his Statecraft*, «Proceedings of the British Academy», 63 (1977), pp. 71-94.

[71] –, *Il governo di Firenze sotto i Medici (1434-1494)*, Firenze 1997.

[72] –, *Il discorso di Lorenzo de' Medici dopo la congiura dei Pazzi: versioni fittizie e il verbale della Cancelleria fiorentina*, in *Laurentia Laurus. Per Mario Martelli*, a cura di F. Bausi e V. Fera, Messina 2006, pp. 3-10.

[73] Scarton E. (a cura di), *Corrispondenza dell'ambasciatore Giovanni Lanfredini, I (13 aprile 1484 – 9 maggio 1485)*, Salerno 2005.

[74] –, *Giovanni Lanfredini. Uomo d'affari e diplomatico nell'Italia del Quattrocento,*

Firenze 2007.

[75] Scatena, G., *Oddantonio da Montefeltro I Duca di Urbino*, Roma 1989.

[76] Scrivano R., *Le biografie di Federico*, in *Federico di Montefeltro*, vol. III, pp. 373-392.

[77] Senatore, F., *«Uno mundo de carta»*. *Forme e strutture della diplomazia sforzesca*, Napoli 1998.

[78] Shearman, J., *La storia della cappella Sistina*, in *Michelangelo e la Sistina*, Roma 1990, pp. 19-28.

[79] Simonetta, M., voce su Giustini, Lorenzo, in *Dizionario biografico degli Italiani*, Roma 2001, vol. 57, pp. 203-208.

[80] – (a cura di), *Carteggio degli oratori mantovani alla corte sforzesca (1450-1500)*, vol. XI *(1478-1479)*, Roma 2001.

[81] –, *Federico da Montefeltro architetto della Congiura dei Pazzi e del Palazzo di Urbino*, Atti del Convegno Internazionale di Studi *«Francesco di Giorgio alla Corte di Federico da Montefeltro»*, Firenze 2004, pp. 81-101.

[82] –, *Federico da Montefeltro contro Firenze. Retroscena inediti della congiura dei Pazzi*, «Archivio storico italiano», CLXI (2003), pp. 261-284.

[83] –, *Rinascimento segreto: il mondo del Segretario da Petrarca a Machiavelli*, Milano 2004.

[84] –, *Work Begins on the Sistine Chapel (1477-1482)*, in *Great Events from History, 1454-1600*, Pasadena CA 2005, pp. 104-106.

[85] – (a cura di), *Federico da Montefeltro and His Library*, con una prefazione di J.J.G. Alexander, catalogo della mostra presso la Morgan Library & Museum di New York (8 giugno-30 settembre 2007), Milano-Città del Vaticano 2007.

[86] Simonetta G., *Rerum gestarum Francisci Sfortiae Mediolanensium Ducis Commentarii*, a cura di G. Soranzo, in *Rerum Italicarum Scriptores*, XXI, 2, Bologna 1932-1959.

[87] Storti, F., *L'esercito napoletano nella seconda metà del Quattrocento*, Salerno 2007.

[88] Strehlke, C.B., *«Li magistri con li discepoli»: Thinking about art in Lombardy*, in *Quattro pezzi lombardi (per Maria Teresa Biraghi)*, Brescia 1998.

[89] Tommasoli, W., *La vita di Federico da Montefeltro (1422-82)*, Urbino 1978.

[90] Uccelli, G.B., *Il Palazzo del Podestà*, Firenze 1865.

[91] Vaglienti, F.M., *Anatomia di una congiura. Sulle tracce dell'assassinio del duca Galeazzo Maria Sforza tra storia e scienza*, in «Rendiconti dell'Istituto Lombardo Accademia di scienze e lettere», CXXXVI/2, 2002.

[92] Valentini, R., *Uno scritto ignorato del duca Federico*, «Urbinum», 1914, pp. 11-14.

[93] Villa, C., *Per una lettura della* Primavera. *Mercurio* retrogrado *e la Retorica nella bottega di Botticelli*, «Strumenti critici», 86, XIII, 1998, n. 1, pp. 1-28.

[94] Viti, P., *Lettere familiari di Federico da Montefeltro ai Medici*, in *Federico di Montefeltro* I, pp. 471-486.

[95] Welch, E.S., *Sight, Sound and Ceremony in the Chapel of Galeazzo Maria Sforza*, «Early Music History», 12 (1993), pp. 151-190.

[96] –, *Art and Authority in Renaissance Milan*, London-New Haven 1995.

[97] Wright, A., *A Portrait of the Visit of Galeazzo Maria Sforza to Florence in 1471*, in *Lorenzo the Magnificent, Culture and Politics*, a cura di M. Mallett – N. Mann, London 1996, pp. 65-90.

[98] –, *The Pollaiuolo Brothers: the Arts of Florence and Rome*, New Haven 2004.

[99] Zaggia, S., *Una Piazza per la Città del Principe. Strategie Urbane e Architettura a Imola durante la Signoria di Girolamo Riario (1473-1488)*, Roma 1999.

[100] Zimolo, G.C., *Le relazioni fra Milano e Napoli e la politica italiana in due lettere del 1478*, «Archivio storico lombardo», 1937, pp. 403-434.

后 记

我从未想过，我这趟去美国能够"解密"意大利最古老且血腥的谜团之一。1995年，我来到耶鲁大学读博士，开始上一门关于古文书学的课。那时我遇到了维森特·伊拉尔迪（Vincent Ilardi）教授，他是研究斯福尔扎家族的一名杰出学者，强烈建议我写一本关于我的远祖——米兰王朝的总理大臣奇科·西莫内塔的传记。但是，离原始资料遥不可及的我如何研究这位并不出名的人物，以及距今如此遥远的那段历史时期？

关于这个问题很快就有了一个令人难以置信的答案。事实上，伊拉尔迪教授已经收藏了一系列有关斯福尔扎时期（1450—1500）外交信件的资料，并以他的名字命名。其中包含了约两千个卷轴和两百万份文件，都被保存在了耶鲁大学斯特林纪念图书馆中。这个巨大的收藏让我得以了解我的祖先的日常生活，他是意大利文艺复兴时期重要却被忽视的政治人物之一。

1998年，在深入研究1476年米兰公爵加莱亚佐·马里亚·斯福尔扎被刺杀后奇科·西莫内塔和乌尔比诺公爵费代里科·达·蒙泰费尔特罗之间的政治关系时，我发现了几封不可思议的信件，它们是费代里科在帕齐阴谋发生后写的。这些信件的发现激发了我的求知欲，很快我便开始研究费代里科本人主动参与这场针对美第奇两兄弟的无耻阴谋的可能性。里卡尔多·富比尼（Riccardo Fubini）的一篇重要评论勾勒出了这个事件在外交方面的轮廓，但是并未提及它实际执行的情况。

在沃尔特·托马索利（Walter Tommasoli）于 1978 年写的一本关于乌尔比诺公爵的传记中，我注意到，其中提到了乌尔比诺的一个私人档案馆，里面有一些公爵在 15 世纪末写的信件。我花了三年左右的时间尝试进入这家档案馆，这里保存着乌巴尔迪尼家族的文件和一些关于蒙泰费尔特罗家族的资料，这两个家族有姻亲关系。馆长一直和我说这些资料并不存在。直到 2001 年 6 月，切尔贝罗（Cerbero）不再担任馆长，我才终于得到了进入档案馆的许可。在那里，我发现了 1478 年至 1480 年间的一系列信件，保存完好。其中有一些是写给费代里科·达·蒙泰费尔特罗的异父兄弟奥塔维亚诺·乌巴尔迪尼的，但是有一封（它是所有信中最长的）是公爵亲自写给自己驻罗马大使的原件。这封信的日期是 1478 年 2 月 14 日，这让我觉得它可能就是我一直在寻找的证据。但是这封信几乎是全文加密的，我无法推测出它的内容。伯爵夫人路易莎·乌巴尔迪尼（Luisa Ubaldini）非常贴心，她允许我将这封信影印下来，带回美国研究。

我决定尝试用奇科·西莫内塔的《无样本提取密码规则》来破

译这封信，这是一本记录奇科破译密码方法的小册子，最初是他所写《日记》（*Diari*）中的一部分。其中的四页在米兰被偷走，然后被带到了拿破仑统治下的巴黎。在伊拉尔迪的收藏中，我找到了奇科在这份《规则》中的亲笔签名，并且在奇科的建议下开始进行破译，正如我在第五章中描述的那样。经过几周的努力，我最终破译了这封信。这真的是一个激动人心的时刻，它证实了我收集到的所有间接证据，并证明了费代里科·达·蒙泰费尔特罗其实参与了帕齐阴谋。

我继续收集其他的资料，终于在 2003 年，我在《意大利历史汇编》（*Archivio Storico italiano*，意大利历史最悠久的学术期刊，于 1888 年创刊）上发表了一篇论文。让我惊讶的是，这篇文章在学界并没有产生任何反响；但是，让我更加惊讶的是，媒体对此做出了响应。2004 年初，俄罗斯《真理报》、意大利《共和报》先后刊登了一篇由纽约记者阿尔贝托·弗洛里斯·达尔凯斯（Alberto Flores d'Arcais）撰写的整版文章，之后其他的许多国际性报刊也报道了这一发现。2005 年 2 月，历史频道播放了一部关于这段历史的纪录片，但是简化了一些内容。

于是，我决定写下这本书来完整地介绍帕齐阴谋的前因后果。最近出版的两本书有：劳罗·马丁内斯（Lauro Martines）的《四月之血：佛罗伦萨和反抗美第奇的阴谋》（*April Blood: Florence and the Plot Against the Medici*，2003）和蒂姆·帕克斯（Tim Parks）的《意大利红顶商人：美第奇家族的金权传奇》(*Medici Money: Banking, Metaphysics, and Art in Fifteenth-Century Florence*，2006)。其中涉及一些相同的历史人物，但是这两本书的作者与我的叙述方式和关注点截然不同：前一本书从帕齐家族的角度叙述了有关阴谋的已知信息，但没有提到新的发现和资料；后一本书则介绍了美第奇家族的财富兴衰的故事。我写这本书的意图是填补这个事件的空白之处，并贡献出自己新发现的档案资料和引人入胜的艺术解读。我尝试尽可能准确地重构出文艺复兴时期接连发生的两场阴谋的幕后真相，同时还假设了西斯廷礼拜堂和帕齐阴谋之间的联系，这一点之前从未有人充分探究过。

桑德罗·波提切利这位佛罗伦萨杰出的艺术家竟然被教皇西克斯图斯四世——这位美第奇家族当时最大的敌人——召到罗马，让我一直都感到很惊讶。波提切利是美第奇家族信任的画家，他曾专门将他们画进了《三博士来朝》里，在朱利亚诺·德·美第奇死后为他画了一幅画像，还在旧宫的多加纳门上方画了阴谋者被绞死后吊着的尸体。他怎么可能不考虑自己深爱的赞助人就接受了装饰教皇的礼拜堂的任务？本书的最后一章尝试回答这个问题。

在最近的一篇文章中，安东尼奥·保卢奇(Antonio Paolucci)提到了这个问题："在所有人都熟悉的波提切利的杰作前（如《春》等）清晰地浮现出一个神秘的文化世界，它经过加密，精妙地隐喻'豪华者'洛伦佐·德·美第奇统治下的佛罗伦萨……波提切利是这个群英聚集、自我指涉、学识博雅，甚至过于矫揉造作的世界中最有才智的见证人和阐述者。在那个年代，没有人比他更了解那个时代的精神，也没有人比他更懂得如何去满足那些和美第奇家族一样的社会和文化小众精英的期望……对于乌菲齐中著名的神话和哲学寓言（以《春》为首），图像志和图像学研究学者极尽所能地进行阐释，但却始终没有找到一个明确的、一致认同的答案。这一切大概都是艺术家的本意。事实上，我认为对于桑德罗·波提切利来说，同样也对于他的来自美第奇家族和美第奇宫廷的'客户'和那些关注他的研究——当然也为他提供了图像志和文学方面的必要支持——的智者、诗人、哲学家和博学者来说……图像的通透性让它产生了更多可能的解读，而这些解读也是这一猜谜游戏的一部分。'神话—道德—哲学'的把戏依旧晦涩难懂，但不论如何它仍然具备很多可能性，这可能是艺术家、委托者和欣赏者都想要的。"（意大利《24小时太阳报》，2007年8月26日）

确实，难以捉摸是"波提切利密码"的一个典型特征。但是研究工作是为复杂的隐喻赋予意义，而不是仅仅浮于无限多的艺术作品的相对无限的多重意义之上。不是所有人都同意我对波提切利作品每一个细节的解读，但是我希望它至少会是一种能够引起一些反响的结论。作为一名历史学家和艺术史学家，我一直尝试将注意力集中在资料、图像，以及它们最原始的历史背景上。如果在某些方面这种批判性思维的使用有所欠缺，我将会在之后的研究中改善。

致　谢

　　首先，我想感谢维森特·伊拉尔迪，他在我们第一次见面时就鼓励我研究 15 世纪的外交世界；还有我在耶鲁大学及其他很多时候的顾问朱塞佩·马佐塔（Giuseppe Mazzotta），他激励我进入文艺复兴时期的文献、艺术与权力之间妙不可言的交错中。

　　我非常感谢我的作家朋友劳拉·马林韦尔尼（Laura Malinverni），她耐心并热情地帮助我修饰了我那流放多年的锈迹斑斑的意大利语。还有研究斯福尔扎家族的历史学家弗朗切斯科·索马伊尼（Francesco Somaini）也对部分文本进行了仔细审查。无论如何，任何错误或不准确之处应归咎于作者。

　　我出色的经纪人伊丽莎白·沙因克曼（Elizabeth Sheinkman）不辞辛苦地为这本书寻找优秀的国际出版社。我欠她和她的助手——来自伦敦柯蒂斯–布朗的弗利西蒂·布伦特（Felicity Blunt）太多了。帕维亚的罗伯托·圣基亚拉（Roberto Santachiara）为我和里佐利出版社之间搭建了沟通的桥梁，我从里佐利出版社那里获得了编辑的宝贵支持，感谢西尔维娅·贝林杰里（Silvia Bellingeri）的细心编辑。

最后，我想要感谢我的妻子诺加·阿里卡（Noga Arikha），她是一名十分严谨的编辑，也是一个十分温柔的伴侣，在我写作的每一个阶段都温柔、积极地陪伴着我。

我的父亲路易吉（Luigi）仔细阅读了意大利语第一个版本的最后一章，他给我提了建议，教我如何改进。这本书献给我的母亲内拉（Nella），她在帕维亚的一家医院里生下了我，这家医院离奇科·西莫内塔漫长生命结束时被囚禁的城堡仅几米之遥。

图书在版编目（CIP）数据

蒙泰费尔特罗之谜：从帕齐阴谋到西斯廷礼拜堂 /
（意）马尔切洛·西莫内塔（Marcello Simonetta）著；
甘露译. —西安：世界图书出版西安有限公司，2023.9
（美第奇家族三部曲）
书名原文：L'enigma Montefeltro. Intrighi di corte dalla congiura dei
Pazzi alla Cappella Sistina
ISBN 978-7-5232-0522-8

I. ①蒙⋯ II. ①马⋯ ②甘⋯ III. ①美第奇（Medici, Lorenzo de
1449—1492）—家族—史料 IV. ① K835.460.9

中国国家版本馆 CIP 数据核字（2023）第 140563 号

蒙泰费尔特罗之谜：从帕齐阴谋到西斯廷礼拜堂

MENGTAIFEIERTELUO ZHI MI : CONG PAQI YINMOU DAO XISITING LIBAITANG

作　　者	［意大利］马尔切洛·西莫内塔	
译　　者	甘　露	
责任编辑	郭　茹	
书籍设计	鹏飞艺术	
出版发行	世界图书出版西安有限公司	
地　　址	西安市雁塔区曲江新区汇新路 355 号	
邮　　编	710061	
电　　话	029-87233647（市场部）　029-87234767（总编室）	
网　　址	http://www.wpcxa.com	
邮　　箱	xast@wpcxa.com	
经　　销	新华书店	
印　　刷	北京天恒嘉业印刷有限公司	
开　　本	960mm×640mm　1/16	
印　　张	18.75	
字　　数	200 千字	
版　　次	2023 年 9 月第 1 版	
印　　次	2023 年 9 月第 1 次印刷	
国际书号	ISBN 978-7-5232-0522-8	
定　　价	49.80 元	

著作权合同登记号　图字：10-2021-111 号